COACHING
e MENTORING

DIALÓGICA

O selo DIALÓGICA da Editora InterSaberes faz referência às publicações que privilegiam uma linguagem na qual o autor dialoga com o leitor por meio de recursos textuais e visuais, o que torna o conteúdo muito mais dinâmico. São livros que criam um ambiente de interação com o leitor – seu universo cultural, social e de elaboração de conhecimentos –, possibilitando um real processo de interlocução para que a comunicação se efetive.

Coaching e mentoring

Erika Gisele Lotz
Lorena Carmen Gramms

EDITORA intersaberes

Rua Clara Vendramin, 58 – Mossunguê
CEP 81200-170 – Curitiba – PR – Brasil
Fone: (41) 2106-4170
www.intersaberes.com
editora@editorintersaberes.com.br

Conselho editorial	Dr. Ivo José Both (presidente) Drª. Elena Godoy Dr. Nelson Luís Dias Dr. Neri dos Santos Dr. Ulf Gregor Baranow
Editora-chefe	Lindsay Azambuja
Supervisora editorial	Ariadne Nunes Wenger
Analista editorial	Ariel Martins
Capa	Sílvio Gabriel Spannenberg
Projeto gráfico	Fernando Zanoni Szytko
Diagramação/Infografia	Capitular Design Editorial

Dados Internacionais de Catalogação na Publicação (CIP)
(Câmara Brasileira do Livro, SP, Brasil)

Lotz, Erika Gisele
   Coaching e mentoring/Erika Lotz, Lorena Gramms.
Curitiba: InterSaberes, 2014.

   Bibliografia.
   ISBN 978-85-8212-984-5

   1. Aprendizagem organizacional 2. Carreira profissional – Desenvolvimento 3. Coaching 4. Competências 5. Desenvolvimento pessoal 6. Desenvolvimento profissional 7. Sucesso profissional I. Gramms, Lorena. II. Título.

14-02443   CDD-658.3124

Índice para catálogo sistemático:
1. Coaching: Administração de empresas 658.3124

Foi feito o depósito legal.
1ª edição, 2014.

Informamos que é de inteira responsabilidade das autoras a emissão de conceitos.

Nenhuma parte desta publicação poderá ser reproduzida por qualquer meio ou forma sem a prévia autorização da Editora InterSaberes.

A violação dos direitos autorais é crime estabelecido na Lei n. 9.610/1998 e punido pelo art. 184 do Código Penal.

Sumário

7   *Dedicatória*

9   *Apresentação*

13   *Como aproveitar ao máximo este livro*

1

16   Conceitos, pressupostos, origens e razões para a adoção do coaching nas organizações
17   1.1 O que é coaching?
22   1.2 Os pressupostos do coaching
24   1.3 As origens e as influências do coaching
47   1.4 Princípios para a prática do coaching
51   1.5 O coaching nas organizações

2

58   Tipos e modelos de coaching e a conversa de coaching
59   2.1 Os tipos de coaching
62   2.2 Os modelos de coaching
72   2.3 A conversa de coaching
75   2.4 Critérios para formulação de metas e objetivos

3

86   O coaching e a comunicação, o *rapport* e os sistemas representacionais
87   3.1 A comunicação
106   3.2 *Rapport*: a construção da confiança
115   3.3 Os sistemas representacionais

4

126   O processo de coaching: a construção e a influência dos modelos mentais
127   4.1 O modelo mental
142   4.2 A linguagem
159   4.3 A arte e a técnica de perguntar

5

170	O líder coach
171	5.1 A liderança e a cultura da aprendizagem nas organizações
178	5.2 O papel do líder
178	5.3 As habilidades do líder coach
181	5.4 O *feedback*
194	5.5 Ferramentas para a liderança coaching

6

222	Mentoring: reconhecimento, valorização e desenvolvimento das pessoas nas organizações
223	6.1 Diferenças e semelhanças entre o coaching e o mentoring
225	6.2 Influências externas e internas para o mentoring
234	6.3 O mentoring: origem e essência
238	6.4 Classificações e contextos do mentoring
242	6.5 A preparação da organização para o mentoring
247	6.6 O processo de mentoring
250	6.7 Um olhar sobre a escolha do mentor
252	6.8 Os benefícios do mentoring
259	*Estudos de caso*
265	*Considerações finais*
267	*Referências*
277	*Respostas*
289	*Sobre as autoras*

Dedicatória

Com sublime, eterno e absoluto amor para Paulo
Lotz Filho, Jacira A. Lotz e Kelly Eloa Lotz.
Com profunda gratidão aos meus mentores: Alvino
Moser, Humberto Stadler, José Osmir Fiorelli
e Lineu Bley.

ERIKA

Com imenso amor e gratidão para meu marido,
Ervin, e meus filhos, Luiza e Ervin.
Para minha querida mãe, Lizenna, que sempre
guiou e abençoou meus passos com seu amor, seu
carinho e sua sabedoria.
Às minhas irmãs e aos meus irmãos, Vera, Clareci,
Luci, Clair, Zelir, Fernando e Valmir, e aos seus
esposos, esposas, filhos e netos, a quem guardo no
coração com muito amor e alegria.

LORENA

Apresentação

O grande Hannibal, general e estadista cartaginês (247-183 a.C.), proferiu uma marcante frase – "Ou nós encontramos um caminho, ou abrimos um" – em resposta aos seus generais que tinham declarado ser impossível atravessar os Alpes com elefantes. A metáfora da travessia nos leva a comparar o momento atual das organizações com os desafios dos generais de Hannibal – o de encontrar um caminho ou abrir um. É real o temor das empresas de sucumbir em um mercado cada vez mais mutante, com muitos atores e inúmeras variáveis.

Nos últimos anos, muito se discutiu sobre a importância que as pessoas assumiriam como diferencial competitivo para as organizações. E esse momento chegou! O ambiente organizacional é cheio de pressões e desafios diários e contínuos. As pessoas alegam não ter tempo hábil para fazer suas entregas com qualidade, atender aos prazos exíguos e conciliar suas demandas profissionais e pessoais. Os gestores alardeiam que não encontram profissionais preparados para assumir as funções e que o investimento de tempo e recursos financeiros para prepará-los é muito alto. A relação entre os pares, assim como entre líderes e liderados, é complexa e cheia de conflitos e disputas, o que faz com que haja desperdício de energia e os resultados sejam comprometidos.

Abrir novos caminhos significa abandonar o olhar das impossibilidades e direcioná-lo para as possibilidades. Para isso, as organizações estão sendo conclamadas a municiar as pessoas com estratégias que as capacitem a encontrar soluções criativas, flexíveis e que as conduzam aos resultados desejados, repensando a aprendizagem e o desenvolvimento desses indivíduos.

Assim, é com grande alegria que trazemos nossa contribuição para essa mudança e apresentamos a você a obra *Coaching e mentoring*. O coaching e o mentoring são processos dinâmicos que se propõem a contribuir para o desenvolvimento das pessoas. Por meio da ação positiva e disciplinada, esses processos fazem brotar o que há de melhor, de mais positivo e realizador em cada indivíduo, estimulando a criatividade que impacta na inovação e na vantagem competitiva das organizações.

Exatamente por possibilitar o alcance de tão nobres propósitos, o tema é apaixonante e envolvente, e sua prática efetivamente transforma aqueles que realmente estão dispostos a promover mudanças positivas.

No Capítulo 1, buscamos os conceitos e pesquisamos as origens do coaching, evidenciando a contribuição de diversas fontes, desde os filósofos gregos, passando pelo budismo e pela Teoria da Gestalt, até a psicologia positiva. Também apresentamos os princípios que regem a prática do coaching, seu respectivo código de ética e as razões para a aplicação desse processo nas organizações.

No Capítulo 2, apresentamos os tipos e os modelos de coaching, a conversa de coaching, o coaching e o estabelecimento de metas e objetivos. Esse processo de estabelecimento de objetivos também é válido para o mentoring.

O Capítulo 3 é destinado aos processos de linguagem verbal e não verbal, enfatizando a importância da alfabetização não verbal, do *rapport* (ou construção da confiança) e dos sistemas representacionais no desenvolvimento do processo de coaching.

No Capítulo 4, tratamos dos modelos mentais, sua construção e influência no processo de coaching. Abordamos as crenças, as palavras e os significados, as simplificações da percepção e seus impactos na construção e na interpretação da realidade de cada indivíduo. Apresentamos o metamodelo de linguagem como uma ferramenta eficaz para desafiar as distorções, as deleções e as generalizações da comunicação e discutimos a importância das perguntas.

O Capítulo 5 é dedicado ao líder coach e apresenta seu papel e suas habilidades, além de oferecer ferramentas para alavancar a liderança coaching: o *brainstorming*, a análise Swot, o plano de ação e a investigação apreciativa.

O Capítulo 6 é dedicado ao mentoring, uma estratégia destinada ao reconhecimento, à valorização, do desenvolvimento e à aprendizagem das pessoas nas empresas. Destacamos as diferenças e semelhanças entre o coaching e o mentoring e as influências internas e externas que favorecem a adoção do mentoring. Apresentamos as origens e a essência, as classificações e os contextos de aplicação da estratégia e a importância da preparação das organizações para a criação da cultura do mentoring. Finalmente, explicitamos as etapas que compõem o processo de mentoring, refletindo a escolha do mentor e os benefícios desse trabalho para as organizações.

É importante ressaltar que, embora tenhamos feito uma divisão didática, tratando inicialmente do coaching e depois do mentoring, os conceitos, reflexões e ferramentas apresentados nos capítulos 3, 4 e 5 são aplicáveis tanto ao processo de coaching quanto ao de mentoring.

Desejamos que esta obra possa contribuir para o seu desenvolvimento individual, bem como para o de sua equipe e organização, abrindo possibilidades para que você alcance seu potencial.

Como aproveitar ao máximo este livro

Este livro traz alguns recursos que visam enriquecer o seu aprendizado, facilitar a compreensão dos conteúdos e tornar a leitura mais dinâmica. São ferramentas projetadas de acordo com a natureza dos temas que vamos examinar. Veja a seguir como esses recursos se encontram distribuídos no decorrer desta obra.

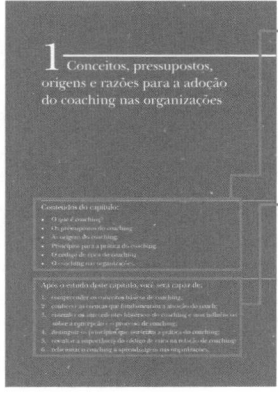

Conteúdos do capítulo
Logo na abertura do capítulo, você fica conhecendo os conteúdos que nele serão abordados.

Após o estudo deste capítulo, você será capaz de:
Você também é informado a respeito das competências que irá desenvolver e dos conhecimentos que irá adquirir com o estudo do capítulo.

Síntese
Você dispõe, ao final do capítulo, de uma síntese que traz os principais conceitos nele abordados.

Questões para revisão
Com estas atividades, você tem a possibilidade de rever os principais conceitos analisados. Ao final do livro, as autoras disponibilizam as respostas às questões, a fim de que você possa verificar como está sua aprendizagem.

Questões para reflexão
Nesta seção, a proposta é levá-lo a refletir criticamente sobre alguns assuntos e a trocar ideias e experiências com seus pares.

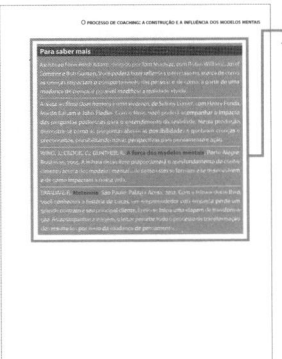

Para saber mais
Você pode consultar as obras indicadas nesta seção para aprofundar sua aprendizagem.

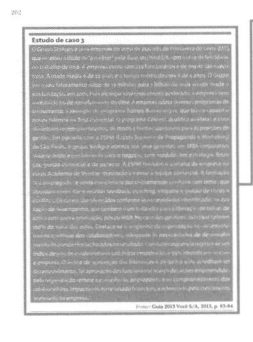

Estudos de caso
Esta seção traz ao seu conhecimento situações que vão aproximar os conteúdos estudados de sua prática profissional.

1 Conceitos, pressupostos, origens e razões para a adoção do coaching nas organizações

Conteúdos do capítulo:

- O que é coaching?
- Os pressupostos do coaching.
- As origens do coaching.
- Princípios para a prática do coaching.
- O código de ética do coaching.
- O coaching nas organizações.

Após o estudo deste capítulo, você será capaz de:

1. compreender os conceitos básicos de coaching;
2. conhecer as crenças que fundamentam a atuação do coach;
3. entender os antecedentes históricos do coaching e suas influências sobre a concepção e o processo de coaching;
4. distinguir os princípios que norteiam a prática do coaching;
5. ressaltar a importância do código de ética na relação de coaching;
6. relacionar o coaching à aprendizagem nas organizações.

Seja bem-vindo à leitura deste livro! Iniciaremos uma jornada cuja primeira estação é este capítulo. As próximas páginas apresentarão a você os conceitos de coaching sob a ótica de diversos estudiosos no assunto. Vamos refletir sobre os pressupostos que norteiam todo o processo de coaching e a influência desses pressupostos em relação à metodologia de coaching e aos resultados almejados pelo coachee.

Este capítulo o acompanha em uma viagem às origens do coaching, que começa com os filósofos gregos – Sócrates, Platão e Aristóteles –, passa pelos princípios do budismo e encontra fundamentos na Teoria da Gestalt e na psicologia positiva.

Depois dessa viagem no tempo, retornamos ao presente para compreendermos os princípios que norteiam as práticas do coaching, o código de ética e o papel do coaching nas organizações.

1.1 O que é coaching?

O coaching é um processo que estimula reflexões para potencializar o desempenho e o aprendizado de um indivíduo, promovendo o desenvolvimento pessoal e profissional. O processo envolve a parceria entre dois atores: o coach e o coachee. O *coach* é o profissional que aplica o coaching, municiado pelo domínio de metodologias e ferramentas apropriadas para tal propósito. O *coachee*, ou o cliente, é o indivíduo que passa pelo ciclo de coaching.

O processo de coaching ocorre por meio de conversas entre o coach e o coachee. Nesse diálogo, o papel do primeiro é fazer perguntas e aplicar ferramentas com o propósito de estimular o segundo a observar sua situação sob um novo prisma. Com isso, abre possibilidades para a escolha de novos comportamentos, favorecendo o alcance de diferentes patamares de resultados. Observe a seguir as abordagens conceituais acerca do coaching oferecidas pelos estudiosos do assunto.

Quadro 1.1 – **Conceitos de coaching**

Autor	Abordagem
Hargrove (1995)	"Coaching é desafiar e apoiar as pessoas, oferecendo a elas o benefício de nossa parceria".
Gallwey (1996)	"Coaching é o processo de facilitar a aprendizagem e o desempenho de outra pessoa através da utilização ótima de seu potencial, com a finalidade de alcançar resultados por ela almejados. O processo de coaching estimula a capacidade das pessoas de se reinventarem e encontrarem alternativas válidas, apesar das restrições do contexto em que atuam".
Hudson (1999)	"Coaching não é dar conselhos. Não é consertar as coisas ou resolver problemas. Coaching é estabelecer um relacionamento vital, durante um determinado período de tempo, com um cliente que está à procura da clareza e das habilidades necessárias para fazer mudanças em sua vida e nos sistemas humanos (casais, família, empresa, comunidade) em um futuro próximo".
Krausz (2007)	"Coaching é um processo que contribui para que as pessoas e os grupos se transformem, reflitam a respeito de sua visão de mundo, de seus valores, crenças, aprofundem sua aprendizagem, incorporem novas habilidades e capacidades e expandam sua prontidão para agir de forma coerente e eficaz. Por esta razão constitui uma forma de provocação construtiva, de desafio e estímulo para o desenvolvimento e aprendizagem contínuos".
International Coaching Federation (ICF, 2013)	"Coaching é uma parceria continuada que estimula e apoia o cliente a produzir resultados gratificantes em sua vida pessoal e profissional. Por meio do processo de coaching, o cliente expande e aprofunda a sua capacidade de aprender, aperfeiçoa seu desempenho e eleva a sua qualidade de vida".
School of Coaching (citado por Downey, 2010, p. 17)	"Coaching é a arte de facilitar o desempenho, aprendizado e desenvolvimento de outra pessoa".

(continua)

(Quadro 1.1 – conclusão)

Autor	Abordagem
Dutra (2010, p. 16)	"Coaching é uma conversa que leva à ação e à realização do que é almejado".
Coaching Clinic Program Corporate Coach U (citado por Dutra, 2010, p. 16)	"Coaching é o processo que provê ao indivíduo as ferramentas e as oportunidades de que ele precisa para desenvolver-se completamente e para ser eficaz em seus compromissos e consigo mesmo, com a empresa e com seu trabalho".

Fonte: Elaborado com base em Krausz, 2007, p. 26-30; Downey, 2010, p. 17; Dutra, 2010.

Observamos que grande parte dos conceitos estabelece que o coaching é um processo. A palavra *processo* vem do latim *procedere*, que significa "avançar, mover adiante". Um processo implica um conjunto ordenado de passos sucessivos para chegar a um objetivo[1].

Refletindo sobre as definições oferecidas pelos autores, identificamos uma essência comum, que permeia a relação entre os atores envolvidos: a aprendizagem. Portanto, a aprendizagem é a essência do coaching.

Mas, afinal, como podemos identificar que ocorreu a aprendizagem? A aprendizagem envolve mudanças, trata da aquisição de hábitos, conhecimentos e atitudes e possibilita que os indivíduos façam ajustes pessoais e sociais. Considerando que o conceito de mudança é inerente ao conceito de aprendizagem, a ocorrência da mudança de comportamento significa que a aprendizagem já aconteceu ou está acontecendo.

"Aprendizagem significa o processo pelo qual as experiências mudam nosso sistema nervoso e, desta forma, também mudam nosso comportamento." (Carson, 2012, p. 23, grifo nosso).

Aprender é um processo, um caminho, não um destino. Aprendemos constantemente e das mais variadas formas. O cérebro não escolhe hora e nem lugar para incorporar novas informações, enviar ideias que ajudem a solucionar desafios ou estimular a curiosidade pelos mais variados temas.

Os estudos sobre o cérebro registram que a aprendizagem possui um embasamento orgânico, estrutural e químico. A neurociência explica que, quando uma pessoa aprende, ocorre uma alteração estrutural nos

---

1   Extraído e adaptado de Origem da Palavra (2013b).

neurônios. Para Carson (2012, p. 56), o ato de aprender literalmente muda o cérebro. O cérebro possui uma característica fantástica que os neurocientistas chamam de *plasticidade*. "Plasticidade é a capacidade de fazer e desfazer ligações entre os neurônios como consequência das interações constantes com o ambiente externo e interno do corpo" (Domingues, 2007, p. 90).

É interessante saber que, na realidade, as experiências (ou aprendizado) não são simplesmente "armazenadas" nos neurônios, mas mudam fisicamente a estrutura do sistema nervoso, alterando a química das células do cérebro. A aprendizagem altera o órgão e resulta em mudanças no comportamento das pessoas. Aprendemos para nos adaptar a um mundo em transformação e também para contribuir com tais transformações, como enfatiza Carson (2012, p. 23).

> A aprendizagem muda a forma de perceber, de pensar, de planejar e de exteriorizar os comportamentos. O aprendizado amplia os mapas de realidade das pessoas. Somente por meio da aprendizagem é que os comportamentos e as atitudes podem ser modificados (Domingues, 2007, p. 90).

É por meio da aprendizagem que podemos obter respostas diferentes – afinal, se continuarmos fazendo sempre as mesmas coisas, obteremos os mesmos resultados continuamente.

A aprendizagem se relaciona com a ampliação dos modelos mentais de um indivíduo. O modelo mental é o que molda a forma como uma pessoa interpreta o mundo, como identifica ameaças e oportunidades e como encara os desafios. São os filtros construídos com base nas emoções, nas crenças e nos valores que o indivíduo utiliza para interpretar a realidade e mover-se pela vida. Aprender algo novo significa ampliar o modelo mental.

O coaching contribui para que o indivíduo enxergue outras possibilidades, permitindo alterar o padrão de escolhas e obter resultados diferentes. Pressupõe, portanto, movimento e mudança.

O processo do coaching pode ser compreendido por meio de uma comparação com uma carruagem[2]. Na carruagem, temos três elementos

---

2   A metáfora da carruagem de Platão compara o ser humano a uma carruagem, em que os cavalos são os instintos. Eles puxam a carruagem, mas cada um quer a própria realização. O cocheiro (a razão) vê para onde os cavalos devem ir e, com as rédeas (a vontade), os conduz à direção desejada.

principais: o passageiro, o condutor e o cavalo. A carruagem é representada pelo contexto – ou seja, o ambiente ou a situação em que os demais elementos estão inseridos. O passageiro é aquele que decide para onde quer ir, isto é, o destino. O condutor é o facilitador da viagem, tomando como base a vontade, a disposição e a urgência do passageiro. O cavalo, por sua vez, representa a força, a vontade e as emoções, que possibilitarão levar a carruagem do lugar onde ela se encontra até o seu destino. É a transposição do estado atual para o estado desejado.

O esquema a seguir sintetiza o processo do coaching:

Figura 1.1 – **O processo do coaching,**

O caminho que o coachee percorre ao sair do estado atual e chegar ao estado desejado envolve estímulo, apoio e desafio proporcionados pelo coach. Aquele, por meio da ampliação dos seus modelos mentais, assume escolhas diferentes ao definir um plano de ação, com o qual se compromete profundamente. Nesse caminho, desenvolve as habilidades que já detém e adquire outras novas, finalmente alterando o padrão de seus resultados.

No processo de coaching, o coachee estabelece uma meta e as estratégias para alcançá-la, de modo que possa vivenciar certos valores na busca dos objetivos e desafiar pontos estáticos e limitantes de seu modelo mental. Para que isso aconteça, o coaching adota pressupostos que sustentem o processo – ou seja, é importante que haja um conjunto de crenças e valores que impactem significativamente as formas de pensar e de agir do coach e do coachee. Ao mesmo tempo que desafia pontos de vista estáticos e limitantes, o coaching também reforça os pontos fortalecedores do coachee por meio de tarefas que oferecem *feedback* a ele – ou seja, retorno sobre o seu desempenho e resultados (Lages; O'Connor, 2004, p. 22).

1.2 Os pressupostos do coaching

Pressupostos envolvem princípios básicos, pontos de partida; ou seja, são a filosofia que norteia um processo. No caso do coaching, é a base a partir da qual esse processo se sustenta e se desenvolve.

A pesquisadora Rosa Krausz[3], em sua obra *Coaching Executivo* (2007, p. 26), apresenta um conjunto de pressupostos:

As pessoas sabem mais do que acham que sabem;
As pessoas despõem de todos os recursos de que necessitam para operar mudanças;
Perguntas adequadas, úteis e estimulantes produzem mais resultados do que ordens e comandos;
Toda "falha" representa uma oportunidade de aprendizagem;
Metas desafiadoras fazem emergir o que as pessoas têm de melhor;
Toda aprendizagem é precedida de alguma forma de experimentação;
Querer é o primeiro passo para fazer!

Na mesma linha, Lages e O'Connor (2004, p. 22-23) – tomando como base os pressupostos da PNL – Programação Neurolinguística[4], quando mencionam a questão do desenvolvimento de habilidades – destacam os seguintes pressupostos do coaching:

---

3   Rosa Krausz é uma proeminente pesquisadora de coaching no Brasil. Doutora pela USP, fundou e preside a Abracem – Associação Brasileira de Coaching Executivo e Empresarial, além de ser autora de livros, artigos, projetos, programas de ensino e instrumentos para análise e diagnóstico de dificuldades de natureza organizacional e grupal.

4   A PNL baseia seus estudos em três pontos: (1) na mente e em como o indivíduo pensa, (2) na linguística e em como a linguagem é utilizada, bem como a maneira pela qual ela afeta o comportamento do indivíduo, e (3) na programação, que é a maneira como o indivíduo sequencia suas ações para atingir suas metas.

As pessoas têm ou podem adquirir os recursos de que precisam para promover as mudanças almejadas: cada indivíduo é rico em recursos adquiridos por meio das experiências vividas. A chave para acessar os recursos é estabelecer conexões – em outras palavras, buscar experiências aplicadas em outras situações e trazê-las para o contexto desejado. Imagens mentais, diálogos internos, sensações e sentimentos constituem a base para a construção dos recursos mentais e físicos. Ao *coach* compete estimular o coachee a listar, acessar e aplicar esses recursos.

- **As pessoas agem da melhor maneira que podem, de acordo com os recursos disponíveis naquele momento**: quando se eleva o grau de conhecimento e desenvolvimento por meio da ampliação dos modelos mentais, passa-se a refletir sobre as opções ou diferentes maneiras para a ação, ganhando flexibilidade e permitindo escolhas que levam a diferentes resultados.
- **Querer é fundamental para colocar as pessoas em movimento para a mudança**: o que importa é o que se quer, o porquê se quer e o quanto se quer. Se algo não for muito almejado, o desejo pode ser abandonado no caminho.
- **A mudança só se concretiza por meio da ação**: ainda que as pessoas compreendam o processo e identifiquem os recursos, se não houver a aplicação, a operacionalização e, enfim, a ação, a mudança não acontecerá. É a conquista da independência do coachee em relação ao coach.

Os pressupostos são fundamentais porque são crenças, e crenças impactam profundamente a forma pela qual o coach conduz o processo. Caso ele não tenha internalizado que perguntas são mais eficazes que respostas prontas, que são aquelas que produzem as respostas legítimas – os *insights* – para o coachee, corre o risco de equivocadamente realizar aconselhamentos. Quando o coach não acredita que o coachee tem dentro dele todos os recursos para fazer as mudanças, tende a não colocar a energia necessária para executar o processo de forma a obter os resultados. Acreditar implica mobilizar esforços, tais como a escuta ativa, o cuidado com as utilizações das ferramentas adequadas ao desafio apresentado pelo coachee, a empatia, a sintonia e a suspensão do julgamento.

Podemos observar, com base nos pressupostos elencados, que o papel do coach é estimular o coachee a acessar seus recursos internos[5], tomar consciência de suas capacidades, adquirir autoconfiança e buscar forças e motivação para a realização, acreditando em seu potencial. Os pressupostos trazem em sua essência a ideia de que o coaching estimula o coachee a estabelecer uma forte conexão com sua autoridade interior, desenvolvendo a autonomia e a autogestão, estimulando a melhoria e o desenvolvimento contínuos, elevando assim o patamar dos seus resultados.

1.3 As origens e as influências do coaching

Primeiramente, vamos explorar a origem do termo *coaching*. *Coach* é uma palavra inglesa que significa "treinador", e o verbo *to coach* significa "treinar". Já *coaching* é o processo de estimular o desenvolvimento das pessoas.

Outra versão sobre o significado do termo remete a uma cidade húngara chamada *Kocs*, localizada às margens do rio Danúbio. No século XV, essa cidade começou a produzir carruagens que se tornaram as mais cobiçadas de toda Europa, e foram batizadas popularmente de *kocsi szeker*. Com a evolução da língua, os condutores de carruagens passaram a ser chamados de *kocsis* e *coaches*. A finalidade da carruagem é transportar pessoas de um ponto a outro, assim como o coaching, que se propõe a conduzir um processo que leva um indivíduo ou um grupo de um ponto a outro de seu desempenho.

Na época da utilização das carruagens, era comum que as famílias muito ricas, quando em longas viagens pelo interior da Inglaterra, a passeio ou a negócios, levassem servos que liam em voz alta para as crianças no interior das carruagens (coaches) aquilo que elas deveriam estudar. Assim, ao se referir a essa forma de aprendizagem, dizia-se que as crianças foram "*coached*", ou seja, foram instruídas dentro da carruagem.

Embora o coaching, como um processo estruturado, municiado de ferramentas, seja considerado uma prática recente na área de gestão de pessoas nas organizações, a origem do coaching, segundo Maher e Pomerantz (2003, p. 3), remonta aos filósofos gregos e recebe

---

5 *Recurso* é tudo aquilo que pode ser utilizado para se alcançar um objetivo. Entre os recursos internos estão criatividade, resiliência, senso de humor, confiança, serenidade, perseverança, autoconscientização, autocontrole e automotivação.

profundas influências do pensamento budista, da Teoria da Gestalt e da psicologia positiva.

Que tal começarmos com uma viagem no tempo para buscar a origem do coaching no pensamento dos filósofos gregos?

1.3.1 Os filósofos gregos e a essência do coaching

A essência do coaching é encontrada no pensamento de alguns filósofos da Grécia Antiga, berço da filosofia ocidental. *Filosofia* é uma palavra de origem grega, composta por dois termos: *philo* e *sophia*. *Philo* deriva de *phili*, que significa "amor fraterno, respeito entre os iguais, amizade". *Sophia* significa "sabedoria". Portanto, filosofia é o "amor à sabedoria".

A Grécia conquistou condição de destaque no campo da filosofia a partir do momento em que alguns cidadãos, insatisfeitos com as explicações que a tradição – baseada em mitos e deuses – lhes dera, passaram a refletir, questionar e buscar respostas para suas perguntas. Com isso, os filósofos gregos demonstraram que o mundo, os seres humanos, os acontecimentos naturais e as coisas da natureza podem ser conhecidos pela razão do homem e que a própria razão é capaz de conhecer-se. Foi por meio da filosofia que os filósofos instituíram para o ocidente europeu as bases e os fundamentos do que conhecemos por *razão, racionalidade, ciência, ética, política* e *arte* (Chaui, 2001).

Ao estudar o pensamento dos filósofos, encontramos claramente em Sócrates, Platão e Aristóteles características que norteiam o processo de coaching.

1.3.1.1 Sócrates

"Transforme as pedras em que você tropeça nas pedras de sua escada".
(Pensador.Info, 2013e)

Sócrates – considerado o patrono da filosofia, embora nunca tenha deixado nenhum documento escrito – apresentou, com seus ensinamentos, o mundo e o homem de uma forma diferente do que se sabia até então. O filósofo interessava-se pela questão do autoconhecimento, pela essência do ser humano. Era filho de uma parteira e de um escultor, especialista em entalhar colunas nos templos. **Vivia pela cidade indagando** pessoas importantes, tais como políticos e professores, acerca das coisas em que acreditavam. Com suas perguntas, fazia com que seus **interlocutores "parissem"** suas ideias e, por isso, ele comparava o que fazia com a profissão da mãe.

Sócrates tentou seguir o ofício do pai, mas não demonstrou habilidade. Foi junto à mãe que descobriu sua verdadeira vocação de educador, profetizada pelo Oráculo de Delfos[6]. Conta-se que certo dia, Sócrates foi ajudar sua mãe a fazer um parto complicado. Ao observar sua mãe realizar o trabalho, Sócrates pensou: "Minha mãe não irá criar o bebê, irá apenas ajudá-lo a nascer, empenhando-se em diminuir a dor do parto. Por outro lado, se ela não tirar o bebê, tanto ele quanto a mãe perecerão." Foi aí que Sócrates concluiu que ele também era uma espécie de parteiro, uma vez que o **conhecimento está dentro das pessoas** e ele as auxiliava no nascimento deste conhecimento. Por isso, até hoje os ensinamentos de Sócrates são conhecidos por *maiêutica*[7] (que significa *parteira* em grego, "aquela que ajuda a nascer").

Sócrates se aproximava das pessoas afirmando nada saber e no seu indagar **utilizava as respostas dadas para elaborar as próximas perguntas**, até o momento em que o interlocutor não conseguia mais responder aos questionamentos, demonstrando assim falta de conhecimento. A partir desse ponto do diálogo, o filósofo passava a devolver as respostas em forma de perguntas, **provocando a reflexão** e a construção de novos conhecimentos, **conduzindo seus interlocutores a uma nova perspectiva** sobre o tema. Levava-os a **colocar em causa seus "preconceitos"** acerca do assunto, reconhecendo assim sua ignorância e gerando novas ideias, mais próximas da verdade.

Daí que a maiêutica revelava-se um autêntico **parto de ideias**. Para Sócrates, era impossível que uma pessoa conhecesse algo do mundo se

---

6   O Oráculo de Delfos era um local sagrado da Grécia Antiga, dedicado ao deus Apolo. Os gregos recorriam ao oráculo para perguntar aos deuses sobre problemas cotidianos, questões de guerra, vida sentimental, previsões do tempo etc. (Oráculo, 2013).
7   Maiêutica: método investigativo (que consiste no diálogo de um indivíduo com seu interlocutor) com o objetivo único de extrair a verdade. Consiste em trazer à luz a verdade que está no próprio indivíduo. A palavra *maiêutica*, no grego, era o termo utilizado para designar o ofício da parteira, que auxilia a mulher a dar à luz (Marçal, 2013).

não conhecesse a si mesma, pois a essência do conhecimento residiria no autoconhecimento: quem não se conhece não consegue conhecer o mundo, pois não se abre, e seu conhecimento não é completo. Ao mesmo tempo, ele acreditava que, para um homem, era difícil conhecer-se por completo e, nesse sentido, dizia que "sabia que nada sabia". Sócrates defendia que se deve sempre dar mais ênfase à procura do que não se sabe que à transmissão do que se julga saber, privilegiando, assim, a investigação permanente (Cotrim, 2006).

Quais são, afinal, as contribuições de Sócrates para o coaching? Assim como no pensamento do filósofo, encontramos no coaching:

- A crença de que a verdade se encontra dentro do indivíduo.
- A conversa de coaching se dá por meio de perguntas.
- A elaboração de novas perguntas a partir das respostas dadas pelo interlocutor.
- O estímulo à reflexão a fim de que o coachee chegue a uma resposta legítima para si.
- O desafio aos pensamentos e crenças limitantes e enfraquecedores.
- O estímulo à identificação de novas perspectivas.

Assim, reconhecemos em Sócrates a essência do coaching: as perguntas que levam à reflexão e promovem a identificação de novas perspectivas e possibilidades dissolvem crenças limitantes e conduzem o pensamento à ação.

A seguir, apresentamos uma parábola que é atribuída a Sócrates, na qual identificamos um diálogo que pode representar uma conversa entre um coach e seu coachee.

E se Sócrates fosse coach?

Um homem foi ao encontro de Sócrates levando ao filósofo uma informação que julgava de seu interesse:

— Quero contar-te uma coisa a respeito de um amigo teu!
— Espera um momento – disse Sócrates – Antes de contar-me, quero saber se fizeste passar essa informação pelas três peneiras.
— Três peneiras? Que queres dizer?
— Vamos peneirar aquilo que queres me dizer? Tens certeza de que o que queres me dizer é **verdade**?
— Bem, foi o que ouvi outros contarem. Não sei exatamente se é verdade.
— E essa informação vai promover algo de **bom**? Ou não?
 Envergonhado, o homem respondeu:
— Devo confessar que não.
— É **útil** o que viestes falar a respeito do meu amigo?
— Útil? Na verdade, não.
— Então, se o que queres contar-me não é verdadeiro nem bom nem útil, ainda queres contar-me?

Fonte: Adaptado de Chaui, 2001.

1.3.1.2 Platão

"Tente mover o mundo – o primeiro passo será mover-se a si mesmo".
(Pensador.Info, 2013d)

Platão foi discípulo de Sócrates e mentor de Aristóteles. Valorizava o autoconhecimento e o processo por meio do qual **cada pessoa extrai de si própria esse conhecimento**. Influenciado por Sócrates, investigou diversos campos do conhecimento, entre eles a ética, a lógica, a estética e a ontologia[8]. Adotou como método a **dialética**[9]. Suas obras foram escritas, sobretudo, em forma **diálogos**, sendo *A República* a mais importante obra de sua filosofia.

Nesse texto, Platão apresenta um conceito de justiça e propõe a teoria de que os governantes deveriam ser filósofos. Para ilustrar, o filósofo criou a **alegoria da caverna**, na qual desenvolveu a noção de um mundo das ideias, preconizando que aquilo que um indivíduo vê ou sente e o que percebe por meio das sensações nada mais seria do que sombras das ideias perfeitas destas mesmas coisas.

A filosofia de Platão é marcada pela teoria das ideias ou teoria das formas, pois, para o filósofo grego, o mundo concreto percebido pelos sentidos é a reprodução do mundo das ideias. O mito da caverna, tal como descrito pelo pensador, é provavelmente uma das mais poderosas metáforas criadas pela filosofia para descrever a situação geral em que se encontra a humanidade. Para o filósofo, **todos nós estamos condenados a ver sombras a nossa frente e tomá-las como verdadeiras**. Essa poderosa crítica à condição dos homens, escrita há quase 2500 anos, continua inspirando reflexões sobre a condição humana.

Convidamos você a conhecer agora um resumo dessa metáfora.

---

8   Ontologia (em grego *ontos* e *logoi*, "conhecimento do ser"): 1. É a ciência que investiga a natureza do ser enquanto ser, considerado em si mesmo, independente do modo pelo qual se manifesta; 2. Parte da Metafísica que trata dos entes em geral. 3. Tratado dos seres. (Kury, 2002, p. 762).

9   Dialética: 1. Arte de argumentar ou discutir; 2. Método de filosofar que procura a verdade por meio de oposição e conciliação de contradições; 3. Forma de desenvolvimento da realidade (tese, antítese e síntese) identificada com a razão. (Kury, 2002, p. 346).

A história retrata o interior de uma caverna subterrânea onde, desde a infância, geração após geração, seres humanos estão aprisionados. Suas pernas e seus pescoços estão algemados de tal modo que são forçados a permanecer sempre no mesmo lugar e a olhar apenas para frente, não podendo girar a cabeça nem para trás nem para os lados. A entrada da caverna permite que alguma luz exterior ali penetre, de modo que se possa, na semiobscuridade, enxergar o que se passa no interior.

A luz que entra ali provém de uma imensa e alta fogueira externa. Entre ela e os prisioneiros no exterior, portanto, há um caminho ascendente ao longo do qual foi erguida uma mureta, como se fosse a parte fronteira de um palco de marionetes. Ao longo dessa mureta-palco, homens transportam estatuetas de todo tipo, com figuras de seres humanos, animais e todas as coisas.

Por causa da luz da fogueira e da posição ocupada por ela, os prisioneiros enxergam na parede do fundo da caverna as sombras das estatuetas transportadas, mas sem poderem ver as próprias estatuetas, nem os homens que as transportam.

Como jamais viram outra coisa, os prisioneiros imaginam que as sombras vistas são as próprias coisas. Ou seja, não podem saber que são sombras, nem podem saber que são imagens (estatuetas de coisas), nem que há outros seres humanos, reais, fora da caverna. Também não podem saber que enxergam porque há a fogueira e a luz no exterior e imaginam que toda a luminosidade possível é a que reina na caverna.

Que aconteceria, indaga Platão, se alguém libertasse os prisioneiros? Que faria um prisioneiro libertado? Em primeiro lugar, olharia toda a caverna, veria os outros seres humanos, a mureta, as estatuetas e a fogueira. Embora dolorido pelos anos de imobilidade, começaria a caminhar, dirigindo-se à entrada da caverna e, ao reparar no caminho ascendente, por ele seguiria.

Num primeiro momento, ficaria completamente cego, pois a fogueira na verdade é a luz do sol, e ele ficaria inteiramente ofuscado por ela. Depois, acostumando-se com a claridade, veria os homens que transportam as estatuetas e, prosseguindo no caminho, enxergaria as próprias coisas, descobrindo que, durante toda sua vida, não vira senão sombras de imagens (as sombras das estatuetas projetadas no fundo da caverna) e que somente agora está contemplando a própria realidade.

Libertado e conhecedor do mundo, o prisioneiro regressaria à caverna, ficaria desnorteado pela escuridão, contaria aos outros o que viu e tentaria libertá-los.

Que lhe aconteceria nesse retorno? Os demais prisioneiros zombariam dele, não acreditariam em suas palavras e, se não conseguissem silenciá-lo com suas caçoadas, tentariam fazê-lo espancando-o e, se, mesmo assim, ele teimasse em afirmar o que viu e os convidasse a sair da caverna, certamente acabariam por matá-lo. No entanto, alguns dos prisioneiros poderiam ouvi-lo, contra a vontade dos demais, escapando da caverna em busca da realidade.

Fonte: Chaui, 2001, p. 40-41.

Platão divide, assim, o mundo em duas realidades: a sensível, que se percebe pelos sentidos, e a inteligível – o mundo das ideias.

E qual é a relação entre o mito da caverna e o coaching? No mito da caverna, assim como no coaching, a ideia é desafiar a percepção que o indivíduo constrói acerca da realidade, buscando aproximá-las.

E como as ideias de Platão contribuem para o coaching? No filósofo grego, assim como no coaching, encontramos as seguintes bases:

- Aquilo que as pessoas percebem nem sempre corresponde à realidade em si. O coaching questiona e leva a refletir sobre a percepção do mundo em benefício do atingimento do objetivo.
- É necessário atentar para o princípio do movimento, para o colocar-se em ação. No coaching, a responsabilidade pela ação e pelos resultados é do coachee.
- Qualquer ação acontece primeiramente na mente, no mundo das ideias. Daí a importância dos sonhos e dos objetivos.

No coaching, a pergunta norteadora do processo é: "O que você quer?".

Com isso, o resultado desejado é construído primeiramente no mundo das ideias. A partir dessa construção, cabe ao indivíduo colocar-se em ação para materializar o resultado.

1.3.1.3 Aristóteles

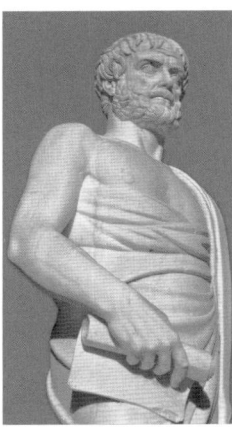

"É fazendo que se aprende a fazer aquilo que se deve aprender a fazer". (Pensador.Info, 2013a)

Aristóteles, discípulo de Platão, é um dos mais cultuados filósofos gregos. Estudou todo o desenvolvimento do pensamento grego anterior a ele e utilizou esse conhecimento para construir sua obra, na qual considerou, resumiu, criticou e desenvolveu ainda mais o pensamento filosófico. É autor de um grande número de tratados de lógica, política, história natural e física. Ele e seu mestre Platão são, em termos gerais, considerados os dois mais importantes filósofos gregos da Antiguidade.

Aristóteles foi chamado pelo rei da Macedônia para supervisionar a educação de seu filho, Alexandre, que mais tarde conquistou toda a Grécia, venceu o império persa e ficou conhecido como *Alexandre, o Grande*.

Embora tenha sido discípulo de Platão, Aristóteles discordava da divisão entre o mundo das ideias e o mundo dos sentidos. Para Aristóteles, não é possível ter uma ideia ou desejar algo sem que se conheça este algo. Para o filósofo grego, **não existe nada na mente que não tenha passado pelos sentidos**.

Esse fundamento faz de Aristóteles um adepto do empirismo, corrente filosófica para a qual todo o conhecimento passa pela **observação e pela experiência**. O filósofo empirista baseia-se na observação e na experimentação para decidir o que é verdadeiro. Chega a conclusões através do emprego do método indutivo, baseado no que observou.

Aristóteles também afirmava que **o objetivo do ser humano é a felicidade**, alcançada quando o indivíduo desempenha plenamente sua função. Segundo o filósofo, é fundamental determinar qual é a função do homem. A função de uma coisa é aquilo que só ela pode fazer, ou o que ela pode fazer melhor. Por exemplo a função do olho é ver, e a função do escudo é proteger. Levando em consideração que o homem é o "animal racional", sua função seria raciocinar.

Para o ser humano, segundo Aristóteles, uma vida feliz é a vida governada pela razão. De acordo com Marques (2013), Aristóteles entendia que a pessoa feliz é autossuficiente, na medida em que a sua felicidade depende dela própria e não de condições exteriores. E ele ainda vai mais além: as maiores componentes da felicidade, que são as virtudes do pensamento e as do caráter, não dependem da sorte.

Daí a importância das virtudes éticas, que se formatam por meio do exercício, da aprendizagem e do hábito. Para Aristóteles, o homem é um ser de hábitos – isto é, cada indivíduo é o que é em função de seus hábitos, que são os comportamentos que uma pessoa aprende e repete. O filósofo afirmava que a pessoa tem duas naturezas: a do **ser** e a do **dever ser**.

Para Aristóteles, as coisas podem estar em **ato** ou em **potência**. Tomemos por exemplo a semente: ela é uma árvore em potência, mas não em ato; só após a germinação é que a semente se tornará árvore em ato. O movimento é a passagem do ato à potência e da potência ao ato. A **potência então é um "vir a ser", ou seja, algo que pode se tornar**. Essa ideia entra no conceito de *devir* da filosofia (Damasceno, 2010).

> O devir se contrapõe à noção do ser imóvel e estabelece o conceito de mudança como constituinte do real. É o acontecer, o ir, o mover-se, o transformar-se, o passar a outro estado.

1	2	3
A mudança considerada em si mesma, como processo e passagem de um estado a outro. Nesse sentido está em oposição aos estados estáticos e perfeitos que servem como ponto de referência.	Uma série de mudanças de modos de ser. Nesse sentido está em oposição ao Ser enquanto imutável (Lalande, 1999, p. 253).	Uma forma especial de mudança, que vai do nada ao ser ou do ser ao nada. Nesse sentido se opõe ao ser enquanto imutável, mas não o nega, aliás, o confirma (Abbagnano, 1992, p. 268).

E qual é a relação do pensamento de Aristóteles com o coaching?

- **O empirismo**: a observação e a experiência. Remete ao postulado do coaching de que toda a aprendizagem é precedida de alguma forma de experimentAÇÃO.

- **A felicidade:** o entendimento de que a pessoa feliz é autossuficiente, na medida em que sua felicidade depende de si e não de condições externas.
- **O homem é um ser de hábitos:** o hábito adquirido tem impacto na vida das pessoas; ao tomar consciência de seus hábitos, o indivíduo pode avaliar se estes contribuem para seus resultados e, conscientemente, escolher se deseja mudar ou continuar como está.
- **O conceito do devir:** A potencialidade que cada indivíduo tem dentro de si e que o processo de coaching estimula a desenvolver.

O processo de coaching leva o coachee da potência ao ato, daquilo que pode ser àquilo em que efetivamente se torna. É a relação entre o estado presente (o que sou) e o estado desejado (o que quero ser), sem esquecer a ação que possibilita a passagem de um estado ao outro.

1.3.2 A contribuição do budismo

Investigando a alusão feita por Maher e Pomerantz (2003, p. 3) de que o coaching possui raízes no pensamento budista, encontramos o conceito das *quatro nobres verdades*, que seriam instrumentos para reconhecer a felicidade. Convidamos você, leitor, a conhecer o que significam essas verdades.

1ª nobre verdade – A verdade do sofrimento: O sofrimento existe para todas as pessoas. Ninguém passa a vida sem sofrer com uma mágoa, com perdas – por morte ou separação, por perder a esperança ou a fé em si mesmo, por trabalhar com pessoas difíceis, por desejar algo que não pode alcançar. O ponto chave desta nobre verdade é a **aceitação do momento presente**, com tudo o que ele traz. É importante entrar em contato com o sofrimento e não fugir dele. A vida não é só felicidade.

2ª nobre verdade – A causa do sofrimento: Identificar a origem daquilo que causa a dor. **Tomar consciência**, investigar e descobrir as raízes do sofrimento. Apegos, crenças, julgamentos, preconceitos e expectativas frustradas podem ser fontes de sofrimento.

3ª nobre verdade – A extinção do sofrimento: Interromper o sofrimento implica decisão. A origem da palavra *decisão* vem do latim *caedere*, que significa "cortar". É romper com a situação de sofrimento, **abandonar um caminho para tomar outro diferente**.

4ª nobre verdade – O caminho de exterminação do sofrimento: O caminho para eliminar o sofrimento, conhecido como *O Caminho Nobre de Oito Aspectos ou Oito Passos*, que, embora aqui estudados individualmente, fazem parte de um todo indivisível. São eles:

Ponto de vista correto – É a compreensão dos fatos, a tomada de **consciência** sobre a situação.

Pensamento correto – Segundo o *Dhammapada*, um texto sagrado do budismo, "O pensamento se manifesta como uma **palavra** na mente, a palavra se transforma em uma **ação**, a ação se transforma num **hábito**, e o hábito se cristaliza como temperamento". É a prática do pensamento correto através da **mente cada vez mais gentil, compassionada e pura**. No budismo, existe uma prática denominada *tonglen*, que, entre outras coisas, busca a aceitação dos encargos da vida sem a sensação de sobrecarga, o caminho do perdão ao próximo e a si mesmo e o abandono da autopiedade, a culpa e a vergonha de ser quem você é.

Fala correta – Ter atenção com as palavras, usar palavras de gentileza, de amorosidade, edificantes, generosas, ternas, fortalecedoras. Usar a fala **beneficiando os outros e a si mesmo**, por meio de um diálogo positivo e harmônico.

Ação correta – Surge do pensamento correto. Agir de acordo com os ditames da virtude, da honestidade, da integridade e da ética. A ação correta também é o estudo sobre o **caminho do meio**, filosofia budista que ensina que os antagonismos no mundo ou em nossa vida seriam resolvidos se ambos os lados cedessem um pouco.

Meio de vida correto – É a conduta correta na maneira de viver, cuidado com a saúde, a alimentação, o sono, os exercícios físicos, a meditação, a atenção aos sinais do corpo com a ocorrência da dor. É preciso **cuidar da sustentabilidade e da qualidade de vida**.

Esforço correto – É a diferenciação entre o ter e o ser. O ter não é tudo, pois **o que pode propiciar felicidade é o ser**. Existem pessoas que só se esforçam para ter posses, poder sobre os outros, dinheiro, carros novos, enfim, os bens de consumo – e demoram a perceber que isso não é o mais importante.

Atenção correta – Este caminho consiste em usar a energia para o momento presente. Ficar **atento** às suas **escolhas e ações presentes**, pois estas geram consequências, que podem trazer alegrias ou sofrimentos. Trazer sua completa atenção para viver o momento com todos os sentidos, para estar inteiro naquela ação. Por exemplo: se você está em uma aula, preste atenção, afastando o pensamento de outras atividades ou obrigações com o trabalho ou com a família.

Concentração correta – É cultivar a **serenidade**, manter a mente calma e concentrada para permitir a manifestação da sabedoria completa e verdadeira, a partir da qual surgem os pensamentos e ações corretas. Buda fala das oito iluminações ou despertares de um grande ser: 1) ter poucos desejos, 2) ter contentamento, 3) sentir prazer na tranquilidade, 4) praticar diligência, 5) manter a concentração, 5) praticar a meditação, 7) praticar a sabedoria e 8) não falar à toa.

Então, quais são as contribuições da filosofia budista para o coaching?

- No budismo, assim como no coaching, o caminho é edificado sobre a aceitação, a compreensão e o aprendizado. Como isso se dá? Com a aceitação da realidade, com a tomada de consciência sobre o que causa essa realidade – caracterizada como um hábito, um preconceito, um julgamento, uma crença ou uma distorção perceptiva, por exemplo.
- Outra contribuição fundamental refere-se à decisão de romper com a situação: é um ato da vontade. Significa escolher abandonar um caminho para tomar outro. É perguntar-se: "Se eu não quero isto, então o que eu quero?".
- Por fim, podemos identificar no budismo o colocar-se em movimento, em ação. No coaching, o que produz o resultado é a ação, originada a partir da mudança de pensamento, incluindo aí a aceitação da realidade.

Tendo visto a contribuição do budismo para nosso estudo, passemos agora à contribuição da Teoria da Gestalt.

1.3.3 A contribuição da Teoria da Gestalt

A Gestalt é uma escola da psicologia experimental[10]. Credita-se a Von Ehrenfels, filósofo vienense, os primeiros postulados da teoria que acabou por tomar força em 1910, com Max Wertheimer, Wolfgang Kohler e Kurt Koffka, da Universidade de Frankfurt, na Alemanha.

O movimento gestaltista atuou principalmente no campo da teoria da forma, com significativa contribuição para os estudos de percepção, inteligência, linguagem, aprendizagem, memória, motivação, conduta exploratória e dinâmica de grupos sociais. A Teoria da Gestalt, que se originou de uma rigorosa experimentação, sugere a resposta do por que algumas formas agradam mais que outras. Essa perspectiva, ao tratar o tema, vem a opor-se ao subjetivismo, uma vez que a psicologia da forma tem seu alicerce na fisiologia do sistema nervoso ao explicar a relação sujeito-objeto no campo da percepção (Gomes Filho, 2004). O autor transcreveu os escritos de Wertheimer, Kohler e Koffka, conforme segue.

> Segundo a Teoria da Gestalt, o que acontece no cérebro não é idêntico ao que acontece na retina. A excitação cerebral não se dá em pontos isolados, mas por extensão. Não existe, na percepção da forma, um processo posterior de associação de várias sensações. A primeira sensação já é de forma, já é global, unificada. (Gomes Filho, 2004, p. 19)

Para a Teoria da Gestalt, o todo é maior do que a soma das partes. Isso significa que não vemos partes isoladas, mas sim a relação que existe entre as partes. Vamos pensar em um objeto: uma mesa, por exemplo. A mesa é mais do que simplesmente quatro pernas e um tampo. Uma mesa é tudo isso, porém é mais do que isso: está presente em nossa mente como um símbolo de algo distinto de seus elementos particulares, ou seja, quando olhamos a mesa, nem notamos as pernas e o tampo.

Observe na figura a seguir a chamada *ilusão* da *extensão*: atente para as linhas horizontais *ab* e *cd*. Agora responda: As linhas horizontais têm o mesmo comprimento ou uma delas é maior?

---

10   A psicologia experimental é aquela que investiga fenômenos psicológicos por métodos experimentais e oferece descrição sistemática dos resultados obtidos (Cabral; Nick, 2006).

Figura 1.2 – Ilusão de Muller-Lyer

a ⟵—————————⟶ b

c ⟩—————————⟨ d

Fonte: Sperling; Martin, 2003, p. 42.

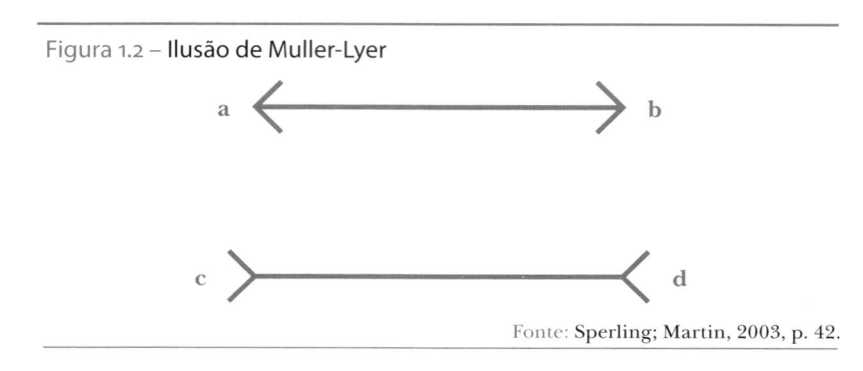

A figura seguinte apresenta a chamada *ilusão de área*: observe o círculo interno de *a* e depois o de *b*: qual é o maior?

Figura 1.3 – Ilusão de área

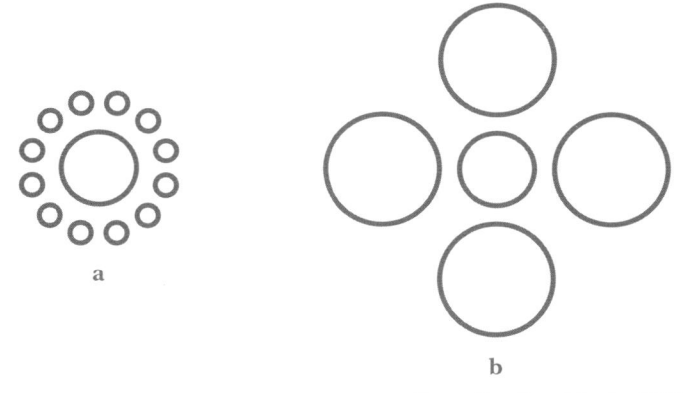

a

b

Fonte: Sperling; Martin, 2003, p. 42.

A resposta para ambas às questões é de que tanto as linhas quanto os círculos referidos têm tamanhos iguais – embora, à primeira vista, pareçam ser de tamanhos diferentes. Essa percepção se dá em função de que não vemos partes isoladas, mas sim a relação entre as partes. É resultado de uma sensação global em que as partes são inseparáveis do todo e, quando fora desse todo, são outras coisas que não elas mesmas (Gomes Filho, 2004).

À medida que um indivíduo adquire novas informações, por observar o objeto sob um diferente prisma, a percepção sobre esse objeto muda.

Significa dizer que, quando se muda a forma de olhar, modifica-se a forma de perceber. E, ao mudar a forma de perceber, altera-se a resposta fruto dessa percepção.

Assim, a Teoria da Gestalt contribui para o coaching no sentido de refletir sobre a perspectiva pela qual o sujeito observa o objeto – ao mudar a perspectiva, modifica-se a percepção sobre ele. Assim como na Gestalt, no coaching é fundamental o exercício de olhar para o "objeto" – ou situação – sob diferentes pontos de vista. Ao mudar o ponto de vista, muda-se a interpretação e os efeitos desta no comportamento. E este é um exercício fundamental na prática do coaching.

Para ilustrar, apresentamos uma estória que mostra como as coisas nem sempre são o que parecem e como a forma com que uma pessoa percebe uma situação impacta em seu comportamento.

> Uma moça estava à espera de seu voo na sala de embarque de um aeroporto. Como iria esperar muito, resolveu comprar um livro. Comprou também um pacote de bolachas. Sentou-se numa poltrona na sala VIP do aeroporto, para descansar e ler em paz. Ao seu lado sentou-se um homem. Quando ela pegou a primeira bolacha do pacote, o homem também pegou uma.
>
> Ela indignou-se, mas não disse nada. Apenas pensou:
> — Mas que descarado!
> A cada bolacha que ela pegava, o homem também pegava uma. Aquilo a indignava.
> Quando restava apenas uma bolacha, ela pensou:
> — O que será que esse abusado vai fazer agora?
> Então, o homem dividiu a última bolacha ao meio, deixando a outra metade para ela. Ah, aquilo era demais!
> Então, ela pegou suas coisas e se dirigiu ao local de embarque; mas antes, olhando para o homem, disse em tom irônico:
> — Mas você é muito cara de pau mesmo!
> E saiu sem olhar para trás e sem esperar uma resposta.
> Quando ela já estava no interior do avião, olhou dentro da bolsa para pegar uma bala, e, para sua surpresa, o pacote de bolachas estava lá, ainda intacto, fechadinho. Só então ela percebeu que a errada era ela, sempre tão distraída. Ela havia esquecido que suas bolachas estavam guardadas dentro da sua bolsa.

> O homem havia dividido as bolachas dele sem ficar indignado ou nervoso, enquanto ela tinha ficado transtornada, pensando estar dividindo as dela com ele. E já não havia mais tempo para se explicar e para pedir desculpas.

Fonte: Adaptado de Rangel, 2003, p. 157-158.

1.3.4 A contribuição da psicologia positiva

A psicologia positiva surgiu no início da década de 1990, resultado dos estudos do psicólogo Martin Seligman, que propôs uma abordagem para além da doença, da patologia, tomando como base a compreensão de fenômenos psicológicos como a felicidade, o otimismo, o altruísmo, a esperança, a alegria, a satisfação, ao invés de olhar para a tristeza, a depressão, a ansiedade, a angústia e a agressividade.

De acordo com Sheldon e King (2001, p. 216), a psicologia positiva é uma abordagem que propõe aos psicólogos contemporâneos a adoção de uma visão apreciativa e aberta dos potenciais, das motivações e das capacidades humanas. É uma ciência que procura entender a emoção positiva e o desenvolvimento da força e da virtude. Para Seligman (2009, p. 15), as "forças e as virtudes funcionam como um para-choque contra a infelicidade e as desordens psicológicas e podem ser a chave da resistência". O que notamos é que a psicologia positiva se aproxima da visão e das perguntas dos filósofos acerca do que é uma vida plena e do que faz a vida ser plena.

E por que as emoções positivas são importantes? Para Seligman (2009, p. 70), "um estado de espírito positivo nos induz a um modo de pensar completamente diferente de um estado de espírito negativo". Segundo o autor, os estados positivos promovem pensamentos criativos, tolerantes, generosos, desarmados. O foco sai da busca da falha e da omissão para a busca do acerto, fortalecendo assim a confiança.

A psicologia positiva possui três pilares: o estudo das emoções positivas, o estudo dos traços positivos e o estudo das instituições positivas. Falemos mais sobre eles.

- O estudo das emoções positivas estabelece que "as emoções positivas de confiança e esperança não são mais úteis quando a vida é fácil, mas sim quando ela é difícil" (Seligman, 2009, p. 14). Para o Seligman (2009), nas emoções positivas estão o sentimento positivo e o caráter positivo. Assim, a psicologia positiva estuda as emoções positivas momentâneas, a exemplo da satisfação, da serenidade, do contentamento, da tranquilidade, da esperança, do encantamento e da alegria. Nesse sentido, reproduzimos as questões que norteiam tais estudos.

- Por que a evolução nos dotou de sentimentos positivos? Quais são as funções e consequências dessas emoções, além de nos fazer sentir bem?
- Quem tem emoções positivas em abundância e quem não tem? O que permite e o que impede essas emoções?
- Como integrar mais emoção positiva e estável a vida? (Seligman, 2009, p. 13)

A psicologia positiva também estuda as emoções positivas voltadas ao passado, ao presente e ao futuro. O perdão, a gratidão, a satisfação, o contentamento, o orgulho e a serenidade são exemplos de emoções positivas voltadas ao passado. As emoções positivas voltadas ao presente se dividem em duas categorias: prazeres e gratificações. A primeira abarca os prazeres físicos e os prazeres maiores. Os prazeres físicos são emoções positivas momentâneas promovidas pelos sentidos: sabores, visões agradáveis, cheiros e sensações de ordem sexual. Os prazeres maiores são mais complexos e vão além dos prazeres promovidos pelos sentidos, como o júbilo, o êxtase, o divertimento, o entusiasmo, entre outros. Já o otimismo, a confiança, a esperança e a fé são exemplos de emoções positivas voltadas ao futuro.

Os momentos em que um indivíduo experimenta uma emoção positiva podem ser alcançados por meio do *savoring* (sensações) e do *mindfullness* (consciência do momento presente). Ambas as técnicas consistem em resgatar o momento presente do modo mais genuíno possível. O *savoring* se refere a "saborear o momento presente", a deleitar os sentidos, concentrando os esforços em, por exemplo, saborear um bom café, uma boa comida, escutar uma bela música. Já o *mindfullness* é um estado mental alcançado pelo treinamento da atenção plena aos próprios pensamentos, ações ou sensações (Solano, 2010).

O acesso à felicidade e à vida prazerosa tem dois limites importantes. O primeiro é que o nível da emoção positiva está relacionado à personalidade e aos componentes genéticos (40% a 50%), o que reduz as possibilidades de mudanças (Lyubomirsky, 2007). O segundo é que ocorre um fenômeno denominado *adaptação hedônica* ou *hábito*. As pessoas se habituam rapidamente às emoções positivas, o que torna necessário aumentar a quantidade dessas emoções permanentemente até o ponto em que o incremento já não causa mais felicidade: a música ou a comida já não evocam os mesmos sentimentos e ouvir música ou comer em maior quantidade não proporcionam maior bem-estar. Isso se deve a um limite que as pessoas se autoimpõem para o prazer sem limites, que tem sua origem no passado evolutivo do ser humano e que funciona com um fator de proteção ante as adversidades.

Entretanto, as emoções positivas não são a única via de acesso à vida plena. Existe um recurso que está relacionado ao comprometimento. O prazer deriva do compromisso com o objetivo e com a capacidade de *flow*[11] (fluxo ou fluir). O estado de *flow* é alcançado quando uma atividade nos absorve e temos a sensação de que o tempo parou. Isso pode acontecer diante de algum desafio no trabalho, ao ler um livro ou ao tocar um instrumento. Para tanto, a tarefa deve ser prazerosa, o que significa dizer que não pode ser tediosa ou estressante, pois, nesse caso, o *flow* se perde. Ele é a soma das habilidades pessoais com a característica da tarefa. Se conhecermos nossas forças pessoais e as aplicarmos em uma atividade concreta, alcançaremos o comprometimento. Esse estado se relaciona com a distinção clássica entre o prazer hedônico e eudaimônico dos gregos. O *flow* se relaciona a este último, que é a conquista da satisfação com o esforço do trabalho (Solano, 2010).

A psicologia positiva vai muito além da "feliciologia" ou do hedonismo. O hedonismo, segundo o Seligman (2009, p. 24) é a "ciência que trata do modo como nos sentimos a cada momento". É também uma doutrina filosófica que proclama como fim supremo da vida o prazer. Hedonistas têm por objetivo a supressão da dor e a busca pelo prazer.

---

11   O *flow* foi um conceito introduzido na psicologia positiva pelo Dr. Mihalyi Csikzentmihalyi, em sua obra *Optimal Experience: Psychological Studies of Flow in Consciousness* (1988), que pode ser traduzido por "fluir" ou "fluxo". É um estado no qual a pessoa encontra-se completamente absorta em uma atividade agradável, fluindo-a. São momentos em que se experimenta uma enorme satisfação.

Entretanto, a psicologia positiva faz um alerta em relação aos perigos dos "atalhos" para a felicidade e o prazer, sustentando que "a emoção positiva desligada do exercício do caráter leva ao vazio, à inverdade, à depressão e, à medida que envelhecemos, à corrosão de toda a realização" (Seligman, 2009, p. 26). Assim, a crença de que existem maneiras rápidas e meteóricas de alcançar a alegria, a felicidade, a excitação e o entusiasmo, em vez de conquistá-los por meio de emoções positivas, leva legiões de pessoas a definhar emocionalmente. Para o autor, o sentimento positivo tem origem na prática das virtudes, e não em soluções rápidas. Tais soluções rápidas não são autênticas e, portanto, não são promotoras de felicidade.

- Os traços positivos são disposições permanentes e quando exercitados favoreçam o aparecimento dos sentimentos positivos.

  Quando o bem-estar é fruto da integração das nossas forças e virtudes, a vida fica imbuída de autenticidade. Sentimentos são estados, ocorrências momentâneas que não precisam ser aspectos recorrentes na personalidade. Os traços, ao contrário dos estados, são características negativas ou positivas que se repetem em ocasiões e situações diferentes, e forças e virtudes são características positivas que levam aos bons sentimentos e à gratificação. (Seligman, 2009, p. 29)

  Assim, a felicidade passa pelo significado da vida, com a busca de sentido que só pode ser entendida em um contexto mais amplo. As forças pessoais devem ser aplicadas em benefício de outras pessoas, no sentido de ajudá-las a desenvolver suas potencialidades. Ao colocarmos nossa própria capacidade a serviço de outras pessoas, obtemos o significado vital como resultado desse processo. Aqueles que conseguem praticar as emoções positivas, alcançar o comprometimento com suas atividades e fazer o bem, experimentarão a satisfação (Peterson, 2006).

- As instituições positivas oferecem suporte aos traços positivos, que por sua vez sustentam as emoções positivas, a exemplo da família e da democracia.

A escola pode ser utilizada, também, para ilustrar uma instituição positiva. Seligman (2011) vislumbra que a Psicologia Positiva pode promover uma revolução na educação mundial. O autor sustenta que as competências profissionais têm sido tema do sistema educacional nos últimos 200 anos. A escola pode ensinar as competências do bem-estar que contemplam os meios de desenvolver emoções positivas e de atribuir mais sentido à vida e aos eventos. Assim, esses aprendizados podem melhorar relacionamentos e redundar em realizações mais positivas. A escola, ao adotar a educação positiva, terá por foco ensinar os elementos da psicologia positiva: resiliência, gratidão, forças pessoais, sentido, engajamento, relacionamnetos positivos e emoções positivas.

Outro exemplo a se destacar é o Programa de Aptidão Abrangente para Soldados, desenvolvido por Seligman desde 2008 para o exército estadunidense. O autor relata que recebeu em sua casa a visita do general Jill Chambers, chefe do programa do Pentágono para soldados que retornam da guerra, o qual apresentou-lhe um desafio: "Não queremos que nossa herança sejam as ruas de Washington cheias de veteranos mendigando, com estresse pós-traumático, depressão, vício e suicídio" – foram estas as palavras de Chambers, tal como citadas por Seligman (2011, p. 142). O objetivo do general era criar um exército apto tanto física quanto psicologicamente. Assim, o exército também pode se configurar como uma instituição positiva na medida em que promove uma transformação cultural, por meio de cursos que englobam quatro categorias de aptidões no programa: a espiritual, a familiar, a social e a emocional.

1. **Aptidão espiritual**: Neste núcleo são trabalhados elementos como autoconsciência, senso de agência, autorregulação, automotivação e percepção social. De acordo com Seligman (2011, p. 167), "forma o alicerce do espírito humano e é composto por crenças e valores mais essenciais de um indivíduo com relação ao propósito e ao sentido da vida, as verdades sobre o mundo e a visão para a realização de seu pleno potencial".

2. **Aptidão familiar**: Neste núcleo são trabalhadas as habilidades matrimoniais e de relacionamento, que incluem criar e manter a confiança e a segurança; criar e manter a amizade e a intimidade; aumentar a confiança e a honestidade; administrar tensões

exteriores; produzir e manter um relacionamento positivo com cada filho; recuperar-se do estresse pós-traumático, entre outras habilidades emocionais.
3. **Aptidão social**: Este núcleo tem por foco desenvolver a resiliência social, a qual, de acordo com Seligman (2011, p. 160), é "a capacidade de promover, se engajar e sustentar relacionamentos sociais positivos, e suportar e se recuperar de eventos estressores e do isolamento social". Nele, procura-se trabalhar os efeitos nocivos da solidão, bem como fortalecer a amizade e a confiança.
4. **Aptidão emocional**: Este núcleo tem por objetivo trazer à consciência as emoções e por que elas são sentidas, bem como qual mensagem cada uma delas transmite para contribuir com o desenvolvimento do indivíduo. As emoções positivas são fonte de recursos internos e promovem otimismo, pensamento flexível, foco na solução, temperança, entre outras benesses.

As instituições são chamadas *positivas* à medida que praticam os postulados da psicologia positiva e buscam, por meio de estratégias diversas, desenvolver e estimular as emoções positivas e produzir bem-estar e resultados positivos ao indivíduo e aos grupos que dela façam parte por meio da cultura que disseminam.

Quais são as influências da psicologia positiva para o coaching? Seriam:

- O aprendizado apreciativo e contínuo.
- A busca pela congruência, ou seja, alinhamento entre pensamento, sentimento e ações.
- O foco nas emoções positivas e como estas podem impulsionar o indivíduo.
- A influência que os traços positivos promovem na satisfação do indivíduo com ele próprio e com o mundo que o rodeia.

Para finalizarmos a pesquisa das origens e contribuições do coaching encontradas nos pensamentos dos filósofos gregos, no pensamento budista, na Teoria da Gestalt e na psicologia positiva, extraímos as principais ideias organizadas no esquema a seguir.

Quadro 1.2 – Destaque das contribuições aplicadas ao coaching

Sócrates	O diálogo As perguntas O estímulo à reflexão O desafio às crenças A identificação de novas perspectivas O entendimento de que a verdade está dentro de cada um
Platão	A percepção O convite à reflexão O questionamento A primariedade do mundo das ideias O movimento (o colocar-se em ação) A responsabilidade do indivíduo pela ação e pelos resultados
Aristóteles	O empirismo A aprendizagem e a experimentação A felicidade depende do indivíduo O homem é um ser de hábitos O devir
Pensamento budista	A aceitação A compreensão O aprendizado A consciência O estado atual e o estado desejado
Teoria da Gestalt	Percepção Forma Ilusões perceptivas
Psicologia positiva	Núcleo positivo Forças doadoras da vida Imagem mental positiva Ação positiva

O legado de Sócrates para o coaching está na arte de fazer perguntas, pois, por meio das perguntas, é possível descobrir o que é legítimo para a pessoa, ou seja, é possível conhecer a verdade de cada um. Platão questiona a percepção em oposição à realidade e concebe que tudo tem a sua primeira origem no mundo das ideias. Aristóteles, com seu conceito de devir, percebe que toda aprendizagem fundamenta uma mudança. Assim, estabelecem-se os alicerces do coaching: as perguntas, o planejamento e as mudanças.

O pensamento budista contribui no sentido da aceitação. O sofrimento existe e acomete todo ser humano – a questão é como trabalhar com essa informação. A aceitação é o ponto de partida para identificar o "estado atual" para que se possa construir o "estado desejado". O budismo trabalha também na questão de definir objetivos e cuidar com o impacto destes em outras áreas da vida do indivíduo.

Por fim, destacamos as influências da Teoria da Gestalt e da psicologia positiva. A Teoria da Gestalt é um movimento da psicologia que estuda a percepção e como esta interfere no comportamento das pessoas. A psicologia positiva propõe uma abordagem para além da doença, da patologia. Assim também é o coaching, que busca identificar tanto a percepção quanto o núcleo de força do indivíduo, para que toda e qualquer mudança se operacionalize a partir deles.

1.4 Princípios para a prática do coaching

Na prática do coaching, é fundamental observar princípios e preceitos que assegurem a ética das relações entre o coach, o coachee e a organização.

Lacombe (2004, p. 252) informa que "princípios são conceitos ou ideias básicas que fundamentam uma teoria". Um princípio é um ponto de partida, é também uma base que, quando adotada, influencia um comportamento ou uma decisão. Princípios remetem também a toda uma gama de estruturas de valores e crenças básicas que norteiam o processo de coaching.

> Para entender o que é um **princípio**, imagine que uma pessoa deseja ter saúde. A partir da constatação desse desejo, ela adota por *princípio* a vida saudável em seu dia a dia, como uma prática prazerosa e habitual. Cuida de sua alimentação, pratica exercícios físicos regularmente, hidrata seu organismo várias vezes ao longo do dia. Da mesma forma que tem o cuidado com sua higiene pessoal e de sua casa, essa pessoa também pratica regularmente o processo de limpeza de suas emoções. Ao limpar suas emoções, descarta todo o lixo interno deixado pelas mágoas, pelos ressentimentos e pela raiva. A limpeza emocional é tão fundamental para a saúde psicológica quanto para a saúde física.
>
> Quando um princípio está presente na mente e no coração uma pessoa, ele passa a influenciar significamente as escolhas que o indivíduo faz ao longo do caminho. E, exatamente por influenciar suas escolhas, impacta nos resultados que a pessoa alcança em diversas esferas de sua vida.

No coaching estão presentes princípios éticos – entre eles, a clareza das regras do jogo. O que se combina previamente – as bases de confiança e as regras – são elementos decisivos para a eficiência e a eficácia de todo o resultado.

Dessa forma, ao iniciar o processo de coaching, é fundamental que se observe os seguintes princípios elencados por Krausz (2007):

- **O alinhamento das expectativas entre coachee, organização e coach:** Identificar o que o coachee espera alcançar com o coaching; ter a clareza do que a organização almeja ao proporcionar aquele programa ao coachee; e criar um alinhamento entre as expectativas, para que todas as partes possam ganhar.
- **O estabelecimento das regras:** Refere-se a detalhes como o agendamento do dia, horário, tempo de duração, o que compete a cada uma das partes e em que situação o processo pode ser interrompido.
- **A construção da confiança:** O estabelecimento de uma ponte entre o coach e o coachee por onde o processo irá fluir.
- **Os valores que estarão presentes no processo:** Tais como comprometimento, pontualidade, franqueza, parceria e confidencialidade.

Para que o processo de coaching e seus resultados sejam satisfatórios para coach, coachee e organização, há que se atentar para os seguintes aspectos elencados por Krausz (2007):

- **Relação contratual**: É o pré-requisito fundamental para o início do processo. Deve ser estabelecida na fase inicial do relacionamento. Envolve respeito mútuo, transparência e compromisso com os resultados estabelecidos. Pode sofrer ajustes no decorrer do processo.
- **Comprometimento**: Significa, por parte do coachee, a assunção do compromisso de fazer algo em determinado período. Por outro lado, compete ao coach oferecer apoio, assistência, disponibilidade, estímulo, atenção e informação. Também cabe ao coach o confronto com o coachee pelo não cumprimento das metas, estimulando-o a tomar decisões, implementá-las e responder pelos resultados.
- **Confiança**: É a base da relação. Dada a sua fragilidade e delicadeza, deve ser constantemente conquistada, renovada e reiterada.
- **Consideração, proteção e lealdade**: O bem-estar, a autoestima e a consideração reforçam a criatividade e aumentam a capacidade de processar *feedback*. Compete ao coach preservar o respeito pelas necessidades e solicitações do coachee. É fundamental que o coach assuma o genuíno interesse em assistir e colaborar com o coachee na busca por resultados.
- **Confidencialidade**: Refere-se ao sigilo e ao respeito. O desrespeito a este ponto promoverá o risco de resistência, defensividade e perda de confiança entre os atores envolvidos no processo.
- **Não condutividade**: O coach jamais determina ou impõe uma linha de ação ou solução específica. Sua base é o diálogo, os questionamentos. O coach não pode influenciar o coachee com suas próprias respostas e, em hipótese alguma, as entrega a ele. O coach confronta o coachee para que encontre opções e respostas e analise ganhos e perdas de cada uma delas, bem como planeje os passos para a implementação dessas opções e discuta prazos para cada etapa.

- **Conflito de interesses**: Qualquer eventual conflito de interesses será discutido abertamente e equacionado com integridade, proteção e bem-estar do coachee.
- **Foco nos resultados**: É saber olhar para o presente e e se concentrar nas ações necessárias para alcançar metas e resultados.

O exercício desses princípios é necessário para reforçar o profissionalismo, a seriedade e o profundo respeito entre os envolvidos no processo.

1.4.1 O código de ética

O termo *ética* deriva do grego *ethos* (caráter, modo de ser de uma pessoa). Segundo o dicionário Michaelis (2013), é a "1 parte da filosofia que estuda os valores morais e os princípios ideais da conduta humana. É ciência normativa que serve de base à filosofia prática. 2 Conjunto de princípios morais que se devem observar no exercício de uma profissão".

Segundo a Global Coaching Community (GCC, 2014)[12], o código de ética se propõe a estabelecer os parâmetros da dimensão ética e técnica, de modo a assegurar, no desempenho profissional de profissionais coaches, o comprometimento com o resultado e com as necessidades do cliente. O código de ética é um instrumento que regula o exercício da profissão de coach, é um instrumento para o exercício da profissão.

E por que é importante que o coach siga um código de ética? Os vários métodos e técnicas que um coach profissional utiliza são muito poderosos e eficazes. Atuam no nível consciente e não consciente. Se a estes recursos juntarmos a manipulação psicológica e a falta de escrúpulos, o coachee fica completamente vulnerável ao coach.

De maneira geral, os códigos de ética do coaching contemplam aspectos como: as relações entre coach e coachee; a conduta profissional; a postura em relação ao processo de coaching, à prospecção de clientes e ao contrato de coaching; a identificação de eventuais conflitos de interesse; a remuneração; as interrupções das sessões e a finalização do processo de coaching, com os resultados, medições e avaliações das competências do coach.

---

12 A Global Coaching Community é uma rede internacional de coaches. A GCC é uma organização sem fins lucrativos de membros individuais, constituída por coaches profissionais do mundo todo.

1.5 O coaching nas organizações

Para o desenvolvimento de pessoas nas organizações, o gestor de capital humano tem à sua disposição uma ampla gama de possibilidades para fomentar os programas de aprendizagem.

Então, por que optar por um programa de coaching? Um dos grandes desafios dos gestores e líderes é atuar com eficácia, com assertividade. Esse cenário instiga os profissionais a expandirem e a diversificarem suas capacidades de aprender.

Pritchett (1998, citado por Krausz, 2007, p. 13) enfatiza que no mundo contemporâneo "o verdadeiro sucesso dos gestores e líderes será determinado não por aquilo que eles sabem, mas pela rapidez com que aprendem". Essa fala assinala a relevância da habilidade de um profissional em aprender a aprender, não apenas daquilo que ele já sabe.

Com muita propriedade, Krausz (2007) observa que muitas das alternativas tradicionais de desenvolvimento de executivos, gestores e líderes têm se mostrado inadequadas para atender às demandas atuais. Isso se dá em virtude da padronização, da formalidade e da tendência à teorização. A autora observa que os desafios encarados pelo profissional o motivam a buscar metodologias caracterizadas pela ênfase na ação, nos resultados e no desenvolvimento de novas competências, habilidades, conhecimentos e comportamentos. E é exatamente com esse propósito que o coaching é aplicado nas organizações: para estimular a aprendizagem, de modo a incorporar o autoconhecimento e as habilidades interpessoais às suas habilidades técnicas e conceituais.

A aplicação do coaching também faz sentido uma vez que um número elevado de pessoas não observa as mudanças pessoais que podem ocorrer por meio da aprendizagem. Krausz (2007) registra que não raras vezes o foco da aprendizagem aos olhos dos colaboradores é percebido apenas na esfera das informações, técnicas e dicas que têm por objetivo aumentar seu desempenho no trabalho.

Hargrove (1995, p. 16) reafirma o pensamento de Krausz (2007) ao afirmar que "toda empresa necessita de coaches que possam contribuir para que a organização aprenda a respeito das questões mais críticas e difíceis que surgem diante de indivíduos e grupos no decorrer da ação".

À luz dessa cultura de aprendizagem na organização, o líder, além de promover o próprio crescimento, também contribui para o crescimento e o desenvolvimento de sua equipe, tendo seus horizontes nos resultados, e não nas restrições dos contextos em que opera. "Poucas vezes as pessoas se dão conta de que os problemas que estão enfrentando no seu trabalho são inseparáveis de quem elas são, da maneira como pensam e interagem com os outros", afirma Hargrove (1995, p. 27).

Entre os benefícios da aplicação do coaching nas organizações, podemos destacar os impactos sobre os seguintes aspectos:

- **Liderança**: O coaching como forma de potencializar o desempenho e o desenvolvimento de habilidades técnicas, de gestão de conflitos, de planos sucessórios, entre outros efeitos.
- **Desempenho superior**: O coach atua como orientador e facilitador no desenvolvimento de indivíduos e times de alta *performance*.
- **Cultura organizacional**: A ação promove um clima organizacional favorável ao desempenho das pessoas e da organização, à flexibilidade e ao estímulo da mudança.
- **Aprendizagem organizacional**: Estimula-se o aprendizado contínuo por meio das ferramentas do coaching e da criação e manutenção da cultura do *feedback*.
- **Carreira**: Há o desenvolvimento da carreira por meio do alinhamento da visão, da missão e dos valores, bem como da identificação do *gap* de competências.
- **Empreendedorismo**: Identifica-se os colaboradores com características empreendedoras e estimula-se o intraempreendedorismo e a proatividade.
- **Desenvolvimento organizacional**: Atua-se nas estratégias e nos planos, ao formular objetivos alinhados à visão de futuro da organização e contribuir para o estabelecimento das metas.

Assim, o coaching nas organizações viabiliza o desenvolvimento das competências-chave de um profissional para o desempenho de suas tarefas no exercício de sua função. Além disso, promove a aprendizagem e a consciência que leva os indivíduos a adotarem ações responsáveis e em acordo com os valores da organização.

Ao estimular diferentes pontos de vista, o processo de coaching atua na remoção de barreiras mentais individuais, impulsionando o alcance das metas e dos objetivos individuais, do grupo e da organização, e, principalmente, oferece apoio para que gestores e líderes se desenvolvam e desenvolvam suas equipes.

Síntese

Neste capítulo, apresentamos os pressupostos do coaching e abordamos as origens desse processo nas contribuições dos filósofos gregos Sócrates, Platão e Aristóteles, destacando os pensamentos que norteiam o processo do coaching.

Buscamos também as contribuições do budismo, da Teoria da Gestalt e da psicologia positiva que incidem nos postulados e na aplicação do coaching. Tais contribuições validam e fundamentam as raízes dos pressupostos que servem de guia para o processo do coaching. A partir dessas bases, discutimos os princípios para a prática do coaching e a importância do código de ética para a atuação do profissional coach.

Finalmente, refletimos sobre o papel e os benefícios da aplicação do coaching nas organizações, evidenciando sua contribuição para os resultados na aprendizagem, no desenvolvimento das pessoas e equipes, nas lideranças e na relação ganha-ganha entre a organização e os colaboradores.

Questões para revisão

1. Pode-se afirmar que o coaching:

   I) É um processo que estimula reflexões para potencializar o desempenho e o aprendizado de um indivíduo.
   II) Objetiva apenas o desenvolvimento profissional das pessoas dentro das organizações onde atuam.
   III) Ocorre por meio de conversas entre o coach e o coachee.
   IV) É um processo em que o coachee percorre um caminho para sair do estado atual e chegar ao estado desejado.
   V) É um processo em que o papel do coach é aconselhar o coachee, informando o que ele deve fazer para obter os resultados desejados.

Agora, assinale a única alternativa correta:
a) As afirmações I, II e III estão corretas.
b) As afirmações I, III e IV estão corretas.
c) As afirmações I, III e V estão corretas.
d) As afirmações III, IV e V estão corretas.
e) As afirmações II, IV e V estão corretas.

2. Ao buscar as origens do coaching, identificamos contribuições dos filósofos gregos, do budismo, da psicologia positiva e da Teoria da Gestalt. No que se refere a essas contribuições, leia atentamente as afirmações a seguir:

   I) Com Sócrates, aprendemos que a verdade está dentro de cada um e a forma mais adequada de fazer essa verdade emergir é por meio de perguntas.

   II) O budismo contribui para a aceitação, a compreensão e o aprendizado, bem como para a noção de que a decisão de romper com a situação é um ato da vontade.

   III) Aristóteles evidenciava que o ser humano é um ser de hábitos e o hábito adquirido impacta na vida das pessoas; então, ao tomar consciência de seus hábitos, o indivíduo pode avaliar se estes contribuem para seus resultados e escolher se deseja mudar ou continuar como está.

   IV) A Teoria da Gestalt evidencia a importância das imagens mentais positivas e das ações positivas.

   V) A psicologia positiva estabelece que é fundamental o exercício de olhar para o "objeto" ou situação sob diferentes pontos de vista. Ao mudar o ponto de vista, muda-se a interpretação e os efeitos de tal situação no comportamento.

Agora, assinale a única alternativa correta:
a) As afirmações I, II e III estão corretas.
b) As afirmações I, II e IV estão corretas.
c) As afirmações I, II e V estão corretas.
d) As afirmações I, III e IV estão corretas.
e) As afirmações II, IV e V estão corretas.

3. A prática do coaching está alicerçada sobre um conjunto de princípios. Relacione cada princípio da primeira coluna com seu respectivo significado na segunda coluna:

(1) Alinhamento das expectativas entre coachee, organização e coach
(2) Estabelecimento das regras
(3) Construção da confiança
(4) Valores que estarão presentes no processo

( ) Estabelecimento de uma ponte entre o coach e o coachee, por onde o processo irá fluir.
( ) Questões como o comprometimento, a pontualidade, a franqueza, a parceria e a confidencialidade.
( ) Detalhes como o agendamento do dia, horário, tempo de duração, o que compete a cada uma das partes, em que situação o processo pode vir a ser interrompido.
( ) Identificação do que o coachee espera alcançar com o coaching, com a clareza do que a organização almeja proporcionando o programa ao coachee.

4. Quais são os pressupostos do coaching e como estes influenciam nesse processo?
5. O que é o princípio da não condutividade e como este se aplica ao coaching?

Questões para reflexão

1. Como o líder pode trabalhar a questão das emoções positivas com sua equipe?

2. Qual é a importância da ética para a prática do processo de coaching?
3. Que estratégias simples podem ser utilizadas para criar a cultura da aprendizagem na organização?
4. Qual é a importância do indivíduo conhecer e refletir sobre o estado atual de seus resultados?

Para saber mais

Assista ao filme *Vida de solteiro*, com direção de Cameron Crowe (EUA, 1992). Ele remete à Teoria da Gestalt, trazendo a questão da percepção e dos significados dos fatos vividos.

Assista ao filme *Rashomon*, com direção de Akira Kurosawa (Japão, 1950). Quatro pessoas testemunham um crime. Mais tarde, cada uma delas relata uma versão diferente do que presenciou. Relaciona-se com a Teoria da Gestalt, bem como com os modelos mentais.

Acesse o *link* <http://rae.fgv.br/sites/rae.fgv.br/files/artigos/4921.pdf> e leia o artigo "Felicidade e trabalho", do professor e doutor em Psicologia Pedro I. Bendassoli. Você irá obter mais informações sobre a psicologia positiva e compreender a importância da felicidade no trabalho.

Para conhecer mais sobre o código de ética e as competências do coach, acesse o *site* da Comunidade Global de Coaching: <http://www.theglobalcoachingcommunity.com/br/codigo_de_etica.php>.

Para saber mais sobre psicologia positiva, leia o livro *Felicidade autêntica*, de Martin Seligman (Ed. Objetiva, 2009). A obra traz estudos sobre a felicidade e a longevidade e a forma pela qual um indivíduo pode contribuir para um mundo melhor.

No livro *Florescer*, de Martin Seligman (Ed. Objetiva, 2011), o autor promove reflexões que instigam o leitor a avaliar quais elementos presentes em sua vida podem fazer com que cultive seus talentos, construa relacionamentos profundos e ofereça sua contribuição prazerosa para o mundo.

2 Tipos e modelos de coaching e a conversa de coaching[1]

Conteúdos do capítulo:
- Os tipos de coaching.
- Os modelos de coaching.
- A conversa de coaching.
- Critérios para a formulação de metas e objetivos.

Após o estudo deste capítulo, você será capaz de:
1. identificar os tipos de coaching;
2. conhecer os diferentes modelos de coaching e saber diferenciá-los;
3. aplicar a conversa de coaching;
4. relacionar outras modalidades de intervenção que contribuem para a aprendizagem organizacional;

1 Alguns trechos deste capítulo foram extraídos e adaptados de Lotz (2013).

Agora que você já conhece os conceitos e a origem do coaching, é hora de conhecer os tipos e modelos de coaching, a estrutura da conversa de coaching e o papel da formulação das metas e objetivos para a maior eficácia desse processo.

Este capítulo introduz a ideia de que o coaching pode ser executivo empresarial, de carreira, de vida, esportivo, de saúde, financeiro, para negócios, entre outros tipos. Em seguida, aponta a existência de diversos modelos de coaching, a exemplo do modelo Grow, do modelo T, do modelo Achieve, do modelo do jogo interior e do modelo transformacional. Você também conhecerá a estrutura da conversa coaching e o papel fundamental da formulação das metas e dos objetivos para que o coaching atinja todo seu potencial.

2.1 Os tipos de coaching

O objetivo do coaching é maximizar o desempenho do indivíduo e, por essa razão, pode ser aplicado a diversas áreas da vida.

Pesquisando em diversas fontes de estudiosos do assunto – tais como Davis (1979), Dutra (2010), Lages e O'Connor (2004) e Oliveira (2012) – identificamos e selecionamos alguns tipos de coaching:

> **Coaching empresarial executivo**: Direcionada a profissionais que detêm poder e autoridade dentro da organização e têm por objetivo alinhar sua visão pessoal e seus valores com os da organização. Essa modalidade de coaching se ocupa do desenvolvimento profissional de um executivo em uma organização específica. Geralmente, o coaching executivo empresarial busca desenvolver as habilidades de liderança do profissional em questão e atua fundamentalmente em três linhas: 1. Competências e habilidades, com foco no projeto atual; 2. Desempenho, com foco no cargo atual; e 3. Desenvolvimento, com foco em responsabilidades de cargo futuro.

Coaching de carreira: Aborda as possibilidades e oportunidades de evolução na carreira do cliente, seja na organização da qual faz parte, seja em outras organizações de que o cliente possa almejar fazer parte. Esse tipo de coaching envolve questões diversas da vida futura do cliente, assim como valores, crenças, motivações, competências, experiências, entre outras.

Coaching de vida: Concentra-se nas dimensões pessoal e profissional do cliente, como sua saúde e seus relacionamentos. O foco da atenção estará sempre em um assunto imediato e específico, como dietas, atividades físicas, condições de vida, relacionamentos, estilo (vestuário, aparência), entre outros. Em suma, o coaching de vida tem por foco principal o autodesenvolvimento do cliente.

Coaching esportivo: Tem por objetivo apoiar e contribuir para que o atleta identifique comportamentos para potencializar sua disciplina e otimize sua *performance* física, técnica e emocional.

Coaching de saúde: Objetiva promover a autonomia do coachee por meio do conhecimento e do entendimento a respeito de assuntos relacionados à saúde, dando-lhe maiores recursos para mudanças, tais como o autocuidado e o automonitoramento. Envolve aspectos voltados à alimentação, aos exercícios físicos e a padrões de comportamento que podem ser alterados em benefício da saúde do cliente.

Coaching financeiro: É proporcionado a clientes que buscam a liberdade e independência financeira. Tem por objetivo criar consciência sobre os hábitos de consumo do coachee e seus impactos, além de levá-lo a refletir e a decidir sobre investimentos, bem como identificar novos comportamentos em relação ao uso de recursos.

Coaching de negócios: É voltado a coachees que são profissionais liberais, empreendedores, palestrantes, vendedores, entre outros. Objetiva desenvolver competências pessoais e profissionais, tendo em vista estratégias diferenciadas e criativas especificamente voltadas ao mercado de trabalho do cliente.

Coaching de equipe: É direcionado para o desenvolvimento de um conjunto de indivíduos, dentro de determinado contexto organizacional, com o propósito de otimizar sua capacidade de gerar resultados, sua aprendizagem, seu crescimento e sua constante transformação como seres humanos, membros de uma equipe e de uma organização. O coaching de equipe pode também ser aplicado a times esportivos, células de trabalho, em salas de aula e a grupos de desenvolvimento de projetos.

Coaching educacional: Propõe desenvolver docentes para potencializar a performance do aluno. O professor coach compreende o objetivo de aprendizagem do aluno e o apoia na identificação das estratégias para aprender e para aprender a aprender. As instituições educacionais aplicam o coaching visando à melhoria da qualidade do processo de ensino e, como consequência, melhoram os índices de retenção do aluno.

Fonte: Elaborado com base em Davis, 1979; Dutra, 2010; Krausz, 2007; Lages; O'Connor, 2004; Oliveira, 2012.

Essa divisão é útil para delimitar o alcance ou a abrangência do coaching, possibilitando assim o alinhamento dos objetivos e das expectativas, bem como a avaliação dos resultados a serem alcançados.

Como o coaching é uma atividade em expansão, constantemente surgem novas e diferentes divisões e nomenclaturas visando delimitar o escopo do processo. Entretanto, as bases e as ferramentas utilizadas derivam da mesma fonte.

2.2 Os modelos de coaching

Com o avanço dos estudos e das experiências na área, surgiram vários modelos que se propõem a estruturar o processo de coaching. Embora os modelos apresentem uma estrutura semelhante, cada um deles parte de uma fundamentação teórica própria e tende a enfatizar uma fase do processo, a atender a uma demanda de um segmento do mercado ou a ajustar-se ao absorver o impacto de determinado nicho, passando por uma adaptação, conforme Krausz (2007).

Você sabe o que significa a palavra *modelo*? Para Lacombe (2004, p. 214), "modelo é o resultado de um processo de modelagem, uma representação abstrata e, em geral, simplificada da realidade, com a finalidade de facilitar as explicações de fenômeno". O autor considera ainda que um modelo é destinado a encontrar uma solução ótima para um desafio e estabelecer relações de *input – output* (entrada – saída) para as variáveis consideradas.

O objetivo é apresentar simulações que, quando estudadas em suas variáveis, proporcionam a visualização de suas influências nos resultados e nas demais variáveis do sistema. Selecionamos alguns modelos de coaching para apresentar neste livro: o modelo Grow, o modelo T, o jogo interno, o modelo Achieve e o modelo transformacional.

2.2.1 O modelo Grow

Grow? O nome do modelo é fruto de um recurso mnemônico – isto é, que auxilia a memória – e provém da combinação das quatro primeiras letras de palavras da língua inglesa:

> *Goal* (meta)
> *Reality* (realidade)
> *Options* (opções)
> *Will* (vontade)

Esse modelo permite estruturar uma conversa de coaching. O modelo Grow apresenta uma sequência de estágios-chave, conforme o Quadro 2.1.

Quadro 2.1 – O modelo Grow

Estágio	Descrição	Questionamentos possíveis
Tópico	É o primeiro estágio da conversa de coaching. Promove o entendimento do território, a importância do objetivo e o significado emocional deste para seu coachee.	Sobre o que você quer conversar comigo?
Meta	Auxiliar e apoiar o coachee a estabelecer especificamente o que deseja alcançar.	Qual é a finalidade desta conversa? O que você deseja alcançar? Quanto de controle pessoal ou influência você tem sobre o que deseja alcançar? Quando deseja alcançar sua meta? Como saberá quando a alcançou?
Realidade	Assegurar que coach e coachee tenham clareza sobre onde se encontram em determinado momento (estado atual) e avaliar a viabilidade de suas metas.	O que está acontecendo agora? Qual é o efeito sobre você? Isto é fato ou trata-se de sensações e impressões? Qual o efeito sobre o seu desempenho? Quais foram os resultados da sua ação/inação?
Opções	Analisar as opções disponíveis e testar a validade de cada uma delas, selecionando a que parecer mais válida para o coachee. Nesse estágio, o coach apoia o coachee a explorar várias alternativas, assim como as vantagens e desvantagens de cada uma delas.	O que pode ser feito? Existe algo mais que possa ser feito? Qual será o primeiro passo? E depois disso, qual será o próximo passo? E se não acontecer o que você espera, o que pensa em fazer?
Vontade (conclusão)	Testar e confirmar o real querer e a disponibilidade do coachee para executar as ações necessárias. Transformar a decisão em um plano de ação estruturado pelo próprio coachee, que assume tanto sua autoria quanto a responsabilidade pela sua implementação.	O que você vai fazer? Quando? Como? Onde? Quanto? Quais obstáculos poderão surgir? Como você lidará com cada um deles? De quais recursos você necessita? O quanto você se considera motivado para entrar em ação?

Fonte: Adaptado de Downey, 2010, p. 21; Krausz, 2007, p. 50-52.

Esse modelo nos leva a refletir a respeito de alguns pontos especialmente significativos, tais como: a aceitação da realidade, os objetivos claros, a identificação das possibilidades, a escolha da estratégia e a operacionalização do plano de ação. Vejamos cada um desses pontos com maior atenção.

- **A aceitação da realidade:** O coach e o coachee precisam conhecer os fatos e as evidências, a fim de trabalharem o processo de aceitação do momento atual. Assim como um GPS, é preciso saber exatamente onde estamos para poder calcularmos a rota até nosso destino.
- **A definição clara dos objetivos e metas:** Saber aonde se quer chegar. Sêneca, escritor romano, já registrava o importante papel da clareza das metas e objetivos, ao afirmar que "Não há vento favorável para a embarcação que não sabe para onde vai" (Pensador.Info, 2013c).
- **A busca por possibilidades:** A busca por novas estratégias e possibilidades (por meio do uso da criatividade, da imaginação e da intuição) deve ser estimulada. Essa etapa contribui para que o coachee identifique que, não importa o desafio, existem sempre muitas opções de escolhas para a ação.
- **A escolha da estratégia e do plano de ação:** Após ter levantado as possibilidades, o coachee faz sua escolha e elabora um plano de ação com as tarefas específicas que irá desenvolver, os prazos e os recursos. Nesta etapa, é fundamental que o coachee saiba que a responsabilidade de executar as ações é exclusivamente dele. É a fase da implementação das decisões. Neste ponto, o fator "real querer" do coachee faz toda a diferença na obtenção dos resultados em relação ao programa de coaching.

É importante registrar que nem sempre a conversa de coaching acontece com essa linearidade – ou seja, seguindo rigorosamente a sequência da estrutura apresentada. Quando um coach ou líder coach conhece os estágios, pode avançar ou recuar, avaliando e realizando os questionamentos eficazes para o momento certo.

2.2.2 O modelo T: expandir para concentrar

O modelo T[1] é bastante eficaz, sobretudo para obter progressos no modelo Grow. O modelo T sugere que o coach, ou o líder coach, amplie o escopo da conversa para depois se concentrar nos detalhes, informa Downey (2010). E como esse modelo funciona? Observe um exemplo de uma conversa coaching com a aplicação do modelo T:

EXPANDINDO

Coach: Para lidar com esta situação, você me deu uma opção: passar o projeto para Norma. Que outras opções existem?

Coachee: Eu poderia deixar o projeto com Norma e supervisioná-lo, oferecer meu apoio e minhas contribuições.

Coach: E o que mais pode ser feito? ← **EXPANDINDO NOVAMENTE**

Coachee: No momento são estas as alternativas que me ocorrem.

Coach: Então me diga: O que especificamente você quer fazer? **CONCENTRANDO**

Coachee: A verdade é que eu realmente não quero fazer o projeto. Mas isso não é possível. Mas, pensando bem, o que me ocorre agora é que posso transferir este projeto para o início do próximo mês.

Coach: Então temos aqui três opções: transferir o projeto totalmente, deixar o projeto com Norma e supervisioná-lo ou transferir para o início do próximo mês e fazer você mesmo. Qual opção lhe parece mais interessante?

CONCENTRANDO NOVAMENTE

---

1 O *T* do nome se deve a dois movimentos: o de expandir (representado pela linha horizontal) e o de concentrar (representado pela linha vertical).

> A ideia de trabalhar com a "expansão" na conversa coaching tem como propósito "abrir espaços" no campo das possibilidades, utilizando a imaginação e a criatividade para que o coachee identifique novas oportunidades.

O recorte da conversa permite-nos observar que, ao "expandir", o coach faz com que ideias ainda não pensadas se desenhem, abrindo com isso um leque de possibilidades para a ação.

O modelo T é bastante eficaz para a busca de alternativas, ou seja, para liberar a mente do coachee em busca de possibilidades. Dessa forma, o coach, em um primeiro momento, estimula a expansão. Algumas perguntas utilizadas para tanto são: "Há mais alguma coisa?"; "E o que mais?". Após ouvir outros aspectos que envolvem a problemática do coachee, é importante se concentrar naquele que o coachee aponta como mais relevante – ou seja, o fator que, quando "atacado", promoverá maiores impactos e mudanças.

2.2.3 O modelo Achieve

O modelo Achieve (*alcançar*, em inglês) foi desenvolvido por Dembkowski e Eldridge (2006) como resultado de uma pesquisa e monitoramento do processo de coaching utilizado pelas autoras e outros colegas. Assim como ocorre no modelo Grow, o modelo Achieve também é um recurso mnemônico que utiliza as primeiras letras das primeiras palavras de determinadas expressões de língua inglesa: *access; create alternatives; hone goals; iniciate options generation; evaluate options; valid action plan* e *encourage momentum*.

O modelo Achieve segue uma estrutura que contempla sete passos, como demonstrado no Quadro 2.2 a seguir.

Quadro 2.2 – O Modelo Achieve

Passo	Enfoque	Propósito
1. Fazer o levantamento da situação presente	**A**ccess	Refletir sobre acontecimentos passados que conduziram à situação atual.
2. Criar alternativas para a situação presente	**C**reate alternatives	Aumentar o número de opções disponíveis para o coachee lidar com a situação.
3. Apurar as metas	**H**one goals	É comum o coachee saber o que não deseja. Aqui é fundamental que ele saiba especificamente o que quer alcançar.
4. Iniciar a geração de opções para atingir a meta	**I**niciate options generation	Geração de alternativas independentemente da viabilidade ou da qualidade. O objetivo é abrir novas perspectivas de ação.
5. Avaliar das opções	**E**valuate options	Avaliar e priorizar as opções com foco nos resultados a serem alcançados.
6. Estabelecer um plano de ação	**V**alid action plan	Traduzir em práticas cotidianas o que foi aprendido no decorrer dos passos anteriores.
7. Encorajar a ação	**E**ncourage momentum	Passo final do modelo. Indica o momento de encerrar a parceria entre coach e coachee.

Fonte: Elaborado com base em Krausz, 2007, p. 59-60.

Ao olhar cuidadosamente para o quadro, você pode observar que os mesmos elementos do modelo Grow estão presentes no modelo Achieve. Também encontramos nesse modelo os estágios de conhecer a realidade e aceitá-la, definir objetivos, levantar possibilidades, escolher as ações a serem executadas por meio do plano de ação, remover possíveis obstáculos que se apresentem pelo caminho, até a obtenção do objetivo ou da meta.

2.2.4 O modelo do jogo interior

O jogo interior é um modelo de coaching que tem suas origens na prática de esportes, especificamente o tênis. O modelo foi desenvolvido por Timothy Gallwey, no início da década de 1970, quando atuava como técnico de tênis. O termo *interior* é utilizado por Gallwey para se referir ao adversário dentro da cabeça do próprio indivíduo.

Para Gallwey, todo jogo é composto de duas partes: o jogo externo e o jogo interno. O jogo externo é jogado contra um oponente externo, para enfrentar obstáculos externos e alcançar um objetivo externo. Por exemplo: no jogo de tênis, o objetivo é marcar o ponto. Comumente, ensina-se a jogar tênis dando instruções de como segurar a raquete, a posição do corpo e assim por diante. É mais fácil para o aprendiz lembrar-se das instruções do que executá-las.

Gallwey diz que não se pode jogar com maestria e satisfação se não prestarmos atenção ao jogo interno, que é jogado na mente do jogador. Esse jogo é realizado contra certos obstáculos, tais como lapsos de concentração, nervosismo, dúvidas e autocondenação. É jogado para combater todos os hábitos da mente que inibem a excelência do desempenho.

Em seu trabalho de técnico, Gallwey observava que muitos jogadores falavam consigo mesmos quando erravam jogadas, dizendo: "Errei de novo!" ou "Como pude fazer isso?". Ele começou a perguntar aos jogadores com quem estavam falando e a resposta era sempre: "Eu estou falando comigo mesmo". Então Gallwey interessou-se por entender quem era o *eu* e quem era o *comigo mesmo*, denominado o primeiro de "Self 1" e o segundo de "Self 2".

- O Self 1 é aquela voz interior ácida e julgadora, que critica tudo que é feito; espera sempre a perfeição; impede o aprendizado; reforça o que é negativo e o que considera errado; e foca na falta, no *gap*. É um severo crítico interno que está sempre pronto para se autojulgar negativamente e de forma punitiva.
- O Self 2, por sua vez, não tem medo de errar; compreende que o erro faz parte do processo de aprendizado; cai e levanta em seguida. Para ele, não existe acerto e erro. Existe resultado e aprendizagem. Aprende a partir das capacidades e habilidades naturais e de um estado de concentração relaxada.

Para "ganhar o jogo", é fundamental eliminar da mente a interferência do Self 1, dissolvendo as autoinstruções, o criticismo e a tendência de supercontrole. Isso porque o *eu*, ao invés de avaliar um erro como um evento isolado, começa a espalhar o pensamento e passa a generalizar, entendendo que o indivíduo é péssimo em tudo.

Julgamentos como "estou num mau dia", "sou muito lento" e "sempre erro bolas fáceis" acabam se transformando em profecias autorrealizáveis. O indivíduo, ao dizer a si mesmo que é péssimo em alguma atividade, ativa uma espécie de processo hipnótico, delegando o papel de incompetente ao Self 2.

Para Gallwey (2000), as pessoas são mais eficazes quando mudam seus diálogos internos enfraquecedores (aquilo que falamos para nós mesmos), substituindo-os pelos diálogos internos estimulantes e fortalecedores.

O jogador do jogo interno valoriza, mais do que qualquer outra habilidade, a arte de manter a mente em estado de relaxamento, descobrindo a verdadeira base da autoconfiança. O segredo para ganhar o jogo não é tentar de maneira afoita, mas sim no desempenho espontâneo que ocorre quando a mente está calma e integrada com o corpo, encontrando seu modo próprio e surpreendente de vencer os obstáculos continuamente.

O autor propõe a seguinte fórmula para o desempenho:

Po – I = Pe
Potencial – Interferência = *Performance* (ou Desempenho)

Em que:

- **Potencial**: Do latim *potens*, "aquele que pode". Refere-se à capacidade de que algo se desenvolva, do que pode vir a ser; daquilo que é possível, embora ainda não tenha sido realizado ou concretizado.
- **Interferência**: Do latim *inter* (entre) + *férir* (golpear, bater, ferir). É a intervenção, a manifestação e a intromissão. É o Self 1.
- *Performance* (**ou Desempenho**): ato de executar determinada tarefa, ação, resultado.

Na perspectiva do modelo do jogo interno, quando uma pessoa está concentrada e a interferência ou a maior parte dela é removida, o indivíduo entra em um estado mental altamente fortalecedor, em que se coloca em movimento para a realização de sua meta ou seu objetivo.

O trabalho de Gallwey promoveu contribuições valiosas ao processo ao coaching. Segundo Hall (2003, citado por Krausz, 2007, p. 59), as conclusões são as seguintes:

- A aprendizagem é fácil e incrível quando fazemos uso do nosso estado natural de aprendizagem. O ser humano é um excelente aprendiz, desde que não interfira no processo e expulse crenças limitantes ou estados internos enfraquecedores de recursos.
- As chaves do êxito e do elevado desempenho são: consciência, opção e confiança (COC).
- A tentativa fracassa, a consciência cura. Aprender com os resultados é fundamental para o aprimoramento e o desenvolvimento.
- A permissão para errar leva ao sucesso, pois libera as pessoas do medo de errar. O medo paralisa.
- Aprende-se mais por meio da experiência.
- A consciência é alimentada e nutrida por meio de *feedback* sensorial específico – ou seja, a evidência de que o fato ocorreu. Para Gallwey, o *feedback* é um espelho e baseia-se em fatos, jamais em subjetividades.
- O sucesso depende da mobilidade e da flexibilidade.
- "Alcançamos nosso melhor desempenho quando estamos focados" (Gallwey, 2000, p. 17).

Assim, de acordo com o modelo do jogo interno, a aprendizagem fica fácil quando o indivíduo utiliza seu estado natural, livre de interferências, para aprender a fazer algo. Também postula que todo o resultado é utilizado para aprender, sem ficar paralisado pelo medo de errar.

2.2.5 O modelo transformacional

Thomas Crane desenvolveu o modelo operacional de coaching voltado para o desempenho gerencial, atribuindo-lhe o nome de *coaching transformacional*. De acordo com Crane (2000, p. 32), o modelo transformacional pode ser compreendido como:

> Um processo abrangente de comunicação pelo qual o coach fornece *feedback* de desempenho para o coachee. Esse *feedback* abrange dimensões amplas de desempenho relacionadas com o trabalho (pessoal, interpessoal ou técnico) que afetam a capacidade e o desejo do coachee de contribuir para as metas significativas de ordem pessoal e organizacional.

O coaching transformacional, segundo Krausz (2007), reúne um conjunto de características. Entre elas, destacam-se as seguintes:

- Ele está alicerçado em dados, descrições objetivas de situações reais.
- O foco está no desempenho e no tratamento dos pontos que podem elevar ou inibir o desempenho das pessoas nas organizações.
- O elemento de coesão do modelo é o *rapport* e a confiança nas relações entre coach e coachee.
- O tempo do coaching transformacional é determinado pelo coachee, à medida que fortalece sua proatividade.
- O diálogo é o fio condutor, uma vez que envolve perguntas, escuta ativa, identificação e análise de opções e *feedback*.
- A aprendizagem do coach e do coachee se dá no decorrer do processo.
- Há o equilíbrio entre linguagem e comportamento, ou seja, a congruência entre o pensamento, a fala e o comportamento do coach e do coachee.
- A oferta do desafio e do apoio está presente, no sentido de encorajar e dar suporte ao coachee para assumir aspectos de

seu comportamento que impactam os outros de forma ética e responsável.

Crane (2000) apresenta os 7 Cs da competência do coaching transformacional:

1. *Clear* (claro): Identifica e elimina as ambiguidades e as mensagens confusas.
2. *Committed* (comprometido): Constrói e mantém um ambiente de confiança e de segurança.
3. *Corageous* (corajoso): Enfrenta os desafios com entusiasmo e coragem.
4. *Challenging* (desafiador): Desafia na identificação e na escolha de alternativas construtivas de desenvolvimento.
5. *Collaborative* (colaborativo): Trabalha junto e estabelece parcerias.
6. *Compassionate* (compassivo): Oferece liberdade, aceitação, compaixão, empatia, compreensão e apoio para o desenvolvimento.
7. *Congruent* (congruente): Alinha pensamentos, palavras e comportamentos.

O modelo transformacional tem por fundamentos a praticidade, a simplicidade e a objetividade, trabalhando três etapas: o **alicerce**, o **circuito de aprendizagem** e o **preparo para a ação**. O alicerce é formado pelo clima e pelo relacionamento entre coaching e coachee. No circuito de aprendizagem, estão presentes as ações de ouvir o coachee, dar *feedback* e aprender por meio do diálogo. O preparo para a ação trabalha a construção das forças impulsionadoras e do comprometimento do coachee para com a mudança.

Cabe ressaltar que, independentemente do resultado que o coachee queira alcançar no processo de coaching, este é realizado por meio de um diálogo que denominamos *conversa de coaching*.

2.3 A conversa de coaching

Embora existam diversos modelos para a aplicação do coaching e cada qual apresente um conjunto de singularidades, o que existe é uma estrutura de conversa relativamente compartilhada e flexível. Respeitando as devidas variações, uma conversa de coaching é alicerçada em um conjunto de etapas, como demonstra o quadro a seguir.

Quadro 2.3 – **Etapas da conversa de coaching**

Etapas	Foco	Perguntas
Etapa 1	Identificação dos problemas, desafios, objetivos	Qual é o foco? O que você quer? Qual é a sua meta? Qual é o resultado que você deseja alcançar?
Etapa 2	Priorização	De todas as questões, qual é a mais importante agora?
Etapa 3	Identificação de causas e efeitos	O que está promovendo esse fato? Como você pode estar contribuindo para que isto ocorra? Quais comportamentos/sentimentos/crenças estão impactando neste resultado? Quais comportamentos/sentimentos/crenças você quer ter no lugar disso?
Etapa 4	Quais as possibilidades?	O que pode ser feito? E o que mais?
Etapa 5	Elaboração de plano de ação	O que? Como? Quando? Onde? Com quem?
Etapa 6	Ação	Quais são as barreiras? O que pode ser feito?
Etapa 7	Acompanhamento	Qual é o seu grau de motivação para realizar as ações? O quanto você está comprometido? O que você aprendeu? O que você sabe agora que você não sabia antes?

Fonte: Elaborado com base em Krausz, 2007; Dutra, 2010.

Uma conversa de coaching segue etapas que se iniciam com a identificação do estado atual, o momento presente do coachee e seus resultados. Na sequência, tem-se a avaliação das perdas e dos ganhos e a identificação dos comportamentos, sentimentos e crenças que contribuem para os resultados que o coachee tem nesse momento. Em seguida, tem-se a definição do foco, a determinação do objetivo que, ao ser trabalhado, trará maiores impactos em outros objetivos e, por conseguinte, a priorização dos pontos que serão trabalhados naquele ciclo de coaching; identifica as possibilidades e trabalha no plano de ação. Cabe destacar que a execução da ação é o que efetivamente promoverá o resultado. E, finalmente, tem-se o acompanhamento das ações e a verificação dos aprendizados.

É muito importante frisar que a conversa de coaching, não contempla a oferta de conselhos ou sugestões por parte do coach ao coachee. A conversa de coaching é estruturada em perguntas eficazes e impulsionadoras, permitindo ao coachee identificar possibilidades para ação dentro de suas escolhas. Confiança e respeito são os ingredientes que fazem da conversa de coaching um momento de apoio, *insight* e aprendizagem.

Você sabia que a conversa de coaching pode acontecer de maneira rápida e informal?

A ideia desse processo é sempre estimular a mente do indivíduo na identificação de possibilidades e de movimentos para a ação. Lembre-se de que a conversa de coaching não é a oferta de um cardápio de sugestões, mas sim o momento de fazer perguntas eficazes e desafiadoras para que a pessoa encontre suas respostas legítimas!

2.4 Critérios para formulação de metas e objetivos

> *"Estamos tão preocupados com o corte das árvores que sequer percebemos que estamos na mata errada".*
> (Covey, 2003, p. 124)

Vamos refletir sobre um dos pontos determinantes para a assertividade e a eficácia do processo de coaching: a formulação das metas e dos objetivos. Metas e objetivos desafiadores e estimulantes podem fazer emergir o que as pessoas têm de melhor e assumir um papel significativo na motivação (motivo que leva a uma ação) de um indivíduo.

Você já parou para pensar em como formula seus objetivos ou suas metas? Será que essa formulação trabalha adequadamente com os mecanismos de sua mente?

Pode parecer simples determinar um objetivo ou uma meta, mas ainda que um objetivo seja bem intencionado, pode estar longe de criar uma imagem mental adequada à sua consecução.

Você já se deu conta de como, muitas vezes, sabemos exatamente aquilo que não queremos ao invés de ter uma ideia clara daquilo que desejamos? Já notou que investimos uma energia enorme para fazer com que outras pessoas façam as coisas que queremos que elas façam?

É exatamente nesses aspectos que chamamos a atenção para o importante papel que a formulação dos objetivos desempenha no processo de coaching. Se, por uma razão ou outra, a formulação do objetivo não é adequada, isso equivale a "ajeitar as cadeiras no Titanic no momento do naufrágio" (Covey 2003, p. 125). Isso significa que se está investindo muita energia em uma atividade ou tarefa que não irá contribuir para o resultado. Por essa razão, é fundamental que o coach esteja sempre atento a critérios específicos na etapa do estabelecimento do objetivo do coachee.

O Quadro 2.4 apresenta os critérios e características para a formulação dos objetivos.

Quadro 2.4 – Critérios para formulação de objetivos

Critérios

Formulados em termos positivos

Características

O objetivo deve ser formulado em termos positivos, pois o cérebro se fixa no que vem depois do não. O cérebro, para saber em que não pensar, precisa primeiramente pensar.
Ao definir um objetivo, tenha clareza do que você deseja e não do que você quer evitar.

Exemplo de objetivos que não atendem aos critérios

1. Eliminar atrasos nas entregas.
2. Diminuir desavenças entre os colaboradores.
3. Diminuir reclamações dos usuários.
4. Evitar problemas de pontualidade.

Exemplo de objetivos reformulados para atender aos critérios

1. Atender rigorosamente aos prazos de entrega.
2. Fomentar um ambiente de respeito.
3. Promover a eficiência do atendimento.
4. Chegar no horário.

Critérios

Centrados nas mãos do indivíduo

Características

O objetivo é iniciado e controlado pelo indivíduo, pois uma vez que este está no comando, encontrará possibilidades e escolhas para suas respostas.

Exemplo de objetivos que não atendem aos critérios

1. Ser respeitado pelas pessoas.
2. Ser reconhecido.
3. Ensinar as pessoas.

Exemplo de objetivos reformulados para atender aos critérios

1. Conquistar o respeito das pessoas.
2. Conquistar reconhecimento.
3. Promover estratégias para a aprendizagem.

(continua)

(Quadro 2.4 – continuação)

Critérios

Os objetivos devem ser específicos

Características

Os objetivos devem ser claros, específicos e exatos, para que o coachee saiba exatamente qual é seu propósito e possa, assim, canalizar suas energias e trabalhar seu objetivo como prioridade.

Exemplo de objetivos que não atendem aos critérios

1. Melhorar a *performance*.
2. Melhorar a saúde.

Exemplo de objetivos reformulados para atender aos critérios

1. Identificar oportunidades de melhorias e estabelecer ações para cada uma delas.
2.a – Fazer atividades físicas.
2.b – Fazer refeições saudáveis.

Critérios

Os objetivos devem ser realizáveis

Características

Caso o objetivo estabelecido ofereça dúvidas acerca de sua realização, a disposição interna diminuirá. Se o objetivo for muito amplo, o coach deve levar o coachee a fragmentá-lo em pequenas partes atingíveis.

Exemplo de objetivos que não atendem aos critérios

1. Promover a aprendizagem organizacional.

Exemplo de objetivos reformulados para atender aos critérios

1. Criar programas de treinamento.
2. Implantar programa de mentoring e coaching.
3. Estabelecer e monitorar os registros.

(Quadro 2.4 – conclusão)

Critérios
Os objetivos devem ser ecológicos
Características
Um objetivo ecológico é aquele que não apresenta nenhum efeito colateral para a vida pessoal, familiar, profissional, emocional ou espiritual do coachee.
Exemplo de objetivos que não atendem aos critérios
1. Ser promovido a qualquer custo.
Exemplo de objetivos reformulados para atender aos critérios
1. Crescer profissionalmente (preservando os valores: família, saúde, respeito dos pares, aspectos legais e éticos).

Fonte: Elaborado com base em O'Connor, 2003; Ready; Burton, 2009; Gramms; Lotz, 2013.

Para ilustrar a formulação de objetivos em termos positivos, leiamos o texto a seguir.

Não pense em uma girafa dançando tango!

As palavras promovem imagens mentais. A palavra *não* existe no dicionário, mas não na experiência. Se dissermos para você não pensar em uma girafa dançando tango, você conseguirá deixar esse pensamento de lado? Ao falar "não pense em uma girafa", a sua mente precisa primeiro pensar na girafa. Por essa razão, o coach cuida para que o objetivo do coachee seja sempre formulado em termos positivos, a exemplo: "não quero ter medo de falar em público!". Ao invés disso, o que o coach pergunta é: "Se você não quer isso, então o que você quer?". E o coachee pode responder: "Quero ter confiança ao falar em público!". Este, sim, é um objetivo formulado em termos positivos.

Fonte: Elaborado com base em Lotz; Gramms, 2012, p. 215.

Quando os critérios apresentados no quadro são considerados, os objetivos passam a ser congruentes, ou seja, apresentam um alinhamento entre pensamentos, palavras, sentimentos e comportamentos. Para melhor compreender o último critério da formulação de objetivos – a verificação de ecologia –, buscamos a definição do termo *ecologia* no dicionário Aurélio (Ecologia, 2013): "parte da biologia que tem por objeto o estudo das relações dos seres vivos com seu meio natural e da sua adaptação ao ambiente físico ou moral". Dessa forma, o que deve ser observado é o impacto que o objetivo irá causar no ambiente em que o coachee está inserido.

A gênese da verificação da ecologia é o **pensamento sistêmico**:

O pensamento sistêmico contrapõe o cartesianismo, é uma forma de abordagem da realidade que surgiu no século XX, em contraposição ao pensamento reducionista, ou cartesiano, que visava a fragmentação. É visto como componente do paradigma emergente, que tem como representantes cientistas, pesquisadores, filósofos e intelectuais de vários campos. Por definição, o pensamento sistêmico inclui a interdisciplinaridade. (Behrens, 2005, p. 53)

O pensamento sistêmico remete a uma reflexão sobre sistemas. Lacombe (2004, p. 286) define *sistema* como um "conjunto integrado de elementos dinamicamente inter-relacionados, desenvolvendo uma atividade ou função, para atingir um ou mais objetivos comuns ao conjunto". O sistema é um todo complexo e organizado; em virtude da inter-relação entre as partes, qualquer alteração em uma delas impactará outra. E é nesse contexto que entra a verificação de ecologia.

Essa questão relaciona-se ao impacto que aquele objetivo trará a outras áreas da vida do coachee. Uma verificação de ecologia pode identificar o quanto o coachee se manterá congruente com seus valores ao alcançar o objetivo ou poderá também apontar os "efeitos colaterais" em outras áreas de sua vida. Quando um objetivo não é ecológico, recomenda-se reavaliá-lo. Observe o diálogo a seguir.

> **Coachee:** Você sabe que há nove meses eu assumi a gerência do meu banco. Eu trabalhei a vida toda para chegar a essa posição!
>
> **Coach:** Parabéns! Essa conquista é fruto de seu trabalho, competência e dedicação.
>
> **Coachee:** Hum... Pois é... Mas nunca me senti tão infeliz...
>
> **Coach:** E o que você acredita que a está fazendo infeliz?
>
> **Coachee:** Eu tenho uma filhinha linda, que irá completar três anos. Antes, eu tinha horário para chegar em casa, nós brincávamos no tapete e eu me sentia mais leve. Agora, eu não estou vendo a minha filha crescer.

Esse diálogo nos possibilita avaliar o quanto a coachee, embora esteja realizando seu objetivo, não se percebe como uma pessoa realizada. É um exemplo de objetivo que, de alguma forma, está tendo impacto em outra área importante da vida dela, a maternidade.

Observe outro fragmento de conversa.

> **Coachee:** Já sei qual é o meu objetivo! Quero trabalhar a minha vida financeira!
>
> **Coach:** Ok, trabalhar a sua vida financeira é o que lhe parece ser prioritário agora! E o que especificamente você gostaria de trabalhar em sua vida financeira?
>
> **Coachee:** Então, eu fiquei pensando sobre isso; se eu deveria trabalhar no corte de gastos ou no aumento de minha renda.
>
> **Coach:** E o que lhe parece mais apropriado, o corte de gastos ou o aumento da renda?
>
> **Coachee:** Ah! O aumento da renda, claro! Cortar gastos, nem pensar! Sempre fui um *bon vivant* e confesso que gosto dessa vida de bons restaurantes, bons vinhos e viagens!
>
> **Coach:** E quais as possibilidades que você vê para ampliar a sua renda?
>
> **Coachee:** Ah! Vou trabalhar mais! Vou arrumar outro emprego. Aí, eu saio do trabalho às seis horas e as sete já entro no outro. Faço seis horas corridas e volto pra casa, durmo, vou acordar cedo para depois já pegar no batente de novo! O salário é bem legal!
>
> **Coach:** Outro emprego! E quantas horas de trabalho por dia isso significa?
>
> **Coachee:** Bem, tenho uma jornada de oito horas e irei assumir outra jornada de seis horas, o que dá um total de 14 horas por dia! Nossa, eu nem tinha pensado por este lado!

> **Coach:** Será que o fato de trabalhar 14 horas por dia irá causar efeito colateral em alguma área da sua vida?
> **Coachee:** Bem, eu terei que abrir mão da academia.
> **Coach:** E treinar na academia é importante pra você?
> **Coachee:** Nossa, e como é! É na academia que eu libero as minhas tensões e me renovo!
> **Coach:** E, além de deixar de treinar na academia, você vê algum outro efeito colateral em outra área da sua vida?
> **Coachee:** Pra ser bem sincero, a coisa do sono. Eu preciso dormir ao menos oito horas por dia!
> **Coach:** E o que acontece quando você não dorme oito horas por dia?
> **Coachee:** Eu fico completamente aéreo, distraído, fora do ar... Puxa! Pensando bem, eu gostaria de considerar outras possibilidades. Talvez, um dos meus objetivos possa de fato ser reavaliar o meu comportamento compulsivo para gastos desnecessários.

Na análise desse diálogo, observamos que o coach conduziu o coachee para uma avaliação de ecologia e o próprio coachee identificou que existiriam diversos "efeitos colaterais" caso o objetivo fosse levado adiante. Daí a relação com o pensamento sistêmico: a ideia é enxergar o todo, identificar padrões que se inter-relacionam e trabalhar nessas inter-relações.

Um objetivo é uma declaração do resultado que se deseja obter, daí a importância da adequada formulação, pois quanto mais congruente for o objetivo, maior será a energia e a motivação do coachee nas ações que levarão à sua conquista.

Síntese

Este capítulo apresentou os tipos de coaching, os quais envolvem um amplo espectro de aplicações, a exemplo de carreira, vida pessoal, educação, equipe, entre outras. O profissional coach pode ser contratado por um indivíduo ou uma organização. Para a aplicação do processo de coaching, existem também diversos modelos que se propõem a alcançar o objetivo desejado. Entre os modelos existentes, apresentamos o modelo Grow – de *Goal* (meta), *Reality* (realidade), *Options* (opções), *Will* (vontade); o modelo T, cuja metodologia é expandir para concentrar;

o Modelo Achieve – de *Access* (acessar), *Create alternatives* (criar alternativas), *Hone goals* (apurar as metas), *Initiate options generation* (iniciar a geração de opções), *Evaluate options* (avaliar as opções), *Valid action plan* (estabelecer um plano de ação) e *Encourage momentum* (encorajar a ação); o modelo do jogo interior, no qual o termo *interior* é utilizado por Gallwey para referir-se ao "adversário dentro da cabeça do próprio indivíduo"; e, por fim, também o modelo transformacional, que tem por característica a versatilidade e a objetividade.

Também apresentamos no capítulo a estrutura de uma conversa de coaching que passa pelas etapas de identificação dos problemas/desafios; priorização; identificação de causas e efeitos; levantamento das possibilidades; elaboração de plano de ação; ação e acompanhamento. E, finalmente, abordamos a importância da definição das metas e dos objetivos e os critérios que devem ser considerados em sua formulação, uma vez que esse ponto de partida é determinante para os resultados.

Questões para revisão

1. Rosimeri Satio tem enfrentado problemas em seu trabalho com seu atual superior hierárquico. Ela decide procurar Rogério Tenot, que atua como coach, para estabelecer algumas metas e objetivos para sua carreira. Em sua primeira conversa, Rosimeri revela sua meta ao coach: "ser respeitada por seu chefe e não mais ser contestada por ele". Tenot, o coach, ao ouvir a meta de Rosimeri, imediatamente recorre aos critérios para a elaboração de metas e objetivos e percebe que seria um equívoco afirmar que:

    a) a meta de Rosimeri tem fundamento e pode ser operacionalizada, pois todos devem ser respeitados na organização.

    b) a meta de Rosimeri precisa ser revista, pois ser respeitada por seu superior hierárquico é uma meta que está fora de seu controle e que seria necessário trazê-la para as suas mãos.

    c) a meta de Rosimeri está centrada em termos daquilo que ela não deseja, e que seria muito importante reformular essa meta em termos positivos, ou seja: se Rosimeri não quer mais ser contestada, então o que ela quer especificamente?

d) Além de trazer essa meta/objetivo em termos positivos e centrá-la em ações que serão iniciadas e controladas por Rosimeri, é muito importante buscar evidências de como ela saberá que está alcançando o que deseja.

e) O coach, com sua experiência, além de contribuir para que Rosimeri construa a sua meta em termos positivos e centrada em suas mãos, deve também proceder à verificação de ecologia para identificar se essa meta não produzirá "efeitos colaterais" em alguma área da vida de Rosimeri ou em seu entorno.

2. Vera acabou de terminar seu mestrado em Engenharia da Produção. Há muito tempo ela acalenta o desejo de ser professora universitária. Embora Vera tenha um grande domínio sobre os conteúdos da Engenharia de Produção, ela sofre de uma timidez atroz e não se sente nada a vontade para falar em público. Como o querer de Vera em se tornar professora era muito maior do que seus ganhos por acomodação, ela decidiu procurar um:

a) coaching executivo.
b) coaching de negócios.
c) coaching de vida.
d) coaching emocional.

3. Luiza está aprofundando seus estudos em coaching. Com isso, ela aprendeu que o inimigo que está dentro da sua cabeça é muito mais poderoso do que aquele que está fora. Ela também aprendeu que não se pode jogar com maestria e satisfação se não prestar atenção ao jogo interno, aquele que é jogado na mente do jogador. Aprendeu ainda que, para ganhar o jogo, é fundamental eliminar da mente toda a interferência do criticismo, do julgamento e da tendência ao supercontrole. Esses são os postulados que fundamentam qual modelo de coaching?

a) O modelo Achieve.
b) O modelo T.
c) O modelo do jogo interior.
d) O modelo Grow.
e) O modelo transformacional.

4. Quais são as etapas da conversa de coaching?
5. Cite e explique brevemente os tipos de coaching.

Questões para reflexão

1. Por que o real querer do coachee é de extrema importância para realizar as tarefas e ações necessárias para o alcance dos objetivos?
2. Por que a aceitação da realidade, do momento presente, é tão importante para o coachee empreender as ações?
3. Que cuidados o gestor de pessoas ou o RH da empresa deve tomar ao contratar um profissional de coaching?
4. Existe fracasso no coaching?

Para saber mais

Leia o livro *Ame a realidade*, de Katie Byron (Ed. Bestseller, 2009). A obra apresenta o método de autoinvestigação que contribui para desconstruir as ideias que temos sobre nossos problemas. Podemos observar no texto a importância da qualidade das perguntas no processo de coaching.

Leia o livro *Coaching executivo: a conquista da liderança* (NBL Editora, 2007). É uma obra de referência para quem deseja aprofundar seus conhecimentos acerca dos conceitos e das práticas do coaching.

Para se precaver das armadilhas, leia o artigo da Revista *Você S/A*, "Manual para escapar dos falastrões do coaching", de Eliana Dutra (2011).

3 O coaching e a comunicação, o *rapport* e os sistemas representacionais

Conteúdos do capítulo:
- A comunicação.
- A linguagem não verbal.
- O coach e a alfabetização não verbal.
- *Rapport*: a construção da confiança.
- Os sistemas representacionais.

Após o estudo deste capítulo, você será capaz de:
1. compreender o papel da comunicação no processo de coaching;
2. reconhecer os sinais mínimos que revelam as emoções e que constituem a linguagem não verbal;
3. conhecer as dimensões da análise da linguagem corporal;
4. diferenciar os tipos de espaços a partir da leitura do comportamento territorial;
5. aplicar os conceitos de rapport na construção da confiança.

Este é um capítulo dedicado a reflexões sobre a comunicação – tanto a verbal quanto a não verbal. Para tanto, vamos apresentar os estudos de Mehrabian (1971, 1973) sobre a comunicação, o neurônio espelho e o papel deste na sintonia entre as pessoas. Você também conhecerá os 5 Cs da comunicação não verbal – contexto, conjunto, congruência, consistência e cultura – e como esses elementos contribuem para a leitura da linguagem corporal.

O *coach* e a linguagem não verbal é tema que receberá destaque e, nesse sentido, questões relacionadas às emoções e aos sinais mínimos do corpo também serão discutidos. Ainda em relação à linguagem não verbal, você conhecerá a proxêmica, que é o estudo do comportamento territorial programado no cérebro. Como tema final do capítulo, apresentamos o *rapport* e o papel desse padrão na construção da confiança, que é fundamental na relação ente o coach e o coachee.

3.1 A comunicação

O coaching é um processo que envolve diálogo. Muito mais do que palavras, existem outras esferas para que de fato ocorra a comunicação entre o coach e o coachee. Mas o que é comunicação, afinal? E que formas ela assume? *Comunicação* é uma palavra que provém do latim *communicatio*, cujo significado é o "ato de repartir, de distribuir" – literalmente "tornar comum", de *communis*, "público, geral, compartido por vários", que remete à comunhão.

Abbagnano (1992, p. 161) informa que o termo *comunicação* é utilizado por filósofos e sociólogos para designar "o caráter específico das relações humanas que são ou podem ser relações de participação recíproca ou de compreensão". Para o autor, a palavra *comunicação* é sinônimo de "coexistência" ou de "vida com os outros". Para Heidegger (citado por Abbagnano, 1992), a comunicação "partilha da situação emotiva comum e da compreensão do ser-com".

Kury (2002, p. 241) registra que comunicação é um "meio de ligação" e pode ser compreendida como "transmissão e recepção de mensagens, seja por meios convencionais, seja por meio de signos". Para o autor, a comunicação envolve a convivência e o trato, a habilidade em trocar ideias, dialogar, mas é também passagem ou caminho.

Por que compreender a comunicação como um todo é tão importante para o processo de coaching? A comunicação se dá não apenas por meio das palavras, mas, sobretudo, por meio daquilo que não é dito, e sim emitido ou percebido. A linguagem do corpo, o tom da voz, a velocidade e o ritmo da fala são fundamentais para a transmissão da mensagem. Emprestamos as palavras de Guglielmi (2011, p. 11-12) para esclarecer:

> Existem duas linguagens fundamentais que permitem a relação entre as pessoas: a linguagem verbal – a saber, aquela constituída por palavras, e que serve, sobretudo, para transmitir informações e dados, e simultaneamente, uma linguagem não verbal, com a qual se dá a vida às palavras pronunciadas, [...] exprimem as emoções mais profundas e verdadeiras, e que é feita de gestos, posturas, de silêncio.

Também o silêncio é comunicação

Os autores Allan e Barbara Pease (2005) registram que o primeiro sistema de comunicação utilizado pelo ser humano foi a leitura das atitudes e dos pensamentos contidos no comportamento das pessoas. A fala, embora receba grande destaque na comunicação, passou a fazer parte do repertório humano em épocas mais recentes. Estudos indicam que a fala começou a se desenvolver há cerca de 2,5 milhões de anos, em que o cérebro triplicou de tamanho. Até então, a linguagem corporal e os sons produzidos pela garganta eram os meios de transmissão das emoções e dos sentimentos humanos.

Esse ponto convida a refletir sobre as mensagens transmitidas pela comunicação do corpo, que é a linguagem não verbal.

A linguagem

Considera-se *linguagem* todas as formas de comunicação que o homem criou ao longo dos tempos. A linguagem verbal é a da palavra articulada e pode ser oral ou escrita. As outras, todas, são não verbais: linguagens que se valem dos sons, como a música, as linguagens clássicas e as visuais. Há também as linguagens que são múltiplas, como, por exemplo, a do teatro, a da televisão e a do cinema, que são visuais, sonoras, sinestésicas. Envolvem a visão, a audição e o movimento. O homem se comunica por todo tipo de linguagem, por isso nem sempre é necessário repassar uma mensagem pela linguagem verbal. Por exemplo: atravessamos uma rua e há um sinal vermelho. Na maioria das vezes, não está escrito "pare" – há somente o sinal vermelho e ele é uma linguagem. Entendemos que a cor vermelha do sinal é para parar e que na cor verde se pode avançar.

Fonte: Portal São Francisco, 2013.

O pesquisador Albert Mehrabian conduziu estudos para identificar como uma pessoa decide gostar de outra. O estudioso e seus colegas buscaram compreender o impacto relativo das expressões faciais e das palavras. Observe a seguir os resultados.

Estudo 1: No estudo de Mehrabian e Wiener (1967), os indivíduos escutaram nove palavras gravadas: três denotavam apreciação (mel, querida e obrigada), três com conotação neutra (talvez, é mesmo e "oh") e três com sentido de desagrado (não, bruto e terrível). As palavras foram ditas com diferentes entonações e foi solicitado aos pesquisados que adivinhassem a emoção por trás das palavras ao serem faladas. O experimento concluiu que o tom em que as palavras eram proferidas impactava mais do que o significado das palavras em si.

Estudo 2: No estudo de Mehrabian e Ferris (1967), os indivíduos foram convidados a ouvir a palavra "talvez", gravada por uma voz feminina com três diferentes entonações, que transmitiam apreciação, neutralidade e desagrado. Então, foi mostrado aos entrevistados fotos do rosto de mulheres com as mesmas três emoções e foi solicitado a eles que adivinhassem as emoções nas vozes gravadas, nas fotos e na combinação de ambas. As fotos ofereceram respostas mais exatas do que a voz, em uma proporção de 3 para 2.

Os pesquisadores cautelosamente concluíram que "As descobertas referentes à relativa contribuição do componente do tom de uma mensagem verbal pode ser seguramente estendida somente para situações de comunicação onde nenhuma informação adicional sobre a relação emissor-receptor esteja disponível."

O equívoco

Mehrabian e Ferris (1967) afirmam que o efeito combinado da comunicação verbal, vocal e facial é uma soma ponderada de seus efeitos independentes, com os coeficientes de 0,07, 0,38 e 0,55, respectivamente".

Mehrabian chegou então à seguinte fórmula:

Preferência total =
7% Preferência verbal + 38% Preferência vocal + 55% Preferência facial

O pesquisador também afirmou que: "Estas equações não são aplicáveis, a menos que o emissor esteja falando sobre seus sentimentos e atitudes". Essa conclusão tende a ser incorretamente generalizada, de modo a afirmar que em **todas** as comunicações:

- 7% é transmitido pelas palavras faladas;
- 38% é transmitido pelo tom de voz;
- 55% é transmitido pela linguagem geral do corpo.

> Claro que isso não pode ser verdade: Um *e-mail* só comunica 7% da mensagem? Você assiste a uma pessoa falando em uma língua estrangeira e entende 93%?

As implicações

Embora se possa impugnar os números exatos, os pontos importantes podem ser facilmente perdidos no debate a respeito da validade da pesquisa. As conclusões úteis do estudo são:

- Não são apenas as palavras: uma parte significativa da mensagem vem através da linguagem não verbal.
- É fácil compreender mal as palavras sem ver e ouvir a linguagem não verbal.
- Quando não temos certeza sobre o que as palavras significam, prestamos mais atenção aos sinais não verbais.

Também prestamos mais atenção aos indicadores não verbais quando confiamos menos na pessoa e suspeitamos de fraude, uma vez que é geralmente entendido que o tom de voz e a linguagem corporal são mais difíceis de controlar do que as palavras. Isso também leva a uma maior atenção aos sinais não verbais para buscar evidências de falsidade no discurso alheio.

> **Conclusões:**
> Cuidado com as comunicações só por palavras, como o e-mail. É muito fácil de interpretar equivocadamente o que é dito, mesmo quando são usados símbolos (smileys).
> Quando você sente que uma pessoa não está dizendo a verdade, confira o alinhamento entre as palavras, a voz e o corpo.
> Se você quer que a outra pessoa preste mais atenção à sua linguagem corporal, seja menos claro com suas palavras. Se você quer que ela confie em suas palavras, seja claro e direto.

Fonte: Elaborado com base em Changing Minds, 2013[1].

Assim como Mehabian, outro estudioso da comunicação, o antropólogo americano Ray Birdwhistell, que se especializou em movimentos humanos e linguagem não verbal, registrou que o componente verbal responde por menos de 35% das mensagens transmitidas numa conversa frente a frente. Significa que mais de 65% da comunicação se dá por meio de tom de voz, expressão do rosto, posição do corpo, ritmo de respiração, ou seja, de forma não verbal.

No ano de 1952, Birdwhistell lançou um pequeno e intrigante livro – *Introduction to Kinesics* ("Introdução à cinésica"). O autor denominou *kinesics – cinésica*, em português – a comunicação corporal automática, aquilo que a pessoa comunica com o movimento de seu corpo sem que esteja consciente do envio de tais mensagens. Para o autor, movimentos das pálpebras, músculos faciais, pequenas e rápidas expressões, posições do corpo em movimento, braços, peito, ligeira curvatura do pescoço e mãos são os elementos da linguagem não verbal.

Você pode estar se perguntando: Se a linguagem não verbal é tão significativa na comunicação, então porque precisamos das palavras? É importante compreender que a linguagem não verbal atua diretamente na comunicação das emoções, por isso, ao aliar a linguagem não verbal à linguagem verbal, aumentamos a eficácia da comunicação.

---

[1] Tradução nossa.

> **Curiosidade...**
>
> A análise de milhares de entrevistas e negociações de vendas gravadas durante as décadas de 1970 e 1980 mostrou que, no mundo dos negócios, a linguagem corporal responde por 60 a 80% das mensagens transmitidas na mesa de negociação. Mostrou também que as pessoas formam de 60 a 80% de sua opinião sobre um recém-chegado antes de completados os primeiros quatro minutos de conversa. Outros estudos mostram que, nas negociações por telefone, as pessoas que têm os argumentos mais fortes geralmente prevalecem. Isso já não acontece quando se negocia frente a frente, já que quase todo mundo toma suas decisões finais mais pelo que vê do que pelo que ouve.
>
> Fonte: Pease; Pease, 2005.

Em que toda essa informação a respeito da comunicação não verbal pode contribuir para a excelência do processo de coaching? Para responder a essa questão, citamos os estudos de Goman (2010, p. 15), que afirma que, em contatos face a face, o cérebro humano processa uma cascata permanente de pistas não verbais que utiliza como base para a construção da confiança e da intimidade profissional.

Para uma melhor compreensão do processo, vamos fazer uma viagem ao interior do cérebro e conhecer os neurônios-espelhos. Voltaremos a cena ao momento da descoberta.

Há 15 anos, num verão em Parma, na Itália, um macaco esperava em um laboratório que os pesquisadores voltassem do almoço. Delicados fios haviam sido implantados no seu cérebro, na região que planeja e executa movimentos. Todas as vezes que o macaco agarrava ou movimentava um objeto, algumas células dessa região do cérebro disparavam e um monitor registrava um som.

Um aluno de pós-graduação entrou no laboratório com uma casquinha de sorvete na mão. O macaco olhou fixamente para ele e, em seguida, algo espantoso aconteceu: quando o estudante levou a casquinha aos lábios, o monitor soou novamente – mesmo o macaco não tendo feito nenhum movimento, apenas observado o aluno.

Os pesquisadores, chefiados por Giacomo Rizzolatti, um neurocientista da Universidade de Parma, já tinham observado esse mesmo estranho fenômeno com macacos. As mesmas células cerebrais disparavam quando o macaco via seres humanos ou outros macacos levarem amendoins à boca ou quando ele próprio fazia isso.

Os cientistas descobriram células acionadas quando o macaco quebrava a casca de um amendoim ou ouvia alguém fazê-lo. O mesmo ocorria com bananas, uvas-passas e todo tipo de objetos.

"Demoramos anos para acreditar no que estávamos vendo", diz Rizzolatti.

O cérebro do macaco tem uma classe especial de células, os neurônios-espelho, que disparam quando o animal vê ou ouve uma ação e quando a executa por conta própria.

Fonte: Jornal da Ciência, 2006.

Entretanto, se essas descobertas, publicadas em 1996, a respeito dos neurônios-espelho já serviram para tirar o fôlego de alguns cientistas, outra descoberta deixou-os estupefatos, revelou o mesmo *Jornal da Ciência*: descobriu-se que os seres humanos têm neurônios-espelho muito mais perspicazes, flexíveis e altamente evoluídos do que os encontrados nos macacos, um fato que teria resultado na evolução de habilidades sociais mais sofisticadas nos seres humanos.

> O neurônio-espelho é o neurônio que espelha o comportamento de outro animal, como se o observador estivesse agindo.

De acordo com Scripilliti (2012), "O cérebro humano tem múltiplos sistemas de neurônios-espelho especializados em executar e compreender, não apenas as ações dos outros, mas suas intenções, o significado social do comportamento deles e suas emoções", o que equivale a dizer que os neurônios-espelho permitem captar a mente da outra pessoa não por meio da razão, da lógica ou do raciocínio conceitual, mas mediante a simulação direta, por meio das sensações, e não dos pensamentos.

Espalhados por partes fundamentais do cérebro – o córtex pré-motor e os centros para linguagem, empatia e dor –, os neurônios-espelho agem quando realizamos determinada ação e nos momentos em que observamos alguém realizar essa ação. Na sua forma mais básica, significa que ensaiamos ou imitamos mentalmente toda ação observada (Mello-Filho; Burd, 2010). Eis aí a chave que pode contribuir para o entendimento da empatia, da cultura, da filosofia, da linguagem, da imitação e também de fatos do cotidiano.

> E, se você me vir emocionalmente aflito por ter perdido um celular, os neurônios-espelho do seu cérebro simulam minha aflição. Automaticamente, você sente empatia por mim porque, literalmente, sente o que estou sentindo. Os neurônios-espelho parecem analisar cenas e ler mentes.
>
> Fonte: Jornal da Ciência, 2006.

Os estudos desenvolvidos por Lakin, da Universidade Drew, nos Estados Unidos, registram que o ser humano tem a tendência de "imitar" seus semelhantes, especialmente quando buscam conexões sociais. Então, a referida "imitação" se dá justamente em virtude do neurônio-espelho.

E como os neurônios-espelho podem ser úteis no processo de coaching? Quando o coach desenvolve a habilidade de estabelecer uma sintonia com o coachee. É como se conseguisse criar uma ponte imprescindível para a construção da confiança. A confiança é a base para toda a comunicação dentro do processo de coaching. Quando existe a confiança, pode existir a divergência de opiniões em virtude da diferença entre os mapas mentais, mas cria-se uma profunda relação de respeito entre ambos.

3.1.1 A linguagem não verbal

> *"Suas palavras amigáveis não significam nada se seu corpo parece dizer algo diferente".*
> (Borg, 2011, p. 129)

Ao estudar a linguagem não verbal, consideramos que existe um perigo à espreita quando uma pessoa lê um livro sobre o tema e sai por aí interpretando as intenções das outras pessoas.

> Nossa, como faz frio aqui!

> Ela está de braços cruzados, está fechada para mim!

Fonte: As autoras.

É um equívoco interpretar que uma pessoa está de braços cruzados está sempre fechada para o seu interlocutor. **Generalizações escondem exceções.** Portanto, antes que se faça julgamentos precipitados a respeito da linguagem não verbal de alguém, é importante conhecer os elementos que contribuem para a construção da mensagem.

Daí a importância de aprofundar os estudos e conhecer a teoria dos 5 Cs da linguagem não verbal. Goman (2010) explica que, antes de tomar como verdadeira uma proposição acerca de um gesto, um olhar ou uma postura corporal, deve-se olhar para o contexto, o conjunto, a congruência, a consistência e a cultura nos quais a pessoa está inserida.

- **Contexto:** O significado da linguagem não verbal muda de acordo com o contexto. Pense em um homem sentado em um banco em uma praça. Ele está com a cabeça baixa, seu corpo está curvado e ele treme ligeiramente abraçando a si mesmo. Agora mudemos a cena: temos um homem na mesma posição já descrita, no entanto, em vez de estar sentado em um banco de praça ao ar livre, está ali, bem diante de você, no escritório. A linguagem corporal do homem é idêntica: cabeça baixa, seu corpo está curvado, treme ligeiramente e está abraçando a si mesmo. No entanto, a alteração do cenário leva à mudança total da interpretação dos sinais.

Na primeira cena, é provável que o homem dissesse: "Estou com frio!" Na segunda cena, talvez dissesse: "Estou desesperado!" O significado da linguagem não verbal muda conforme o contexto, "assim como no setor imobiliário, a localização é importante!", afirma Goman (2010, p. 21).

- **Conjunto**: Os sinais não verbais ocorrem em um conjunto de gestos. Uma leitura perspicaz da linguagem corporal considera um grupo de movimentos, posturas e ações que reforçam um ponto comum. Um único gesto pode ter diversos significados. Cruzar os braços, por exemplo, pode significar resistência. Entretanto, de acordo com uma pesquisa publicada no *European Journal of Social Psychology* (Friedman; Elliot, 2008), o simples ato de cruzar os braços causa uma reação não consciente no cérebro, que aumenta em até 30% a capacidade de concentração. Por isso, é importante estar atento ao comportamento global da pessoa, pois este, sim, é revelador, mais do que um gesto visto de forma isolada.
- **Congruência**: Para Kury (2002, p. 251), "congruência é a harmonia de uma coisa com o fim a que se propõe, coerência, conformidade". *Congruência*, em linguagem não verbal, é quando as palavras, os gestos e o tom de voz estão em sintonia. Quando uma pessoa acredita de fato naquilo que está dizendo, a sua mensagem é congruente – ou seja, existe um alinhamento entre o que ela fala e o que o seu corpo comunica. A incongruência é percebida quando os gestos, o tom de voz e a posição do corpo contradizem as palavras.
- **Consistência**: A consistência remete ao padrão de comportamento de uma pessoa em condição de relaxamento ou, de modo geral, livre de estresse, para que possa compará-lo às expressões e aos gestos surgidos quando essa mesma pessoa se encontra estressada ou sob grande pressão. É importante conhecer o jeito daquela pessoa de ser, de olhar, pois o conhecimento acerca da linha da base comportamental de alguém contribui sobremaneira para a habilidade de detectar as variantes significativas, algo também chamado de *calibrar*.
- **Cultura**: A linguagem não verbal é profundamente influenciada pela herança cultural de um indivíduo. Portanto, ao ler

a linguagem do corpo, é muito importante que se avalie também a cultura da qual a pessoa faz parte. Por exemplo: para o ocidental, olhar nos olhos é fundamental para passar uma ideia de verdade, de segurança. Entretanto, existem culturas em que olhar diretamente nos olhos do outro é altamente ofensivo e ameaçador.

Quando o coach, em uma conversa com seu coachee, considera os 5 Cs, ele filtra suas impressões sobre a linguagem corporal e, assim, pode se tornar hábil na leitura da mensagem que está sendo transmitida.

3.1.2 O coach e a alfabetização não verbal

O conhecimento sobre a linguagem não verbal permite ao coach desenvolver uma habilidade fundamental para conduzir o processo de coaching: a acuidade sensorial. De acordo com Kury (2002, p. 25), *acuidade* é "agudeza, perspicácia, finura". *Acuidade sensorial*, como define O'Connor (2007, p. 319), é "o processo de aprender a fazer distinções mais finas e úteis das informações sensoriais que obtemos do mundo". Em outras palavras, é a capacidade de observar respostas não verbais mínimas nas pessoas – ou seja, notar mudanças externas mínimas na fisiologia da pessoa com quem se está comunicando. Desenvolver a acuidade sensorial requer dirigir o foco da atenção mais para o outro do que para si mesmo.

Um coach com percepção aguçada para os sinais sensoriais (acuidade sensorial) tem mais recursos para acompanhar o processo e identificar que resposta está obtendo de seu coachee, seja no momento de uma pergunta, seja durante um *insight*[2].

Os sinais sensoriais mínimos apontam para pequenas alterações que ocorrem na outra pessoa e podem ser observados a partir de mudanças como as exemplificadas a seguir:

- microexpressões;
- ritmo e posição da respiração;
- tonalidade da pele e mudanças na cor da pele;

---

2 *Insight*: Compreensão interna, por exemplo, na expressão "Nossa, como eu não percebi isso?"; uma compreensão que vem de dentro, em que o que estava não consciente torna-se consciente num instante, causando perplexidade e, ao mesmo tempo, tranquilidade, conhecimento realista do fato.

- forma como a pessoa pressiona os lábios;
- dilatação das pupilas;
- movimento dos olhos;
- abertura do nariz;
- ritmo de piscar os olhos;
- tom e velocidade da voz;
- temperatura corporal;
- movimentos sutis das mãos e dos pés;
- inclinação da cabeça;
- gestos como roer unhas, mexer nos cabelos;
- movimento das sobrancelhas;
- posição/inclinação do corpo;
- posição dos ombros;
- sudorese.

A habilidade de perceber sinais sensoriais mínimos passa também pela calibragem, que, de acordo com Bandler e Grinder (1984, p. 231), é o "processo por meio do qual a pessoa entra em sintonia com os sinais não verbais que indicam o estado particular de uma determinada pessoa".

O coach que tem acuidade sensorial dispõe de mais ferramentas para atentar às descrições sensoriais e separá-las do julgamento.

> Para quem não tem filhos, o choro de um bebê é apenas um choro. Já uma mãe – acostumada ao contexto e que já "calibrou" o seu filho – consegue distinguir quando o choro é de fome, de sono ou de dor.

Descrições sensoriais são passíveis de comprovação por meio dos sentidos. Já os julgamentos são subjetivos e podem conduzir a equívocos, dada as diferenças de mapas de realidade das pessoas. Assim, uma descrição baseada em dados sensoriais é aquela que reproduz o que o indivíduo capta com o seu aparato sensorial. Por exemplo: "Lucas se levantou e foi até à janela. Seus lábios ficaram abertos e suas mãos se fecharam".

Já descrições subjetivas são aquelas influenciadas por uma experiência criada internamente, ou seja, interpretada de acordo o mapa de cada um. Por exemplo: "Lucas ficou angustiado e furioso".

Descrições sensoriais são de alta qualidade, pois o foco está na percepção do outro. Julgamentos perpassam pelos mapas mentais de quem interpreta e, por essa razão, estão muito suscetíveis a distorções.

A acuidade sensorial do coach transita pela habilidade de identificar as emoções, não apenas de forma estática, mas de reconhecer quando um rosto sutilmente começa a mudar. As expressões faciais revelam vestígios de reações fisiológicas.

3.1.3 As emoções básicas

E por que o cuidado com as emoções é tão importante? Castilho (2011) explica que as emoções funcionam como sistemas de alerta e criam mecanismos de reação a perigos, colocam em posição de ataque, avisam sobre algo repugnante ou indicam a predisposição à socialização. Para Eckman (2011), as emoções preparam o indivíduo para lidar com eventos importantes, sem que ele tenha de pensar no que fazer.

A palavra *emoção* vem do termo latino "*movere*" (mover-se), somado ao prefixo "*ex*" (para fora), explicam Brockert e Braun (1997). A emoção é um estado mental e fisiológico associado a uma ampla variedade de sentimentos, pensamentos e comportamentos.

As expressões faciais são universais?

Paul Ekman – psicólogo, escritor e professor de psicologia no Departamento de Psiquiatria da University of California Medical School em São Francisco – é um dos 100 psicólogos mais influentes do Séc. XX. O pesquisador esteve em diversos países com o intuito de verificar se a teoria da universalidade das emoções estava correta.

Entre esses países, Paul esteve no Brasil – mais especificamente, na Floresta Amazônica –, onde mostrou fotos que expressavam sete emoções básicas: alegria, tristeza, ira, medo, surpresa, nojo e desprezo. Os moradores da região conseguiram detectar e reconhecer normalmente as fotos. Prosseguindo seus estudos, teve a comprovação definitiva quando o cientista, em busca de populações isoladas que não possuíam qualquer contato cultural externo, fez uma visita de estudos à Papua Nova Guiné, no ano de 1967. Os resultados apontaram que os moradores da região, pertencentes à tribo Fore, demonstravam as mesmas expressões faciais quando eram submetidos à coleção de fotografias de Ekman. Em um dos casos, uma mulher expressou raiva quando o psicólogo se aproximou para tirar algumas fotos.

Essas foram algumas das emoções básicas fotografadas por Ekman. A partir do estudo, concluiu-se que existem características inatas no homem, no que se refere às emoções humanas, o que, aliás, é totalmente congruente com a teoria proposta por Charles Darwin, registradas na obra "A expressão das emoções no homem e nos animais", de 1872.

Fonte: Faces da Mentira, 2013.

O estudo de Paul Ekman indica que é transcultural a capacidade de interpretar pelo menos as seis grandes emoções. Essa capacidade é parte da condição do ser humano, e não produto da experiência cultural do indivíduo. Por isso, uma pessoa que mora em Papua Nova Guiné e jamais assistiu a um programa de televisão apresenta os mesmos sinais relativos à emoção de que um executivo de Tóquio.

A emoção é um impulso neural que move um organismo para a ação. A emoção se diferencia do sentimento, pois este é um estado psicofisiológico. O sentimento é a emoção filtrada através dos centros cognitivos do cérebro, especificamente o lobo frontal, que produz uma mudança fisiológica em acréscimo à mudança psicofisiológica, explica Goleman (1995).

A alegria, a tristeza, o medo, a raiva, a surpresa e a aversão são considerados as grandes emoções. Cada emoção apresenta sinais singulares, como indicam os estudos de Goleman (1995, Goman (2010) e Castilho (2011), a saber:

* **Alegria**: é a expressão do bem-estar e da socialização. Promove elevação do tônus vital, energia, olhos brilhantes, movimento, riso fácil e disponibilidade para agir. **A alegria se dá quando o cérebro identifica o estímulo da conquista.**
    * <u>Descrição sensorial da emoção</u>: Os lábios podem estar juntos ou separados, com os cantos da boca puxados para trás. Os dentes e as gengivas podem aparecer. Formam-se dobras que descem do nariz em direção aos cantos dos lábios e as bochechas se elevam, formando rugas nos cantos dos olhos e linhas sob as pálpebras inferiores (Castilho, 2011, p. 59).

Crédito: Laís Galvão dos Santos

Alegria

* **Tristeza**: A tristeza, de acordo com Castilho (2011), é uma das emoções mais duradouras e se caracteriza por um sofrimento mudo, passivo, passível de variações de uma leve melancolia a uma tristeza duradoura de meses ou anos. Quando prolongada, a tristeza pode levar à depressão, que, ao contrário do que se possa pensar, não é uma tristeza profunda, mas sim uma apatia. Para o

autor, a tristeza, assim como o medo e a raiva, também pode ser contagiante. **A tristeza é a resposta ao estímulo da perda.** A tristeza leva a uma postura fechada e ensimesmada, de abatimento (ombros caídos) e ausência de vitalidade. Leva à prostração.

- Descrição sensorial da emoção: Os cantos internos das sobrancelhas estão levantados e podem estar unidos. Os cantos internos das pálpebras superiores ficam elevados e as pálpebras inferiores podem aparecer erguidas. Os cantos dos lábios curvam-se para baixo. Em determinadas situações, os lábios parecem tremer e o olhar quase sempre aponta para baixo (Castilho, 2011).

- **Medo**: O medo é a emoção da preservação. Promove a alteração dos batimentos cardíacos, a aceleração da respiração, a dilatação das pupilas, a redução do fluxo sanguíneo nos órgãos periféricos e a preparação do corpo para a fuga. **O medo é a resposta ao estímulo do perigo.**
  - Descrição sensorial da emoção: Os olhos estão abertos, a pálpebra superior se ergue e a inferior tenciona. As sobrancelhas ficam erguidas e unidas, a boca se abre e os lábios ficam esticados, tensos, com os cantos puxados para trás.

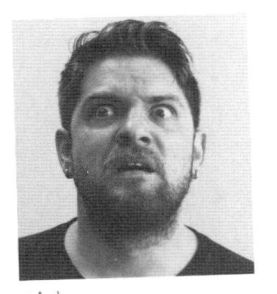

- **Raiva**: A raiva é uma emoção que prepara o indivíduo para a ação. É por meio da raiva que o indivíduo, um grupo ou até mesmo uma nação quebra paradigmas, remove barreiras, coloca limites, enfrenta obstáculos e promove mudanças. Por outro lado, uma pessoa com raiva pode assumir comportamentos nocivos e violentos. A raiva promove o aumento da força corporal. Provoca tensão nos músculos, maior circulação sanguínea nos órgãos periféricos, preparação do corpo para a defesa ou o ataque. **A raiva é a resposta ao estímulo do obstáculo ou da invasão de território.**

- Descrição sensorial da emoção:
Os lábios aparecem tensionados, abertos ou apertados um contra o outro. Os olhos parecem se fixar de maneira dura. As pupilas diminuem e as sobrancelhas se unem e franzem. Surgem linhas verticais entre as sobrancelhas. "Os sinais faciais de raiva serão ambíguos se não se mostrarem nas três áreas da face – testa, olhos e boca", explica Castilho (2011, p. 56).

♦ Surpresa: A surpresa é uma emoção que o indivíduo sente quando o **seu cérebro não conseguiu entender determinada situação.** Por essa razão, gera uma espécie de alerta de amplitude dos seus sentidos como se dissesse: "Atenção! Preciso entender o que está havendo", explica Castilho (2011, p. 53). A surpresa também pode ser percebida como estupefação ou espanto.

- Descrição sensorial da emoção:
Sobrancelhas erguidas, olhos arregalados, maxilar inferior frequentemente caído, o que faz com que os lábios se separem. É importante, assim como na raiva, observar na surpresa os sinais sensoriais da emoção na testa, na área dos olhos e na área dos lábios e queixo, pois, quando um indivíduo ergue apenas as sobrancelhas, isso não indica surpresa, mas é um sinal emblemático de dúvida ou questionamento.

- **Aversão ou nojo**: A aversão tem origem na repulsa, uma situação que o indivíduo considera inaceitável. O nojo, aversão ou repugnância, que, embora tenha se originado em virtude de cheiros e sabores repugnantes e repulsivos, acabou tornando-se também a forma de expressar desprezo por pessoas percebidas como desagradáveis.

  - Descrição sensorial da emoção: O lábio superior se ergue e o lábio inferior pode ficar erguido e projetado para frente (boca fechada) ou abaixado e projetado para frente (abrindo a boca). O nariz fica enrugado nos lados e na parte que se liga com a testa. Quanto maior o nojo, maior será o enrugamento. As bochechas se erguem e causam enrugamento logo abaixo dos olhos. As pálpebras inferiores se erguem e as sobrancelhas geralmente ficam abaixadas.

Crédito: Laís Galvão dos Santos

Aversão/Nojo

Conhecer e identificar as emoções expressas pelo coachee, mesmo que por apenas alguns segundos, contribui para que o coach obtenha dele um *feedback* velado[3] e identifique as incongruências entre pensamentos e sentimentos, além de permitir explorar e aprimorar respeitosamente o diálogo.

3.1.3.1 O olhar social e o olhar profissional

Outro aspecto a considerar em termos de acuidade sensorial é o papel do olhar. O contato visual é um fator significativo na linguagem não verbal, pois, enquanto alguém está nos olhando, acreditamos ter capturado seu interesse. É importante que o coach distinga o olhar social do olhar profissional:

- Olhar social: é aquele emitido com o nível dos olhos mais baixos, o olhar se dirige para a área da boca do interlocutor.

---

3   *Feedback* velado: é o *feedback* obtido por meio da observação a estímulos externos do ouvinte, como expressão, postura, tom de voz etc.

- Olhar profissional: é aquele emitido com o nível dos olhos elevados; o olhar se dirige para a testa do interlocutor.

Como um simples olhar pode comunicar intenções tão diferentes? Ao sustentar o olhar na metade da testa, o interlocutor, mesmo que de forma não consciente, irá mapear o "olhar profissional". Por outro lado, quando o olhar é deslocado para área da boca, o emissor emite o olhar social, que remete à aproximação, à maior abertura e que, em ambientes profissionais, pode ser interpretado de forma equivocada – por exemplo, como um flerte.

O tempo de duração e o ângulo do olhar podem comunicar diferentes intenções, como explica Goman (2010):
Um contato visual muito breve pode ser interpretado como indelicado;
O olhar fixo direto e ousado é um exemplo de contato visual que não reforça a simpatia – pelo contrário, pode parecer forte e ameaçador;
Quando as pupilas se dilatam, comunicam que o olho vê algo prazeroso ou emocionalmente excitante;
Quando uma pessoa evita contato visual, pode passar falta de confiança;
Em algumas culturas, a exemplo do Japão, olhar baixo é uma atitude respeitosa ou submissa e nada tem a ver com falsidade;
Olhos bloqueados têm o objetivo de proteger o cérebro de assistir a imagens indesejáveis e ameaçadoras.

O conhecimento desse tipo de linguagem não verbal contribui para a atuação do coach, no sentido de conhecer e escolher o tipo de olhar mais apropriado para enfatizar as suas mensagens.

Você já ouviu falar em *proxêmica*?

Todo indivíduo tende a proteger e a controlar seu espaço. Isso é denominado *comportamento territorial*, que está programado no cérebro.

Assim como as expressões do rosto, das mãos e do tórax têm importante papel na linguagem não verbal, o espaço fala. As pessoas se comunicam também por meio das distâncias que mantêm durante os encontros.

O estudo de espaço utilizado na linguagem não verbal chama-se *proxêmica*. O antropólogo Edward T. Hall, um dos primeiros estudiosos do assunto, foi quem cunhou o termo. O pesquisador identificou que as respostas territoriais dos seres humanos possuem raízes profundas e primitivas.

De acordo com o autor, existem cinco zonas nas quais as pessoas se sentem mais confortáveis para lidar umas com as outras: a zona íntima; a zona pessoal próxima; a zona pessoal afastada; a zona social e a zona pública. Seus estudos sugerem que uma maneira de pensar a respeito desse comportamento territorial é visualizar um conjunto de bolhas invisíveis que cada pessoa carrega consigo.

- Zona íntima (0 a 45 cm): Zona reservada à família e aos entes queridos. Dentro dela o indivíduo abraça, sussurra e toca o outro. Esse contato é exclusivo para relações muito pessoais.
- Zona pessoal próxima (45 a 60 cm): É a zona usada para interações entre amigos ou familiares e parceiros confiáveis de negócios.
- Zona pessoal afastada (60 cm a 1,22 m): Zona para interações na qual o indivíduo opta por conduzir a certa distância. Nesta zona, pode-se comunicar o interesse na interação sem o compromisso do toque.
- Zona social (1,22 m a 3,65 m): Esta zona é apropriada para as relações empresariais cotidianas. É onde ocorre a interação com colegas de trabalho, tendo em vista questões sociais ou de natureza formal.
- Zona pública (mais de 3,65 m): Zona utilizada, sobretudo, para falar em público.

O pesquisador afirma que a quantidade de espaço para sentir-se confortável pode variar de pessoa para pessoa. Algumas pessoas que não apreciam ser tocadas preferem manter maior distância das outras. O mais importante é lembrar que a relação espacial também se torna parte do que está sendo comunicado.

Fonte: Adaptado de Goman, 2010, p. 125-128.

A acuidade sensorial do coach permite a leitura da linguagem corporal da emoção. No passado, os cientistas postulavam que as emoções humanas fossem registradas e transmitidas sobretudo por meio das expressões faciais, informa Goman (2010). Entretanto, o avanço das pesquisas no campo da neurociência cognitiva afetiva evidencia que os sinais do corpo como um todo são imprescindíveis para a leitura das emoções. Alguns desses movimentos podem ser bastante sutis, outros podem ser mais evidentes. Contudo, independente da intensidade, tais movimentos são reveladores.

3.2 *Rapport*: a construção da confiança

Para que o coaching possa estimular o desenvolvimento da capacidade de autogestão e competência relacional, é imprescindível que se crie entre o coach e o coachee uma relação de confiança, sigilo, lealdade e confidencialidade.

> A palavra *confiança* vem do latim *confidentia*, de *confidere*: "acreditar plenamente, com firmeza", formada por *com*, intensificativo, acrescido de *fidere*, "acreditar, crer", termo que deriva de *fides*, "fé".

Fonte: Origem da Palavra, 2013a.

Confiar é permitir, é oferecer crédito a alguém. É o elemento que oferece coesão a todo relacionamento. De acordo com Kury (2002, p. 248), confiança é a segurança íntima com que se realiza alguma coisa (relação consigo mesmo); mas é também intimidade, familiaridade (relação com o outro). Ter confiança em alguém é "ter fé, acreditar... é entregar-se" (Kury, 2002, p. 248). Proporciona um sentimento de segurança, certeza, tranquilidade e sossego àquele que confia na probidade de alguém. Equivale a permitir intimidade.

A construção e a manutenção do *rapport* é o alicerce que embasa todas as etapas do coaching. Mas o que é esse termo, *rapport*? E por que o citamos subitamente? Para Ready e Burton (2009, p. 91), é palavra de origem francesa, *rapport*, traduzida como "voltar ou trazer de volta". A essência do rapport é a sintonia:

É sobre fazer uma conexão de mão dupla. Você sabe que fez tal conexão quando experimenta um sentido verdadeiro de confiança e respeito com a outra pessoa, quando se compromete confortavelmente com alguém sem se importar, contudo, se vocês são diferentes, é quando você sabe que está ouvindo e sendo ouvido. (Ready; Burton, 2009, p. 91)

Para O'Connor e Seymour (1995, p. 225) *rapport* é a "relação mútua de confiança e compreensão entre duas ou mais pessoas. A capacidade de provocar reações de outra pessoa". *Rapport* pode também ser compreendido como empatia, ou seja, a habilidade de colocar-se no lugar do outro. Também é a arte de construir pontes que promovam identificação, dentro de um sentimento de confiança e respeito, estabelecendo uma sincronia límbica.

Uma sincronia límbica, algo que é inato do cérebro humano, ocorre quando os interlocutores atingem um nível de harmonia e sintonia. Os bebês, mesmo antes de seu nascimento, apresentam batimentos cardíacos e funções corporais em compasso com o ritmo dos batimentos da mãe.

O adulto também entra em sincronia límbica ao conversar com alguém de quem gosta ou em quem está interessado. De acordo com Goman (2010, p. 44), "inconscientemente mudamos nossa postura corporal para coincidir com a da outra pessoa – nos espelhamos nos comportamentos não verbais da pessoa e sinalizamos que estamos conectados e comprometidos". Para a autora, quando esse espelhamento ocorre, é uma maneira de "informar" à outra pessoa que existe a sintonia e o apreço.

É natural que os interlocutores tenham divergências de opiniões, mas, quando a sintonia se estabelece, abre-se um campo para o respeito ao modelo mental do outro. Cria-se então uma ponte não consciente entre os interlocutores. Quando a sintonia não existe, o que ocorre é uma barreira entre eles, e quando essa barreira se instala, a comunicação fica comprometida.

A estória a seguir contribui para o entendimento da essência do *rapport*, ou da sincronia límbica, e seus efeitos nas relações interpessoais.

Dois irmãos que moravam em fazendas vizinhas, separadas apenas por um riacho, entraram certa vez em conflito. O que começara com um pequeno mal-entendido finalmente explodiu numa troca de palavras ríspidas, seguidas por semanas de total silêncio.

Numa manhã, o irmão mais velho ouviu baterem à sua porta. Era um carpinteiro com uma caixa de ferramentas procurando por trabalho.

— Tenho trabalho para você – disse o fazendeiro. – Está vendo aquela fazenda além do riacho? É do meu irmão. Quero que construa uma cerca bem alta para que eu não precise mais vê-lo.

— Entendo a situação – disse o carpinteiro – Farei um trabalho que o deixará satisfeito.

O fazendeiro foi até a cidade e deixou o carpinteiro trabalhando. Quando o fazendeiro retornou, seus olhos não podiam acreditar no que viam. Não havia cerca nenhuma! Em seu lugar havia uma ponte ligando um lado ao outro do riacho. Ao erguer os olhos para a ponte, viu seu irmão aproximando-se da outra margem, correndo de braços abertos. Correram um na direção do outro e abraçaram-se no meio da ponte. Emocionados, viram o carpinteiro arrumando suas ferramentas para partir.

— Não, espere! – disse o mais velho. – Fique conosco mais alguns dias. Tenho muitos outros projetos para você.

E o carpinteiro respondeu:

— Adoraria ficar, mas tenho muitas outras pontes para construir.

Fonte: **Rangel, 2003, p. 45.**

O rapport promove um relacionamento caracterizado pelo alinhamento entre as pessoas, fundamentado nas semelhanças que existem entre elas. Isso equivale a afirmar que, quando entramos em rapport com alguém, conseguimos construir uma "ponte" que nos une. Por meio dele, o não consciente de uma pessoa se reconhece no não consciente da outra. No caso da metáfora, o carpinteiro é a representação do não consciente, pois é este que constrói tais pontes.

O rapport é o alicerce de toda a comunicação eficaz, pois constrói um relacionamento que alinha as pessoas, que promove harmonia, tanto no aspecto verbal como no não verbal.

Quando se está em rapport, uma pessoa experimenta a sensação de estar sendo apreciado pela outra pessoa. Existem duas maneiras de olhar para o outro. Podemos escolher enfatizar as diferenças ou as semelhanças dos assuntos que estamos compartilhando. E como isso ocorre?

Existem dois níveis mentais que operam simultaneamente em qualquer comunicação e relacionamento: o consciente e o não consciente. É a mente consciente que detecta as diferenças. É ela que nos faz sentir excitados ou curiosos por novidades e coisas diferentes. Mas esses impulsos são facilmente superados e dominados pela mente não consciente. É esta que detecta as semelhanças, que nos permite buscar similitudes, familiaridade em todas as situações da vida, porque coisas familiares nos proporcionam bem-estar e segurança.

Por exemplo: uma viagem a lugares exóticos do mundo excita a mente consciente – e, mesmo que estejamos curtindo estes lugares e experiências novas, há sempre um imperativo interior que nos leva a procurar coisas e situações familiares. É por essa razão que uma pessoa se sente mais motivada a conversar com alguém que tenha algo em comum com ela do que o contrário.

Como nossa mente consciente é responsável por aproximadamente 5% a 9% das atividades de nossa vida, ficando com nossa mente não consciente os restantes 91% a 95%, conclui-se que a força do não consciente tem preponderância sobre as necessidades conscientes, explica Chung (2002).

Crédito: Monkey Business – Fotolia

Crédito: Luiza Hanke

Covey (2008, p. 15) enfatiza que "poucas necessidades do coração humano são maiores que a necessidade de ser compreendido, de ter uma voz que seja ouvida, respeitada, valorizada, de ter influência". E o elemento "influência" é decisivo na eficácia do coaching.

Ainda conforme Covey (2008, p. 15, grifo do original), a influência realmente começa "quando os outros sentem que você está sendo influenciado por eles, quando percebem que os entende, que os escutou profunda e sinceramente e que você está receptivo". E o que isto significa exatamente? Significa que ninguém gosta de ser criticado e julgado, mas sim compreendido. O ser humano, independentemente da idade ou posição hierárquica que ocupa, necessita em primeiro lugar de empatia.

Crédito: goodluz – Fotolia

Empatia é o sentimento de identificação entre as pessoas.

A empatia é peça chave para a eficácia do coaching. É como se fosse o *ouvido emocional*, expressão utilizada por Goleman (1995) em sua obra *Inteligência emocional*.

O coach que pratica a empatia abre seus canais de percepção para identificar as emoções de seu coachee. Goleman (1995, p. 109) explica que "todo relacionamento, a raiz do envolvimento, vem da sintonia emocional, ou seja da capacidade de empatia".

A habilidade de saber como o outro se sente – ou seja, "saber se colocar nos sapatos dos outros" – é altamente funcional, não apenas no processo de coaching, mas para todas as relações interpessoais. Por qual razão? Por uma muito simples: as emoções mais profundas das pessoas nem sempre podem ser colocadas em palavras, mas sempre são expressas pelos sinais sensoriais mínimos, a exemplo da tonalidade da pele, da posição do corpo, do tom de voz, do ritmo da respiração, da velocidade da fala, entre outros.

E como especificamente o coach pode construir o *rapport*?

O *rapport* pode ser construído em vários níveis, explica Chung (2002), que envolvem desde a forma mais simples (o *rapport* que ocorre naturalmente, quando nos interessamos genuinamente pelo outro) até por meio de palavras, expressões, emoções e significados, conforme segue.

- Nível I: Recapitular as palavras e expressões linguísticas usadas. Essa é a maneira mais superficial de espelhamento verbal.
- Nível II: Recapitular o significado que as palavras procuram transmitir.
- Nível III: Recapitular as emoções implícitas nas palavras e na musicalidade da voz usada.
- Nível IV: Recapitular tanto as palavras quanto os significados e as emoções implícitas. Este é o meio mais profundo de recapitular.

Para melhor entender os níveis de *rapport*, observe o diálogo a seguir.

Coachee: "Puxa, estou cheio! Fazer a coisa certa nesta empresa é coisa de panaca" (Mensagem: Quero conversar com você, preciso de sua atenção).

Coach: "Você está realmente frustrado com o rumo das coisas por aqui, não está?" (Recapitulando a emoção implícita).

Coachee: "Sem dúvida. Ser ético e honesto é algo totalmente inútil. Não adianta nada respeitar os outros" (Mensagem: É isso aí, sinto isso mesmo!).

Coach: "Parece que ser ético, nobre e honesto não está te ajudando em nada" (Recapitulando o significado das palavras).

Coachee: "Bem, mais ou menos. Por exemplo, olhe o João. Ele sempre procura levar vantagem em tudo. Está ganhando dinheiro. Isso é legal" (Mensagem: Deixe-me ver, é isso mesmo que quero dizer?).

> Coach: "Sim, João leva a vantagem em tudo. E você acha que João faz a coisa certa" (Recapitulando palavras e o significado).
>
> Coachee: "Ele está ganhando um bom dinheiro agora, mas talvez daqui a alguns anos ele se arrependa".
>
> Coach: "Você teme que João acabe concluindo que tomou a decisão errada?" (Recapitulando o significado).
>
> Coachee: "Acho que sim. É só olhar para o que ele está deixando de lado. Quer dizer, se uma pessoa queima seu *networking* acaba fechando muitas portas... E sem um bom e sólido *networking*, não se consegue nada no mundo de hoje".
>
> Coach: "Você sente que a honestidade e a ética são realmente importantes?" (Recapitulando emoção e significado).
>
> Coachee: "Ah! Claro. E não é só no trabalho. Como poderia encarar meus filhos se agisse desonestamente?".

O diálogo entre o coach e o coachee também ensina duas importantes práticas sobre o *rapport*: **acompanhar** e **conduzir**. Observe que, nessa conversa, em momento algum o coach estabeleceu julgamentos ou apresentou sua opinião. Apenas elaborou perguntas que permitissem compreender o modelo mental do coachee. Para que o coach estabeleça *rapport* com o coachee, é imprescindível que primeiro acompanhe e depois conduza.

E em termos práticos, o que isso significa? Significa que, para construir uma ponte, em primeiro lugar o coach deve encontrar o coachee no modelo mental deste. Para O'Connor (2007, p. 319), "acompanhar o ritmo – *pacing* – equivale a obter e manter rapport com outra pessoa ao longo de um período de tempo, encontrando-a em seu modelo de realidade".

Voltando ao diálogo anterior, observe como o coach acompanha a emoção implícita, o significado das palavras, recapitula palavras e significados, palavras e emoções. Aí está a essência do "acompanhar".

> Acompanhar é a forma utilizada pelo coach para estabelecer rapport com o coachee. Envolve observar muito atentamente tanto a linguagem verbal quanto a não verbal: postura do corpo, movimentos corporais, expressões faciais, palavras processuais, frases ou expressões específicas, tom de voz e ritmo da fala, características da respiração, entre outros.
> Somente quando o outro (o coachee) se sentir acompanhado, compreendido e aceito é que se torna possível realizar alguma influência em seu modelo mental. É aí que entra a essência de **conduzir**. Conduzir significa que o coach sabe aonde quer chegar com aquela comunicação. É caminhar com o coachee para um objetivo.
> É imprescindível que o coach **acompanhe, acompanhe, acompanhe** e, apenas depois, **conduza**.

Fonte: Adaptado de Szenészi, 2007.

A chave do *rapport* é o espelhamento. Quando uma pessoa espelha a outra, de forma não consciente, o que ocorre é uma congruência comportamental. E quando o *rapport* está estabelecido, o que pode ser observado é a **sincronização interacional**. Essa sincronização ocorre quando as pessoas se movem na mesma hora, do mesmo modo, simultaneamente. Goman (2010, p. 46) explica que "Isso ocorre com frequência quando estamos nos entendendo bem com a outra pessoa e pode soar como se estivéssemos no mesmo cumprimento de onda". Portanto, a sincronização nada mais é do que o resultado da monitoração subliminar[4] dos sinais não verbais uns dos outros e da resposta do indivíduo a esses sinais.

Os corpos e as emoções se encontram intimamente relacionados a tal ponto que, ao assumir a postura de outra pessoa, pode-se não apenas entrar em sintonia e harmonia com ela, mas também ser capaz de ter uma noção de seu "estado de espírito" (Ekman, 2011).

> A comunicação real ocorre quando escutamos com um senso de compreensão, para entender a ideia e a atitude do ponto de vista de outra pessoa, para sentir como ela se sente, para alcançar seu ponto de referência no que diz respeito àquilo de que está se falando.

Fonte: Rogers, 1995.

---

4 Subliminar: que não passa do limiar da consciência; não consciente.

Então, se uma pessoa enfatizar as diferenças num relacionamento, será muito difícil conseguir o *rapport*. No entanto, se o indivíduo enfatizar as semelhanças, resistências e antagonismos tenderão a desaparecer. A habilidade de criar e manter o *rapport* é o alicerce da construção da confiança nas relações interpessoais, o que também se aplica no relacionamento entre coach e coachee. Na verdade, esta é a meta da comunicação entre os atores do processo de coaching: a comunicação real – de entendimento e de empatia. Por isso, a alfabetização não verbal é tão decisiva para os progressos no processo de coaching.

Será que, para entrar em *rapport* com alguém, é necessário conhecer técnicas sofisticadas e elaboradas? Ou é possível, a despeito de todo esse aparato conceitual, construir *rapport*?

O *rapport* ocorre de forma natural. Por isso, pode ser construído a despeito do conhecimento de técnicas elaboradas e requintadas. A estratégia é muito simples: interessar-se genuinamente pelo outro, pois o interesse verdadeiro permite colocar temporariamente de lado as próprias convicções para "apreciar" o ponto de vista da outra pessoa.

3.3 Os sistemas representacionais

O indivíduo, para captar o mundo a sua volta e registrar as experiências no cérebro, utiliza os sensores neuronais. Huxley (citado por O'Connor, 2007) registra que as portas da percepção são os nossos sentidos, o que é registrado por nossos olhos, nariz, ouvidos, boca e pele, enfim, nossos únicos pontos de contato com o mundo exterior.

Embora todos os sensores neuronais sejam utilizados, cada pessoa tende a utilizar um desses canais preferencialmente. Os diferentes canais por meio dos quais o indivíduo representa as informações internamente são chamados de *sistemas representacionais*, que são os sentidos: visual (visão); auditivo (audição); cinestésico (sensação corporal); olfativo (olfato) e gustativo (gosto).

Os sistemas representacionais influenciam também a aprendizagem e a comunicação. A influência na aprendizagem se dá em virtude de que cada indivíduo tem um canal de recepção que lhe é preferido. Uma pessoa pode aprender melhor ouvindo, outra aprende visualizando imagens, e outra pode assimilar melhor experienciando sensações.

Na comunicação, também podemos observar grande influência dos sistemas representacionais, pois, uma vez que as pessoas conversam no mesmo "canal" – visual, auditivo ou cinestésico –, a probabilidade dessa conversa estar em sintonia é muito maior do que quando pessoas conversam em "canais" diferentes. O coach pode utilizar os sistemas representacionais por meio do canal utilizado pelo coachee para construir e fortalecer o *rapport*.

Observe o diálogo a seguir e busque indicações das diferenças entre os sistemas representacionais do coach e do coachee.

> **Coachee:** Eu não consigo **"pegar"** a lógica da política de aplicação de recursos na minha organização.

> **Coach:** Como você buscou **ver** essa estrutura?

> **Coachee:** Eu não sei se me **sinto** preparado para fazer isso.

> **Coach:** Você já procurou **olhar** com mais atenção para os documentos que regulamentam a política de recursos da sua organização?

> **Coachee:** Não tenho tempo! Estou me **sentindo** muito **pressionado**.

> **Coach:** Já experimentou pedir a um algum colega com mais tempo de experiência na empresa que lhe **mostre** o caminho?

O diálogo apresentado sinaliza para um aspecto bastante importante na construção do *rapport*. A análise pode indicar que o coach e o coachee estão em "estações" diferentes de comunicação. O coachee está focado em como ele se sente, ao passo que o coach está valorizando os aspectos visuais da experiência. Com isso, observamos que o coach e o coachee estão utilizando sistemas representacionais diferentes, e quando isso ocorre, a sintonia da comunicação dificilmente se estabelece.

Quando o coach é hábil em identificar o canal representacional preferido do coachee, pode conduzir sua conversa nesse mesmo canal. Essa habilidade faz parte da flexibilidade na comunicação, fundamental para que o coach possa entrar em *rapport* com o seu coachee.

O COACHING E A COMUNICAÇÃO, O RAPPORT E OS SISTEMAS REPRESENTACIONAIS

> **Coachee:** Eu não consigo "**pegar**" a lógica da política de aplicação de recursos na minha organização.
>
> **Coach:** Como você buscou "**pegar**" essa estrutura?
>
> **Coachee:** Eu não sei se me **sinto** preparado para fazer isso.
>
> **Coach:** E como você se **sente**?
>
> **Coachee:** Estou me **sentindo** muito **pressionado**!
>
> **Coach:** E o que é possível fazer para que **pegue** a lógica da política de aplicação de recursos?

Esse diálogo apresenta a atuação precisa do coach. Você pode ter notado que as perguntas realizadas pelo coach no primeiro diálogo vinham carregadas de sugestões. No segundo diálogo, as perguntas não apresentam caminhos nem pressuposições, apenas conduzem o coachee a pensar, a abrir oportunidades em sua mente. Outro ponto que salta aos olhos é a sintonia no canal representacional utilizado: o cinestésico. Nesse diálogo, coach e coachee estão valorizando os aspectos sensoriais da experiência.

São os três sistemas representacionais: o visual (V), o auditivo (A) e o cinestésico (C). O Quadro 3.1 apresenta informações básicas sobre cada um desses sistemas representacionais.

Quando o coachee e o coach estão em sintonia com seus sistemas representacionais, constrói-se na mente uma ponte que conduz às similaridades entre ambos, o que tende a proporcionar uma relação harmônica e aberta para a confiança.

E como o coach pode identificar a predominância do sistema representacional utilizado pelo seu coachee? Não é preciso que o coachee faça testes para que ofereça pistas de seu sistema representacional preferido ou utilizado naquele momento da conversa. Basta que o coach ouça com atenção o que está sendo dito pelo outro para identificar o sistema representacional preferido ou utilizado. Isso se dá por meio da identificação de palavras específicas de cada sistema, denominadas *palavras processuais*.

Quadro 3.1 – Sistemas representacionais

Sistema representacional	Características	Implicações para a aprendizagem/ comunicação	Sugestões para aprender
Visual	Sentido preferido: visão. Memória fotográfica. Registra imagens. Prefere gráficos e ilustrações a explicações.	Aprende pela visão. Observa demonstrações. Gosta de ler e imaginar as cenas descritas no livro. Tem boa concentração. Rápido na compreensão.	A estratégia para fortalecer a memória é criar imagens que representem informações e exagerá-las para que se fixem bem na mente. Transformar conceitos em imagens também pode ajudá-lo a fixar os conteúdos.
Auditivo	Sentido preferido: audição. Bom ouvinte. Sabe se comunicar. Lembra nomes com facilidade. Uma conversa sempre traz mais resultados que uma carta ou um *e-mail*.	Aprende por instruções verbais. Gosta de diálogos.	A estratégia para fortalecer a memória é contar o que aprendeu para alguém ou repetir em voz alta.
Cinestésico	Sentido preferido: tato, olfato, paladar. Registram o mundo por meio das sensações. Os sentimentos muitas vezes são tão importantes quanto a lógica.	Aprende fazendo, por envolvimento direto.	A estratégia para potencializar o aprendizado e fortalecer a memória é envolver as emoções no processo de aprendizagem.

Fonte: Elaborado com base em Chung, 2002.

As palavras processuais são aquelas que as pessoas escolhem para representar e expressar suas experiências, denunciando o sistema representacional utilizado pelo indivíduo para expressá-las.

a) **Sistema representacional visual:**
   - Palavras processuais: à luz de, a olho nu, apagar, aparência, aspecto, claro, cor, deu um branco, enxergar, evidência, fazer uma cena, horizonte, ilusão, ilustrar, imagem, leitura, fotografia, observar, perspectiva.

> Exemplos:
> **Vejo** você amanhã.
> Esta informação não está **clara** para mim.
> Podemos avaliar esta situação à **luz de** diversos pontos de vista.

b) **Sistema representacional auditivo:**
   - Palavras processuais: afirmar, agudo, grave, alarme, amplificar, anunciar, boato, barulho, chamar, comentário, dizer, descrever, discutir, conversa fiada, declarar, estática, explicar, fofoca, gritar, harmonia, mudo, perguntar, queixa.

> Exemplos:
> Nos **falamos** amanhã.
> Este assunto não me **soa** bem.
> Existe **harmonia** ente os departamentos nesta organização.

c) **Sistema representacional cinestésico:**
   - Palavras processuais: agradável, apertado, ativo, cansaço, choque, concreto, controle, emocional, esforço, exagerado, fácil, firme, fresco, frio, ímpeto, machucado, materializar, mexer, pânico, pesado, pressa, resistente.

> Exemplos:
> Entro em **contato** com você amanhã.
> **Sinto** que preciso **agarrar** esta oportunidade.
> Precisamos **materializar** nossos objetivos.

Quando uma pessoa **ouve** com atenção o que a outra diz, **identifica facilmente o sistema representacional** que está sendo utilizado para expressar a experiência naquele momento.

O conhecimento acerca dos sistemas representacionais permite que o coach atue em consonância com a lei da variedade requerida, criada por Ross Ashby, em 1970. Esse princípio indica que, em um sistema de elementos inter-relacionados, aquele que apresentar maior quantidade de funções, isto é, mais flexibilidade, é o elemento que está no controle (The Law of Requisite Variety, 2013).

Para Mintzberg, Ahlstrand e Lampel (2009), é importante que o sistema contenha variedade suficiente para superar os desafios que enfrenta. Ambientes complexos e instáveis exigem considerável variedade de respostas. Esse pressuposto é aplicado também às relações humanas, **pois a pessoa com maior flexibilidade terá maior probabilidade de alcançar a resposta que deseja.**

Isso equivale a afirmar que as pessoas com maior variedade de opções eficazes, estados emocionais, estilos de comunicação e perspectivas terão maior probabilidade de influência e de chegar ao resultado desejado.

A lei da variedade requerida

A lei da variedade requerida, também conhecida como a Lei de Ashby, originou-se no campo da cibernética e da teoria dos sistemas e controle. Fora dessas áreas, também possui aplicações em vários campos da atividade humana, seja para melhorar a vida social ou as fortunas de nações, na teoria dos jogos ou na política.

É altamente aplicável aos negócios, em especial nas empresas que querem se tornar capazes de lidar com as mudanças em um ambiente flexível e moderno.

A lei sugere que "para que se possa ter controle, a variedade no sistema de controle deve ser igual ou maior que a variedade das desordens". Isto significa que um sistema flexível, com muitas opções, lida melhor com as mudanças. Aquele que é perfeitamente otimizado para um conjunto inicial de condições, pode ser mais eficiente enquanto tais condições se mantiverem, mas falhará totalmente se as condições mudarem. E, no atual cenário de negócios, as condições mudam constantemente.

Em sua configuração original, a Lei de Ashby se refere a controladores tentando manter um sistema estável. Quanto mais opções o controlador tiver, mais será capaz de lidar com as flutuações no sistema. A variedade de entrada só pode ser tratada com a variedade de ação.

(continua)

(A lei da variedade requerida – conclusão)

> Isso é bem conhecido para aqueles que já programaram um jogo de estratégia não trivial. Algoritmos de sucesso muitas vezes incluem um bônus para manter suas opções em aberto, enquanto minimizam as opções do adversário.

Fonte: The Law of Requisite Variety, 2013[5].

E como essa teoria pode ser aplicada ao coaching?

As perguntas endereçadas ao coachee irão estimular o desenvolvimento da criatividade e da flexibilidade, abrindo possibilidades de aumentar as próprias escolhas e dar mais escolhas a outros, tornando acessíveis os melhores resultados. Diante de um problema, quanto maior o número de alternativas de solução um indivíduo tiver, maior será sua chance de fazer a melhor escolha. Se o que a pessoa estiver fazendo não funcionar, que ela tenha flexibilidade de opções para realizar outra ação de modo a garantir o seu sucesso.

Síntese

O coaching é um processo que ocorre por meio do diálogo; por essa razão, o tema que recebe destaque neste capítulo é a comunicação. A comunicação não se dá apenas por meio das palavras, mas, sobretudo, por meio daquilo que não é dito, e sim emitido ou percebido. A linguagem do corpo, o tom da voz, a velocidade e o ritmo da fala são fundamentais para a transmissão da mensagem.

Apresentamos importantes elementos para o desenvolvimento da alfabetização não verbal, como a proxêmica e os 5 Cs da linguagem não verbal: contexto, conjunto, congruência, consistência e cultura.

Quando o coach desenvolve a habilidade de estabelecer, na comunicação, uma sintonia (*rapport*) com o coachee, é como se conseguisse construir uma ponte imprescindível para a criação da confiança. *Rapport* pode também ser compreendido como empatia ou como a arte de promover identificação dentro de um sentimento de confiança e respeito. A confiança é a base para toda a comunicação no processo de coaching. Quando ela existe, mesmo que haja diferença de opiniões em virtude da distinção entre os mapas mentais, cria-se uma profunda relação de respeito entre coach e coachee.

---

5   Tradução nossa.

Tratamos ainda dos sistemas representacionais – o auditivo, o cinéstesico e o visual – e do impacto destes na construção do *rapport*. Os sistemas representacionais influenciam na aprendizagem e na comunicação.

Questões para revisão

1. O indivíduo, para captar o mundo a sua volta e registrar as experiências no cérebro, utiliza os sensores neuronais – ou seja, os cinco sentidos: o tato, o olfato, o paladar, a visão e a audição. Os diferentes canais por meio dos quais o indivíduo representa as informações internamente são chamados de *sistemas representacionais*, os quais podem contribuir para a sintonia entre as pessoas na comunicação.

    Tendo em vista o conceito dos sistemas representacionais, observe com atenção o diálogo a seguir.

    > **Chefe**: Espero que todos prestem muita atenção em como os procedimentos devem acontecer daqui para frente!
    > **Colaborador**: Sinto que as pessoas não compreenderam muito bem as instruções.
    > **Chefe**: Mas como? As instruções estão detalhadas no manual e muito claras!
    > **Colaborador**: Mas, chefe nós não nos sentimos seguros ainda e parece ter muita pressão para que a gente cumpra os prazos!

    Assinale a alternativa correta:

    a) O diálogo mostra que o chefe e o colaborador estão em sintonia no sistema representacional visual.
    b) O diálogo mostra que o chefe e o colaborador estão em sintonia no sistema representacional cinestésico.
    c) O diálogo mostra que o chefe o colaborador não precisam estar em sintonia com seus sistemas representacionais para que ocorra entendimento e eficácia na comunicação.
    d) O diálogo mostra que o chefe está se comunicando no sistema representacional visual e o colaborador no sistema representacional cinestésico.
    e) O diálogo mostra que entre o colaborador e o chefe existem barreiras emocionais (raiva, mágoas etc.) que comprometem a comunicação eficaz.

2. Leia com atenção as seguintes afirmações.
   I) O coaching é um processo que envolve diálogo.
   II) A comunicação não se dá apenas por meio de palavras, mas também por meio do que não é dito: gestos, posturas e silêncios.

   Com base nas frases apresentadas, assinale a alternativa correta:
   a) A primeira afirmação é verdadeira e a segunda é falsa.
   b) A primeira afirmação é falsa e a segunda é verdadeira.
   c) Ambas as afirmações são falsas.
   d) Ambas as afirmações são verdadeiras e a primeira complementa a segunda.
   e) Ambas as afirmações são verdadeiras e a segunda complementa a primeira.

3. A leitura da linguagem não verbal requer análise que considere vários elementos ao mesmo tempo, sob pena de incidir em grande equívocos de interpretação. Em uma leitura de linguagem não verbal, devem ser considerados: o contexto, o conjunto, a congruência, a consistência e a cultura. Nesse sentido, relacione a primeira coluna com a segunda:

   (1) Contexto
   (2) Conjunto
   (3) Congruência
   (4) Consistência
   (5) Cultura

   ( ) É um grupo de movimentos, posturas e ações que reforçam um ponto comum.
   ( ) É a linha de base, o padrão de comportamento de uma pessoa em relaxamento (ou livre de estresse) para que se possa compará-lo a expressões e gestos que surgem quando essa mesma pessoa está estressada ou sob pressão.
   ( ) São as crenças, os valores e os comportamentos que o indivíduo compartilha e adquire do grupo do qual faz parte.
   ( ) São as circunstâncias em que se produz a mensagem. É a situação, o ambiente, o lugar, o tempo.
   ( ) É a harmonia de algo com o fim a que se propõe, coerência, conformidade. Quando as palavras, gestos e tom de voz estão em sintonia.

4. O que são sistemas representacionais?

5. O que é *rapport*?

Questões para reflexão

1. Como o coach pode identificar o sistema representacional de seu coachee?

2. Que consequências podem ser verificas no caso de o coach não considerar a linguagem não verbal?

Para saber mais

EKMAN, P. **A linguagem das emoções**. São Paulo: Leya, 2011. Com a leitura desse livro, você aprofundará seus conhecimentos sobre as emoções, o que possibilita um entendimento maior acerca de você mesmo e dos outros. Com o estudo da obra, você poderá desenvolver sensivelmente sua acuidade sensorial.

O MEU corpo fala? Conferência de Ricardo Mira. 74'19". Disponível em: <http://www.youtube.com/watch?v=Gg14cMbyD4Q>. Acesso em: 6 dez. 2013. Ao assistir a essa conferência, você terá a oportunidade de conhecer um dos grandes nomes mundiais do estudo da linguagem não verbal e poderá aprofundar seus conhecimentos sobre linguagem verbal e não verbal.

NAVARRO, J. **A inteligência não verbal**. São Paulo: Elsevier, 2010. Ao ler a obra, você poderá desenvolver a sua inteligência não verbal e aprimorar a sua habilidade em interpretar os sinais não verbais.

Se você ficou curioso, faça o teste: Teste para sistema representacional preferido. Disponível em: <http://www.golfinho.com.br/exercicios_pnl/teste_vac.php>. Acesso em: 6 dez. 2013.

4 O processo de coaching: a construção e a influência dos modelos mentais

Conteúdos do capítulo:
- O modelo mental.
- As crenças.
- Simplificações da percepção.
- Palavras e significados.
- A linguagem.
- O metamodelo de linguagem.
- O metamodelo e o coaching.
- Padrões de metamodelo.
- Suavizadores das perguntas.
- A arte e a técnica de perguntar.

Após o estudo deste capítulo, você será capaz de:
1. compreender a formação dos modelos mentais;
2. identificar os padrões de crenças;
3. diferenciar crenças impulsionadoras de crenças limitantes;
4. conhecer o metamodelo de linguagem;
5. compreender o papel do metamodelo de linguagem na conversa de coaching;
6. reconhecer os padrões de metamodelo;
7. aplicar suavizadores nas perguntas;
8. desenvolver a arte de perguntar.

Neste capítulo, você vai conhecer o caminho pelo qual passa o processo de coaching: o modelo mental e sua influência nesse processo. Para tanto, vamos refletir sobre o papel dos valores e das crenças de um indivíduo. Por *valor* compreendemos tudo aquilo que é importante para o indivíduo; por *crenças*, as estruturas linguísticas que um indivíduo dá como verdade sobre si mesmo, sobre os outros e sobre o mundo. As crenças, em especial, podem ser conscientes ou não conscientes, impulsionadoras ou limitantes.

Também realizamos uma abordagem sobre a linguagem, o significado das palavras e como, ao descrever uma experiência, um indivíduo pode omitir, distorcer ou generalizar significados. Aí entra em cena o metamodelo de linguagem, que contribui no sentido de ampliar modelos mentais e aproximar a percepção do indivíduo à realidade.

As perguntas são a ferramenta de trabalho do coach. Por isso, apresentaremos os tipos, as características e o propósito das perguntas que permitem maior assertividade na arte e na técnica de perguntar.

4.1 O modelo mental

> *"O que perturba o indivíduo não são os fatos, mas a interpretação que ele faz dos fatos".*
> Epitectus – Sec. I. (Magalhães, 2013)

O coaching é uma conversa que segue uma estrutura e pode ser aplicada a diversos contextos. Contudo, deve-se tomar cuidado, pois o resultado de um processo de coaching está diretamente relacionado à manobra a ser realizada em uma área específica, singular e única: o modelo mental do coachee. Wind, Crook e Gunther (2006, p. 36) afirmam que "uma de nossas ilusões mais persistentes – e talvez a mais limitadora – é a crença de que o mundo tal como visto por nós é o mundo real. Raramente colocamos em dúvida nossos modelos do mundo até que sejamos forçados a fazê-lo".

Eis a chave do coaching: compreender o modelo mental do coachee e desafiá-lo para as mudanças.

Os seres humanos dispõem de cinco sentidos pelos quais experimentam o mundo à sua volta. A maioria de nós confia cegamente nas percepções como se fossem um reflexo fiel da realidade. No entanto, as pessoas reagem àquilo que percebem e suas percepções nem sempre refletem uma realidade objetiva. Ao representarmos internamente a realidade, acabamos por distorcê-la.

Nesse ponto, podemos utilizar a analogia entre o mapa e o território. A expressão *o mapa não é o território* pode contribuir para o entendimento da construção da realidade interna de cada pessoa, que compõe seu modelo mental. Pense por um instante: O que é o mapa da sua cidade? É a sua cidade? Não! O mapa da sua cidade é apenas uma representação da localização, assim como o que existe dentro de cada um de nós não é a realidade, e sim uma representação dela, captada pelos sentidos e interpretada por meio de crenças, valores e emoções.

Tomamos emprestado as palavras de O'Connor (2004, p. 5) para explicar o modelo mental:

> Não sabemos o que é realidade. Nossos sentidos, nossas crenças e nossa experiência passada nos dão um mapa de mundo a partir do qual podemos operar, mas um mapa jamais pode ser inteiramente preciso, caso contrário, seria igual ao terreno que abrange. Não conhecemos o território, portanto para nós o mapa é o território. Alguns mapas são melhores do que outros para nos orientar pelo caminho.

Cada indivíduo, ao longo de sua vida, constrói e amplia seu mapa mental por meio de suas experiências, seus aprendizados, suas emoções. O modelo mental de uma pessoa funciona como as lentes pelas quais ela observa e dá significado à sua realidade, por serem seus filtros perceptivos – ou seja, as ideias, as experiências, as crenças e a linguagem dão forma ao modelo de mundo do indivíduo.

Para ilustrar...

Era uma vez um menino chamado Ernesto, que adorava contemplar um imenso rosto de pedra na encosta de uma montanha. A face tinha uma expressão de grande força, bondade e honradez que fazia vibrar o coração do garoto. Havia uma lenda que dizia que no futuro surgiria naquela região um homem com um rosto muito parecido com aquele rosto da pedra.

Durante toda a infância e mesmo depois de adulto, Ernesto nunca deixou de pensar no surgimento do homem que seria semelhante à imagem. Certo dia, quando o povo da localidade estava conversando a respeito da lenda, alguém de repente exclamou:

— Olhem! Vejam só! Ernesto é o homem que se parece com o grande rosto de pedra.

E era verdade: Ernesto se tornara a imagem que tanto ocupava seus pensamentos.

Fonte: Rangel, 2003, p. 176.

Em outras palavras:

O modelo mental de um indivíduo molda a forma como ele percebe e significa o mundo, como identifica as ameaças e as oportunidades. Aprender algo novo equivale a ampliar os modelos mentais.

As percepções são eminentemente subjetivas: cada um tem sua própria interpretação, e justamente por isso ela é tão passível de inexatidão. Rangé (1995, p. 37) afirma que, "dependendo das interpretações específicas e momentâneas que um indivíduo faz de cada situação, o afeto e comportamento que apresenta são diferentes." Por exemplo: se, na ocorrência de um evento, a pessoa estiver triste, seu registro daquela situação poderá ser completamente diferente do que ela teria feito se estivesse feliz.

Como isso pode impactar o coaching? O coach que se mantém alerta em relação à presença das crenças e dos valores atuantes no modelo mental do coachee consegue identificar uma limitação ou um potencial, pois é o modelo mental que determina o comportamento.

4.1.1 Crenças

> *"E assim, enquanto a maior parte do mundo procura implementar a mudança dizendo às pessoas o que devem FAZER, aqueles que realmente sabem como motivar as pessoas implementam a mudança dizendo às pessoas aquilo em que elas devem **ACREDITAR**".*
>
> (Mar Puro, 2005, grifo nosso)

Compreender o modelo mental significa empreender uma viagem à estrutura de valores e crenças da pessoa.

Mas o que pode ser considerado um valor? Valor é tudo aquilo que é importante para um indivíduo, como, saúde, amor, respeito, reconhecimento, confiança, liberdade, honestidade. Para cada área da vida temos um conjunto de valores.

E como identificamos os valores de alguém? A resposta é: perguntando!

Coach: E o que é importante para você ter no trabalho?

Coachee: Humm... No trabalho, respeito é fundamental.

Coach: Respeito é importante para você. E o que mais é importante ter no trabalho?

Coachee: Além do respeito? Um trabalho que me ofereça oportunidades de fazer coisas diferentes!

Coach: Agora, imagine que você tenha um trabalho em que tenha respeito e oportunidades de fazer coisas diferentes. O que precisaria acontecer para você largar um trabalho assim?

Coachee: Ah! Se não houvesse ética nas relações!

Observe que, por meio de perguntas simples, o coach lista os valores do coachee na área do trabalho. E que os valores citados são: ética, respeito e oportunidades. Se as perguntas sobre valores fossem dirigidas a outra área da vida – como a dos relacionamentos –, talvez os valores fossem diferentes desses.

Já as crenças demandam outro tipo de abordagem por parte do coach. E você pode estar se perguntando o que queremos dizer com *crenças*. Crenças são as generalizações que fazemos sobre outros, sobre o mundo e sobre nós mesmos e que se tornam nossos princípios operacionais. Agimos como se fossem verdadeiras e são verdadeiras para nós, explicam Lages e O'Connor (2004, p. 321). **Crença é um sentimento de certeza.**

O PROCESSO DE COACHING: A CONSTRUÇÃO E A INFLUÊNCIA DOS MODELOS MENTAIS

O interessante é que cada indivíduo tem seu conjunto de crenças, que são suas "verdades pessoais", e essa estrutura de crenças é que impacta no comportamento e influencia os processos de mudanças – para que estas ocorram ou não. Crenças são lentes que o indivíduo utiliza para ver o mundo e que modelam sua interpretação da realidade.

As crenças são frutos dos aprendizados e das experiências e podem ter origem consciente ou não consciente. As primeiras são facilmente acionadas e identificadas pelo indivíduo, por estarem no domínio da mente consciente e poderem ser explicitadas pelo pensamento e pela fala. Exemplo: matemática é difícil. Existe aqui uma crença sobre a qual o indivíduo está consciente.

> As crenças são generalizações baseadas em experiências passadas que modelam futuras reações e comportamentos nas pessoas; são, em grande medida, processos não conscientes de pensamento organizado.

Já as crenças não conscientes são aquelas inseridas na mente do indivíduo por pais, amigos, parentes, professores etc., principalmente nos primeiros anos de vida. O indivíduo nem se dá conta de suas existências, mas, no momento de um determinado evento, elas vêm à tona e ditam o comportamento da pessoa naquela situação. Por exemplo: a pessoa não se dá conta de que se sabota financeiramente por uma crença que relaciona a posse de dinheiro com falta de honestidade. Sendo a honestidade para o indivíduo um valor, sem que se dê conta, ele acaba por colocar barreiras para a obtenção ou para a retenção do dinheiro.

As crenças podem ser impulsionadoras ou limitantes. As do primeiro tipo são edificantes e impactam no comportamento do indivíduo por conduzi-lo ao resultado desejado. Dilts (1983, p. 24) informa que "as crenças representam uma das estruturas mais importantes do comportamento... quando realmente acreditamos em algo nos comportamos de maneira congruente com essa crença".

É importante enfatizar: crenças não são "passes de mágica" que fazem as coisas acontecerem sem a tomada de ação. Pelo contrário: as crenças impulsionadoras incentivam a ação. E é a ação que produz resultados!

Por exemplo: se não acreditássemos no sucesso deste livro, não teríamos energia suficiente para escrevê-lo. Se um empreendedor não acredita que seu produto terá êxito no mercado, ele não se cerca de estratégias e planejamentos para estruturar seu negócio. O aluno que não acredita que possa aprender matemática também não despende energia e disciplina necessárias para aprendê-la.

As crenças impulsionadoras trazem consigo dois tipos de expectativas, de acordo com Dilts (1983):

1. **A expectativa do objetivo desejado**: O indivíduo acredita que seu objetivo é alcançável.
2. **A expectativa da autoeficácia**: O indivíduo acredita que tem em si tudo que é preciso para atingir determinado objetivo.

Ambas são essenciais para impulsionar a ação. Se observamos a biografia de pessoas empreendedoras, identificaremos a forte presença das crenças impulsionadoras. Observe:

Habib's

António Alberto Saraiva é um empresário luso-brasileiro. Nascido em Portugal, Saraiva veio para o Brasil com os pais com menos de um ano de idade. Foi criado em Santo Antônio da Platina, interior do Paraná e, com 17 anos, foi para a capital paulista com o objetivo de cursar medicina.

O Dr. Alberto, como é conhecido, assumiu a pequena padaria da família no Brás, bairro de São Paulo, quando o seu pai foi assassinado num assalto ao estabelecimento. Mesmo cursando medicina, a personalidade empreendedora do Dr. Alberto se revelou, uma vez que buscou oportunidades e gradativamente foi abrindo diversos negócios na área de alimentação. Em 1988, inaugurou o primeiro Habib's na Rua Cerro Corá, bairro da Lapa. Hoje são cerca de 420 lojas, entre próprias e franqueadas.

Atualmente, o empreendedor é Presidente do Habib's, que inclui a Rede Habib's, a Rede Ragazzo, a Arabian Bread (pães), a Ice Lips (sorvetes), a Promilat (laticínios), a Vox Line (call center) e centrais de produção regionais no Brasil.

Fonte: Elaborado com base em O Magnatta, 2013.

O que chama a atenção na biografia desse empresário é: mesmo com as demandas do curso de medicina e de uma tragédia pessoal, ele tinha uma estrutura de crenças que o impeliu a acreditar em uma ideia e a agir. O sistema de crenças do empresário é que propiciou a sustentação de seu comportamento empreendedor, apesar das adversidades enfrentadas por ele.

Observe mais um exemplo:

Cacau Show

Alexandre Tadeu da Costa, aos 17 anos, tomou a iniciativa que culminaria na abertura da Cacau Show durante a páscoa de 1988. Após aceitar uma encomenda de 2 mil ovos de 50 gramas, o empresário descobriu que a fábrica da qual era cliente não produzia o produto com o peso necessário. Mas ele não desistiu. Bateu na porta de vinte atacadistas, até conhecer uma senhora que fazia chocolate caseiro e que o ajudou a entregar o pedido em apenas três dias.

Costa brinca que o seu maior acerto foi justamente ter errado ao aceitar a encomenda de ovos de Páscoa em um tamanho não convencional. No entanto, ele afirma que se não tivesse tido comprometimento com o cliente e persistência para encontrar uma pessoa que o ensinasse a fabricar os ovos, a Cacau Show não existiria. "Não existe essa história de toque de Midas. É um monte de pequenas coisas que constroem uma história de sucesso", diz.

Para se aprimorar, em 1994, Alexandre participou de cursos de chocolateiros na Bélgica.

A Cacau Show hoje está presente em quase todos os estados brasileiros e conta com mais de 1.400 unidades franqueadas. Em junho de 2012, Alexandre Costa foi convidado para ser o único palestrante da América Latina no Chocovision, a maior convenção sobre chocolate do mundo, realizada em Davos, na Suíça.

Fonte: Elaborado com base em O Magnatta, 2013.

A biografia de Alexandre Costa também exibe um conjunto de desafios, vistos pelo empresário como janelas de oportunidades. "Não existe essa história de toque de Midas. É um monte de pequenas coisas, que constroem uma história de sucesso": eis aqui um exemplo de crença (estrutura linguística que o indivíduo dá como verdade) que o impulsionou à ação.

Entretanto, não são apenas as crenças impulsionadoras que influenciam os comportamentos. Há também as crenças limitantes ou enfraquecedoras, aquelas que sabotam o comportamento do indivíduo e, muitas vezes, impedem as mudanças, pois promovem desesperança, debilitando a energia e comprometendo a disciplina a ser aplicada na ação. A combinação de uma experiência passada com a emoção ou o sentimento vivenciado naquele momento formata uma crença dentro da mente da pessoa.

Observe a seguir exemplos de crenças limitantes:

- Os outros não são confiáveis.
- Eu não sou amado/considerado/desejado.
- Eu sou inferior/superior aos outros.
- Eu não sou bonito/capaz/bom/inteligente o suficiente.
- Eu sou responsável pela felicidade/infelicidade dos outros.
- Os outros são responsáveis pela minha felicidade/infelicidade.
- Eu não mereço ter dinheiro/poder.
- Eu não mereço o carinho/amor/consideração/atenção/respeito dos outros.
- Se eu for fiel ao que eu quero/ao que eu gosto/a quem eu sou não serei aceito pelos outros.
- Eu sou um peso para os outros.
- A vida é dura/viver é sofrer/tudo é muito difícil.
- Eu só faço besteira.
- Eu não sou capaz de tomar decisões corretas.
- Eu não sou compreendido.

Muitas vezes serramos o galho da árvore do lado errado, sem perceber que estamos do lado que vai cair, como nos desenhos animados. Perceba o quanto o tipo de pensamento ou fala contida no diálogo limita o impulso para a ação. O próprio indivíduo se coloca em um estado enfraquecido de recursos, o que influencia seu comportamento e, por consequência, seus resultados nas diversas áreas da vida.

Você já parou para pensar como frases ouvidas repetidamente podem criar crenças? Por exemplo: "Somos pobres, mas somos honestos!". Essa frase pode levar a construir uma crença de que riqueza e honestidade não podem coexistir. Uma mãe, quando diz a seu filho "este menino é um inútil, não serve para nada", talvez não saiba que ele pode crescer e jamais se lembrar desses episódios nos quais tais tipos de comentários eram dirigidos a ele. Ela também não sabe que o registro de cada um desses episódios ficou no inconsciente de seu filho e pode vir a se manifestar em um pensamento limitante em determinado evento da vida dele: o filho, já adulto, pensará que não serve para nada.

Outro exemplo é o que os professores do ensino básico costumam falar a seus alunos: "Eita, menino, você é burro mesmo! Eu já te expliquei como se faz!". O professor é uma figura de autoridade e a criança tende a acreditar naquilo. Uma fala como essa pode conduzir o aluno a criar uma crença limitante sobre sua capacidade e levá-la consigo para o resto da vida.

Aí é que está a sutileza e a profundidade das crenças de uma pessoa. Muitas vezes, o indivíduo entende que é importante mudar, sabe intelectualmente o que fazer, entende que pode fazer a mudança, mas algo dentro dele impede que a mudança se operacionalize. Quando isso ocorre, é hora do coach olhar para o sistema de crenças do coachee.

Além das crenças poderem ser conscientes ou não conscientes, limitantes ou impulsionadoras, também podem ser de identidade, de capacidade e de merecimento. Essas crenças são reveladas tanto no diálogo interno (a pessoa diz para si mesma) quanto no diálogo externo (a pessoa fala para os outros). Observe o Quadro 4.1.

Quadro 4.1 – As crenças e suas características

Crença	Característica	Impulsionadora	Limitante
Identidade	É o que o indivíduo tem como verdade sobre si mesmo; aquilo que o define; quem ele é.	Eu sou criativo.	Eu sou desorganizado.
Capacidade	Aquilo que o indivíduo tem como verdade sobre suas habilidades; a sua destreza; flexibilidade.	Se alguém já aprendeu isso, eu também consigo (matemática).	Eu não consigo aprender matemática.
Merecimento	Aquilo que o indivíduo tem como verdade sobre seus méritos; aquilo que acredita merecer ou não.	Eu mereço uma vida confortável.	Eu não mereço mais do que eu tenho.

Fonte: Elaborado com base em Dilts, 1983, p. 29-30.

Por que identificar as crenças é tão importante no processo de coaching? Muitas vezes, quando a mudança não ocorre, é importante verificar as crenças, pois uma mudança dessas pode promover a do comportamento. Quando uma crença é alterada, um comportamento é modificado. Ao compreender a estrutura de crenças, fica mais fácil entender por que um coachee de reconhecida inteligência e competência técnica e de gestão pode se revelar muito refratário e resistente às mudanças. Como resultado, irá se comportar, em certas situações, como se não fosse capaz de enxergar outros pontos de vista, negando-se a olhar o desafio sob outros prismas.

Fiorelli (2000, p. 40) explica que, do ponto de vista cognitivo, "tudo se passa como se as pessoas utilizassem esquemas rígidos de pensamento, ativados por eventos capazes de afetar emocionalmente o indivíduo". O interessante é que tais eventos "disparam" esses esquemas de pensamento, que atuam como se fossem rotas predefinidas, equivalente a uma espécie de caminho que o indivíduo trafega sem conseguir experimentar novas possibilidades.

Os esquemas podem assumir diferentes naturezas: cognitiva, afetiva, motivacional, instrumental ou de controle. Observe no Quadro 4.2.

Quadro 4.2 – **Esquemas de pensamento**

Esquema	Atuação
Cognitivos	Relacionados à abstração, interpretação e memória.
Afetivos	Responsáveis pela geração dos sentimentos.
Motivacionais	Associados à vontade.
Instrumentais	São aqueles que preparam o indivíduo para a ação.
Controle	Envolvidos no automonitoramento e na direção das ações.

Fonte: Elaborado com base nos estudos de Beck, 1998, citado por Fiorelli, 2000, p. 40.

O comportamento de uma pessoa é resultado da ativação dos diferentes esquemas, explica Beck (1992, p. 90), ao afirmar que os esquemas permitem "lidar com situações regulares de maneira a evitar o complexo processamento que existe quando uma situação é nova" e que, portanto, são essenciais à vida. O autor ressalta que, sem os esquemas, todo o desenvolvimento cognitivo do indivíduo (aquele que envolve a abstração, a interpretação e a memória) seria impraticável.

Fiorelli (2000, p. 41) esclarece a aplicação desse tema no coaching ao observar que "os esquemas fazem com que as pessoas, em muitas situações, procedam de forma estereotipada, ou deixem de visualizar interpretações e alternativas válidas". O autor informa também que, à medida que o comportamento do indivíduo resulta da ativação desses esquemas, alterá-los ou reformulá-los abre ao indivíduo as possibilidades de:

- identificar novas formas de agir;
- encontrar diferentes interpretações a fatos e dados;
- desenvolver novas formas de tratar problemas;
- modificar, alterar e expandir a sua percepção dos fenômenos.

Com isso, damo-nos conta de que a percepção (forma como o indivíduo registra e significa o que lhe acontece) desempenha papel fundamental na ativação do comportamento, pois é ela que puxa o gatilho dos esquemas a serem ativados. É por isso que o coaching atua como ponto de partida na identificação do modelo mental do coachee e na modificação de determinados esquemas, com o objetivo de:

- fortalecer as crenças e os valores impulsionadores;
- identificar distorções, deleções e generalizações perceptivas;
- formular estratégias para sustentar novos esquemas.

Como consequência, abre-se a possibilidade de experimentar outros comportamentos, o que conduz a um patamar diferente de resultados. Ao conhecer os modelos mentais e os esquemas que os compõem, vale refletir sobre os aspectos apresentados a seguir.

- Diferentes pessoas têm diferentes interpretações e visões, inclusive contraditórias, acerca do mesmo fato ou indivíduo.
- O comportamento das pessoas baseia-se na sua percepção da realidade, e não na realidade em si. As pessoas respondem às suas experiências e não à realidade objetiva.
- Cada pessoa percebe um objeto ou uma situação de acordo com os aspectos que têm especial importância para si própria.
- É muito comum a confusão entre realidade pessoal e o evento em si.
- A exemplo das impressões digitais, também não existem dois modelos de realidade idênticos!
- As pessoas atribuem significados diferentes às palavras por causa das suas experiências.
- A realidade de uma pessoa é a representação interna construída em relação a uma situação ou um fato. Pode não ser a realidade ou a coisa real em si. Pode ser apenas uma maneira de o indivíduo interpretar o que está acontecendo fora de si.

Fonte: Elaborado com base em O'Connor, 2004.

À luz dos modelos mentais, podemos relacionar o coaching à seguinte frase de Albert Einstein: "Os problemas significativos que enfrentamos não podem ser resolvidos no mesmo nível de pensamento em que estávamos quando os criamos". Esse é o sentido do coaching: contribuir para a ampliação dos modelos mentais e buscar novas luzes que permitam a identificação e a sustentação de novos comportamentos e, por consequência, resultados diferentes.

4.1.2 Simplificações da percepção

Será que o que eu vejo é o que realmente é? Como cada indivíduo enxerga o mundo? De acordo com os "óculos" que está usando.

Uma simplificação perceptiva é um filtro do conteúdo da experiência para "caber" no modelo mental do indivíduo. Compete ao coach manter-se alerta ao fato de que, embora tais simplificações perceptivas sejam da natureza humana, quando não são apuradas e tratadas, trazem ao indivíduo prejuízos traduzidos como preconceitos, projeções e julgamentos, conduzindo-o a interpretações e avaliações equivocadas do fato em si.

Quando o indivíduo age apenas com base em suas percepções, ocorre um distanciamento de como efetivamente se deu o fato. Julgamentos e preconceitos são muito perigosos, pois revelam muito mais sobre as estruturas do modelo mental do "julgador" do que sobre o "julgado".

Observe a seguir algumas das formas mais comuns de simplificações que podem ser facilmente identificadas na fala e no comportamento de uma pessoa.

As simplificações da percepção

- **Percepção seletiva**: As pessoas interpretam seletivamente aquilo que veem a partir dos seus interesses, antecedentes, experiências e atitudes.
- **Projeção**: É a atribuição de características próprias a outras pessoas. A projeção é inconsciente. Quando nos damos conta dela, podemos aceitar, compreender e aprender com a experiência, ou podemos tecer julgamentos creditando a outros o nosso conteúdo individual.
- **Efeito de halo**: É a construção de uma impressão geral de um indivíduo a partir de uma característica apenas.
- **Estereotipagem**: Significa julgar as pessoas não por elas próprias, mas a partir do grupo do qual fazem parte – ou seja, é o juízo formulado a respeito de alguém segundo o critério de percepção própria do grupo ao qual essa pessoa pertence.
- **Efeito de contraste**: É a verificação das características de uma pessoa avaliada e afetada pela comparação com outra recentemente encontrada. Uma pessoa é qualificada ou desqualificada não com base em suas próprias características, mas em comparação com as características de outra pessoa.

Fonte: Elaborado com base em Robbins, 2002; Soto, 2002.

Quando o olhar está distorcido pela percepção seletiva, pela projeção pelo efeito de halo, pela estereotipagem ou pelo efeito de contraste, o que pode ocorrer é um julgamento formatado não com base na realidade em si, mas no modelo mental do observador.

A metáfora a seguir oferece uma reflexão a respeito da projeção.

> Tempos atrás, em um distante e pequeno vilarejo, havia um lugar conhecido como a casa dos mil espelhos. Um pequeno e feliz cãozinho soube deste lugar e decidiu visitá-lo. Lá chegando, saltitou feliz, escada acima, até a entrada da casa. Olhou através da porta de entrada com suas orelhinhas bem levantadas e a cauda balançando tão rapidamente quanto podia. Para sua grande surpresa, deparou-se com outros mil pequenos e felizes cãezinhos, todos com suas caudas balançando tão rapidamente quanto a dele. Abriu um enorme sorriso, e foi correspondido com mil sorrisos enormes. Quando saiu da casa, pensou,
> — Que lugar maravilhoso! Voltarei sempre, um montão de vezes.
> No mesmo vilarejo, outro pequeno cãozinho, não tão feliz quanto o primeiro, decidiu visitar a casa. Escalou lentamente as escadas e olhou através da porta. Quando viu mil olhares hostis de cães que lhe olhavam fixamente, rosnou e mostrou os dentes. E ficou horrorizado ao ver mil cães rosnando e mostrando os dentes para ele. Quando saiu, ele pensou:
> — Que lugar horrível, nunca mais volto aqui.
> Todos os rostos no mundo são espelhos.
>
> Fonte: Rangel, 2003, p. 223-224.

Que tal aprendermos a conhecer verdadeiramente o outro?

4.1.3 Palavras e significados

> *"Palavras são âncoras para a experiência sensorial, a experiência não é a realidade e o mundo não é a experiência".*
> (O'Connor; Seymour, 1995, p. 105).

O coaching é um processo que se dá por meio do diálogo entre um coach e um coachee, no qual o primeiro estimula e desafia o segundo a encontrar alternativas válidas e edificantes de comportamento, a despeito das restrições que encontra em seu caminho.

Se o coaching está embasado em diálogo, como ter a certeza de que aquilo que está sendo falado é exatamente o que o coachee deseja comunicar? Como é possível saber se o coach está de fato transitando no modelo mental do coachee e compreendendo o que ele quer dizer? Essas perguntas nos levam ao **cerne da religação da linguagem à experiência**.

O'Connor e Seymour (1995, p. 102) declaram que as palavras têm o poder de evocar imagens, sons e sentimentos e "podem nos colocar em estados positivos ou negativos; são âncoras para uma série complexa de experiências". Para os autores, a linguagem é o instrumento da comunicação e, por isso, as palavras significam aquilo que é convencionado pelas pessoas. Elas são o meio pelo qual um indivíduo comunica suas experiências sensoriais.

As pessoas que falam a mesma língua são inclinadas a atribuir os mesmos significados às palavras, em virtude das experiências sensoriais serem suficientemente semelhantes para que os mapas tenham elementos em comum: essa convenção é um fato, pois, sem essas características, as conversas não fariam sentido.

Mas, vale lembrar: as pessoas não compartilham o mesmo exato mapa, uma vez que cada pessoa vivencia o mundo de uma maneira muito peculiar. O'Connor e Seymour (1995, p. 103) observam que "damos sentido às palavras por meio de associações ancoradas a objetos e experiências no decorrer de nossa existência". Isso significa afirmar que cada pessoa atribui significados de acordo com suas experiências e que o fato das pessoas terem mapas diferentes proporciona um grande enriquecimento à vida.

Nesse sentido, existem palavras que se remetem à apreensão de uma imagem similar e outras que são "grávidas" de significados. Cada pessoa atribui um significado específico de acordo com imagens, sons e sensações. Por exemplo: a palavra *motivação* – para uma pessoa, pode significar dinheiro; para outra, reconhecimento; e, para outra, um cartão de crédito ilimitado para fazer compras em Paris.

Palavras grávidas são aquelas às quais cada indivíduo atribui um significado de acordo com o seu mapa mental.

— Cara! Passei o dia relaxando!
— Nossa! Então você passou o dia em uma rede, lendo e ouvindo música?
— Que nada! Acordei às seis da manhã, fui correr no parque; às nove, tive uma partida de tênis; depois, fui jogar *paintball* com o meu filho; aí, minha mulher me pediu para passear com os cachorros; e à noite fui fazer uma conferência sobre qualidade de vida!
— Puxa! Estou exausto só de ouvir você falar!

O diálogo anterior é um exemplo de como é possível a palavra *relaxando* evocar imagens mentais e significados tão diferentes, pois representam o mapa de cada indivíduo. O'Connor e Seymour (1995, p. 103) registram que, na maioria das vezes, as pessoas oferecem **significados suficientemente parecidos**, o que possibilita uma compreensão satisfatória entre os interlocutores. No entanto, alertam: há momentos em que é fundamental uma comunicação precisa, para existir a segurança de que a outra pessoa compartilhe significado similar. Daí a relevância de investigar o significado da palavra no mapa da outra pessoa.

> Os esquimós têm muitas palavras para "neve". Como a vida deles pode depender da identificação correta de certo tipo de neve, eles precisam diferenciar a neve que pode ser ingerida da neve que pode ser usada na construção dos iglus, e assim por diante.

Fonte: O'Connor; Seymour, 1995, p. 104.

Daí a importância de conferir ou confirmar se você realmente entendeu o significado das palavras que o outro proferiu. As palavras são a espinha dorsal por meio da qual o processo de coaching se realiza.

4.2 A linguagem

"Sempre que as palavras o impedirem de fazer aquilo que é importante para você – mude as palavras".
(Moshe Feldenkreis, citado por O'Connor, 2003, p. 151)

A linguagem é um filtro poderoso da experiência individual. *Linguagem*, de acordo com Kury (2002, p. 649), é "a expressão do pensamento e dos sentimentos por meio da palavra" e "o modo de se exprimir por meio de símbolos, imagens, formas artísticas", contemplando dessa forma a manifestação do significado do que uma pessoa pensa ou sente. A linguagem é parte do ser humano, é a base da vida social e o meio pelo qual flui todo o processo de convivência, pois conviver implica comunicar.

> Por meio da linguagem o indivíduo torna o seu mundo interior visível, audível e tangível aos outros. A linguagem permite o compartilhar de experiências, conhecer e compreender o modelo mental de outra pessoa e explicitar o nosso.
>
> Fonte: O'Connor, 2003.

As palavras, além de serem âncoras para a experiência, também induzem a estados emocionais (que podem ser fortalecedores ou enfraquecedores de recursos), refletem ideias e possibilitam a compreensão destas. A linguagem oferece à pessoa muitas possibilidades de manifestação, mas também pode limitar a expressão da experiência para o outro, o que pode causar mal-entendidos.

E por que isso ocorre? A palavra utilizada pode não ser totalmente adequada para descrever seus pensamentos. O interlocutor (ou seja, o outro) pode não atribuir o mesmo significado, em virtude da diferença entre as experiências de ambos (O'Connor, 2003).

> — Eu adoro ouvir música!
> — Ah, eu também! A música faz parte da minha vida!
> — Da minha também! Eu adoro rock!
> — Humm... Eu adoro Beethoven.

O'Connor (2003, p. 152) afirma que "as palavras reduzem a enorme enxurrada de experiência sensorial a um pequeno riacho de palavras". É exatamente esse o ponto! Como o mapa do indivíduo é apenas a interpretação da realidade e não a realidade em si, pode levar a situações de diferentes entendimentos, tais como:

- Traduzir a experiência do indivíduo para a linguagem e confundir a linguagem com a experiência, quando a segunda é apenas um reflexo incompleto da primeira. Como resultado, as palavras podem limitar, barrar escolhas, cercear a compreensão e a identificação de novas possibilidade para o comportamento.
- Supor equivocadamente que o que o outro está querendo dizer equivale ou se assemelha ao modelo mental do interlocutor. A conclusão de que as pessoas comungam dos significados que atribuímos às palavras pode induzir a interpretações diferentes.

Como resultado, uma pessoa pode se sentir enganada, mesmo que não tenha sido a intenção do outro enganar.
* Preencher de modo equivocado as lacunas do discurso de acordo com o nosso mapa de realidade, ao invés de investigar o significado que o outro atribui àquela palavra em seu mapa. Como resultado, podemos criar imagens mentais e, por consequência, comportamentos que não refletem a questão efetiva a ser tratada.

É fundamental que o coach esteja preparado para identificar e fugir das armadilhas de interpretar a realidade do coachee a partir de seu modelo mental.

Com isso, damos-nos conta de que a linguagem, embora comunique eventos, pensamentos e sensações, também omite parte da experiência do indivíduo, pois é "lenta demais" para expressar a riqueza de informações da experiência. Isso leva uma pessoa, ao relatar um fato, mesmo que de forma não consciente, a reduzir muitos aspectos da experiência.

A linguagem também distorce a experiência, uma vez que tende a enfatiza a importância a alguns aspectos, enquanto minimiza outros. Esses valores são relativizados ao modelo mental do indivíduo e, portanto, pode não refletir a essência da experiência do outro. No coaching, há de se certificar se aspectos importantes da experiência do coachee não foram alterados a ponto de se tornarem irreconhecíveis.

Além disso, a linguagem pode generalizar uma parte da experiência como se fosse a experiência integral, aplicando regras únicas a um contexto muito amplo. Quando essa generalização ocorre, acaba por impedir que o indivíduo enxergue outras possibilidades, em virtude dos rótulos que atribui a determinadas pessoas, coisas ou situações.

> **José**: Como foi sua tão sonhada viagem para Fernando de Noronha?
> **João**: Foi péssima!
> **José**: Como assim? É um lugar tão lindo, que todos adoram e turistas do mundo inteiro visitam!
> **João**: É, mas não foi legal, não! Dividi o quarto com uma pessoa da excursão que reclamava de tudo o tempo inteiro! Estou exausto e estressado! Não via a hora de voltar pra casa!

O diálogo entre José e João é um exemplo de generalização. Ao ser inquirido por José sobre a viagem, João generaliza toda a sua experiência apenas aos aspectos desagradáveis que vivenciou.

Você sabe o que acontece quando um indivíduo traduz toda a riqueza de sua experiência sensorial em palavras? De acordo com O'Connor (2003), de maneira não consciente, o ser humano transforma a experiência de três formas: por meio das **deleções**, das **distorções** e das **generalizações**.

* **Deleções**: São as omissões acerca de determinados aspectos da experiência. As deleções são análogas a pontos cegos.
* **Distorções**: São as alterações do significado da experiência em virtude do modelo mental do indivíduo, o que favorece determinados aspectos da vivência em detrimento de outros. Por meio da distorção, o indivíduo literalmente muda a experiência – pode floreá-la, torná-la maior, mais engraçada, mais dramática, alterar a sequência dos eventos, acrescentar umas "coisinhas" que não aconteceram e assim por diante. A distorção em si não tem juízo de valor, ou seja, não é boa nem má, mas pode tornar um indivíduo feliz ou paranoico ou pode também ser a base da criatividade.
* **Generalizações**: Ocorrem quando se toma um exemplo ou uma situação como representativo de toda uma classe de experiências. As generalizações são a base da aprendizagem, uma vez que aprendemos regras por meio de exemplos representativos e transferimos isso a outros contextos. Por exemplo: uma criança aprende a olhar para os dois lados da rua antes de atravessá-la. Ela aprendeu a fazer isso em sua cidade. Ao visitar outra cidade, utilizará esse mesmo comportamento, sem que seja necessário reaprender. Dessa forma, ela está generalizando o que aprendeu em uma situação em sua cidade para atravessar ruas em outras localidades. No entanto, a generalização torna-se perigosa, nas situações apresentadas a seguir.

a) o indivíduo generaliza a partir de uma experiência inusitada ou não representativa e passa a agir com base na expectativa de que experiências futuras se encaixem no mesmo padrão;
b) o indivíduo generaliza de forma adequada, formula uma regra, mas deixa de considerar as exceções. Exceções derrubam regras.

Figura 1.1 – **Fluxo da experiência: da estrutura profunda à estrutura da superfície**

EXPERIÊNCIA SENSORIAL
▼
deleção/distorção/generalização
▼
REPRESENTAÇÕES INTERNAS
▼
deleção/distorção/generalização

PALAVRAS

Fonte: O'Connor, 2003, p. 157.

A figura representa a forma como omitimos, distorcemos e generalizamos o conteúdo das experiências ao traduzi-las em palavras, fazendo com que alcancem seu destino em versão simplificada ou reduzida.

Investigando mais detalhadamente, surgem os conceitos de **estrutura profunda**, ou aquela que é de fato vivida na experiência, e de **estrutura de superfície**, que é expressa pela linguagem, conforme explica O'Connor (2007).

- Estrutura profunda: É a estrutura mais geral, que dá margem a uma forma visível específica. É tudo o que sabemos a respeito de uma experiência; é não consciente. Parte dela é indescritível por meio de palavras, outras partes podem ter distinções, as quais não temos palavras para descrever.

* Estrutura de superfície: É a forma visível derivada da estrutura profunda. A estrutura de superfície não contempla tudo o que existe na profunda. É expressa por meio das palavras que são efetivamente ditas. Para passar da profunda para a de superfície – ou seja, para transformar a experiência em palavras –, de acordo com O'Connor e Seymour (1995), passamos por três processos não conscientes:
  - Selecionamos apenas uma parte da informação disponível na estrutura profunda (grande parte das informações será deixada de fora).
  - Disponibilizamos uma versão simplificada, que fará com que o significado seja distorcido.
  - Oferecemos uma generalização (pois, se todos os detalhes fossem apresentados, a conversa seria interminável).

> As fofocas ou boatos são exemplos típicos de informações incompletas e passadas adiante com acréscimo de sua própria imaginação. Diz a sabedoria popular: "Cada conto aumenta um ponto". E, na maioria das vezes, isto ocorre não porque a pessoa tenha más intenções, mas porque sua mente, na falta de informações mais específicas e próximas da estrutura profunda da experiência ouvida, simplesmente procura completar essas falhas de elementos com informações e valores da própria pessoa.
>
> Fonte: Chung, 2002.

A maior parte das comunicações que estabelecemos diariamente se dá no nível de superfície. Apenas tocamos a superfície das experiências ou dos objetivos a serem comunicados e imaginamos que o outro tem a obrigação de entender perfeitamente o que dizemos. Isso contribui para gerar mal-entendidos, distorções e conflitos (Chung, 2002). O'Connor (2003, p. 163) ratifica essa ideia ao afirmar que "comunicamo-nos em palavras, deletando, distorcendo e generalizando a estrutura profunda da nossa experiência para formar uma estrutura de superfície falada".

No coaching, a estrutura de superfície da experiência expressa pelo coachee é adequada para atender aos propósitos. Entretanto, é importante que o coach identifique quando há a oportunidade de desafiar as deleções, as distorções e as generalizações expressas pelo coachee, tanto no sentido de obter informações quanto de identificar limites ou restrições apresentados pelas palavras.

4.2.1 Metamodelo de linguagem

Uma ferramenta eficaz para desafiar as distorções, as deleções e as generalizações é a que encontramos na significativa contribuição da programação neurolinguística (PNL) para o coaching: o **metamodelo**.

A PNL estuda como os pensamentos (neuro) são afetados por palavras (linguística), levando à ação (programação).

Metamodelo deriva do radical grego *meta*, que significa "para além", ou seja, um nível diferente. O'Connor e Seymour (1995, p. 105) afirmam que o "metamodelo usa a linguagem para esclarecer a linguagem e impede que você se iluda, achando que está entendendo o que as palavras significam". É dessa forma que o metamodelo contribui com o coaching: reestabelece a conexão entre a linguagem e a experiência.

Assim, o metamodelo aplicado ao coaching permite observar como os pensamentos são traduzidos em palavras. O'Connor e Seymour (1995, p. 107) enfatizam que "a linguagem não consegue observar a velocidade, a variedade e a sensibilidade do pensamento", chegando apenas a uma breve aproximação desses elementos.

E, de acordo com O'Connor (2003, p. 163), o metamodelo é um "conjunto de padrões de linguagem e perguntas que reconectam as deleções, as distorções e as generalizações à experiência que a gerou". O metamodelo funciona como se fosse uma "engenharia reversa" da linguagem, pois, por meio de desafios à estrutura de superfície da linguagem, promove *insights* sobre a estrutura profunda.

O metamodelo foi um dos primeiros modelos da PNL. John Grinder e Richard Bandler, os fundadores dessa abordagem científica, ao estudarem pessoas de sucesso, descobriram que elas tinham grande habilidade em obter e transmitir suas ideias com precisão. De acordo com O'Connor (2003), Grinder e Bandler, ao modelarem as habilidades de fazer perguntas dos psicólogos Virginia Satir[1] e Frits Pearls[2], combinando-as com a gramática transformacional, publicaram os resultados do metamodelo no livro *The Structure of Magic* no ano de 1975.

---

1 Virginia Satir: Psicoterapeuta e autora norte-americana que desenvolveu o modelo de processo adotado pelos estudiosos das mudanças organizacionais das décadas 1990 e 2000.
2 Fritz Perls: psicoterapeuta e psiquiatra alemão, de origem judaica, que, junto com sua esposa Laura Perls, desenvolveu uma abordagem de psicoterapia que chamou de *Gestalt-terapia*.

4.2.1.1 Padrões de metamodelo

O metamodelo, na análise de O'Connor (2003), consiste em um conjunto de 13 padrões, subdividido em três categorias: as deleções ou omissões, as distorções e as generalizações, conforme apresentado no Quadro 4.3.

Quadro 4.3 – Categorias e características dos padrões de metamodelo

Categoria	Característica	Padrões de Metamodelo
Deleções ou Omissões	Informações importantes são omitidas, limitando pensamento e ação.	▪ Deleções simples ▪ Índice de referencial não especificado ▪ Verbos não especificados ▪ Julgamentos ▪ Comparações
Distorções	As informações são substituídas e de alguma maneira modificadas, promovendo problemas e dores desnecessárias e limitando as escolhas.	▪ Nominalizações ▪ Leitura mental ▪ Causa e efeito ▪ Equivalência complexa ▪ Causativo implícito ▪ Pressuposições
Generalizações	Uma situação ou exemplo é considerado como representativo de uma classe, limitando as possibilidades.	▪ Operadores modais de Necessidade ▪ Operadores modais de Possibilidade ▪ Quantificadores universais ▪ Índice de referencial perdido

Fonte: O'Connor, 2003, p. 164.

Na **deleção ou omissão**, uma parte da experiência é apagada. É quando algo está ali, bem embaixo do nosso nariz, mas não nos damos conta. Imagine que você está procurando suas chaves e perguntando à sua filha se ela não as viu, enquanto as chaves estão penduradas no lugar de sempre, bem à sua frente.

A **distorção** muda a experiência, tornando-a, de algum modo, diferente. Pense conosco: O que demora mais a passar – meia hora de trabalhos de que você não gosta ou meia hora de atividades que lhe dão prazer? Na realidade, a meia hora é a mesma medida de tempo, mas, para o cérebro, meia hora fazendo algo que lhe desagrada pode parecer uma eternidade e meia hora em uma atividade prazerosa passa muito rapidamente. Eis um exemplo de distorção.

Generalização é o processo pelo qual uma experiência específica passa a representar toda uma classe ou todo um grupo de experiências. Como exemplo, podemos tomar uma situação ou evento em que você tenha sido grosseiramente atendido em uma loja ou restaurante. Ao sair de lá, você estará pensando que o atendente não estava em um bom dia ou que a qualidade do atendimento é que é duvidosa? Provavelmente sua sensação será de que aquele estabelecimento não tem uma boa qualidade de atendimento. Assim acontece na generalização: transferimos a todo o contexto apenas uma parcela da experiência.

Elaboramos o detalhamento, em diferentes quadros, para cada um dos padrões, dentro das respectivas categorias de metamodelo, os desafios contidos nas perguntas e os exemplos para cada caso. Observe qual é o padrão que está sendo violado.

Quadro 4.4 – **Categoria Omissões/Deleções**

	Padrões	Características	Padrão	Desafio
OMISSÕES/DELEÇÕES	Omissões/Deleções simples	Pessoas, coisas ou lugares foram deixados completamente de fora da sentença. **Desafio**: A pergunta busca recuperar a informação omitida.	Sou atrapalhado.	Você é atrapalhado para fazer o quê?
			A ordem foi dada.	Qual ordem foi dada e por quem?
			Ele não forneceu as informações.	Quem especificamente não forneceu informações? Informações sobre o quê?
			Eles reclamaram muito.	Quem reclamou? Reclamou sobre o quê?
			Estou confuso.	Confuso com o quê, exatamente?
	Índice referencial não especificado	Pessoas, coisas ou lugares são introduzidos na frase, mas não são especificados. **Desafio**: A pergunta busca identificar pessoas, coisas e lugares.	As mulheres são competitivas.	Quem especificamente é competitivo?
			As pessoas foram muito gentis comigo.	Quem especificamente foi gentil?
			Aquele lugar é terrível.	Que lugar especificamente é terrível?
			A coisa deve ser feita assim.	O que exatamente deve ser feito assim?

(continua)

O PROCESSO DE COACHING: A CONSTRUÇÃO E A INFLUÊNCIA DOS MODELOS MENTAIS

(Quadro 4.4 – conclusão)

Padrões	Características	Padrão	Desafio
OMISSÕES/DELEÇÕES — Verbos não especificados	Os verbos utilizados não são adequadamente contextualizados. **Desafio**: A pergunta busca informações sobre pessoas, lugares ou coisas que se relacionam ou acontecem. Busca também especificar o processo.	João e Luciana me frustraram.	De que forma especificamente eles o frustraram?
		Eles me dissuadiram de fazer a prova.	Como exatamente eles dissuadiram você?
		As meninas trouxeram entusiasmo ao grupo.	Como especificamente elas fizeram isto?
		Meu chefe me assusta.	Assusta de que maneira, especificamente?
Julgamentos	Os julgamentos são padrões ou opiniões expressas como se fossem fatos. A pessoa que julga pode estar sendo acometida pela estereotipagem, pelo efeito de halo, pela projeção e pelo efeito de contraste. Julgamentos são execuções perdidas, uma vez que o executor, aquele que efetiva o julgamento, não aparece. É como se tudo fosse dito por alguém e em coaching é muito importante identificar quem é esse alguém. **Desafio**: Identificar de quem vem a opinião e se ela é validada por fato.	O meu chefe é um insensível!	Insensível de acordo com o quê?
		O trabalho não é bom o suficiente.	Este trabalho não é bom para quem? Comparado a quê?
		Subordinados devem ser controlados e não ouvidos.	Quem disse isso?
		Claramente isso não é verdade!	Como você sabe que isso não é verdade?
		É obvio que ele terá de renunciar.	Óbvio para quem?
Comparações	Existência de um superlativo ou quando um dos termos da comparação foi eliminada. **Desafio**: A pergunta busca explicitar a comparação.	Este preço é baixo.	Baixo comparado com o quê?
		Ele é o melhor vendedor!	Melhor em relação a que ou a quem?
		Eu fiz isso mal!	Mal em comparação a quê?
		Aquela pessoa é bonita.	Bonita comparada a quem?
		Esta é a melhor alternativa.	Melhor alternativa em relação ao quê? Melhor alternativa comparada a qual?
		Acordar cedo é complicadíssimo.	Complicado comparado a quê?

Fonte: Elaborado com base em O'Connor, 2003; O'Connor; Seymour, 1995; Chung, 2002.

O propósito de desafiar as omissões e deleções é **explicitar** o mapa do coachee. Assim, o objetivo do coach ao fazer a pergunta é:

- recuperar o elemento que falta na frase que se remete ao estado limitante;
- identificar e clarificar o critério de comparação utilizado pelo coachee;
- identificar a quem ou que especificamente a informação se refere;
- encontrar a ação ou o processo no estado limitante;
- abordar a ação como um processo, e não como um evento ou coisa.

Quadro 4.5 – **Categoria Distorções**

Padrões		Características	Padrão	Desafio
DISTORÇÕES	Nominalizações	São substantivos abstratos introduzidos na sentença que substituem uma atividade ou processo na compreensão mais profunda da pessoa. São processos transformados em eventos ou verbos transformados em substantivos. São nominalizações, palavras muito amplas, cujo significado o ouvinte cria a partir de seu modelo mental. A pergunta busca reconduzir o substantivo, que dá a falsa impressão de coisa real, estática, de volta para um processo dinâmico.	Decisão	Quem especificamente decide sobre qual assunto?
			Frustração	O quê? Quem frustra quem?
			Alegria	Quem confia em quem? Para fazer o quê?
			Confiabilidade	Quem confia em quem? Para fazer o quê?
			Zanga	Quem se zanga com quem? Quem está zangado com o quê?
			Relações	Quem se relaciona com quem e como?
			Exemplos	
		Desafio: Transformar o substantivo novamente em verbo. • identificar o verbo: • o que está sendo feito; • o sujeito: quem está fazendo isso? • objeto: a quem isso será feito?	Sinto falta de amor.	Como exatamente você gostaria de ser amado?
			Você nunca me dá atenção!	Em que especificamente você gostaria de ser atendido?
			Precisamos de organização!	O que deve ser organizado? De que maneira?
			Lá vou ter mais liberdade!	Lá você vai estar mais livre para fazer o quê?

(continua)

O PROCESSO DE COACHING: A CONSTRUÇÃO E A INFLUÊNCIA DOS MODELOS MENTAIS

(Quadro 4.5 – continuação)

Padrões		Características	Padrão	Desafio
DISTORÇÕES	Leitura mental	Afirmações que apresentam a crença do que uma pessoa está pensando ou sentindo, sem que haja a comunicação direta por parte da outra pessoa. **Desafio:** A pergunta busca a evidência, o processo que deu origem à informação.	Você está querendo me irritar!	Como especificamente você sabe disso?
			Eu sei o que se passa pela sua cabeça!	Como exatamente você sabe?
			Ela quer me complicar!	Como você sabe disso? O que especificamente acontece?
			Sinto-me feliz quando você sorri para mim!	Como o meu sorriso faz você se sentir?
			Eu sei que ela faz isso de propósito!	Como especificamente você sabe disso?
			Eu sabia que ele ia acabar me puxando o tapete!	Qual foi a evidência que você teve para saber disso?
	Causa e efeito	São afirmações que envolvem uma relação de causa e efeito entre dois eventos: ou seja, X causa Y. **Desafio:** A pergunta busca o processo encoberto ou um contraexemplo.	Ela faz com que eu fique irritada!	Como especificamente ela faz isso? O que exatamente ela faz para que você fique irritado?
			Ela me força a ficar deprimido!	Ela já fez isso alguma vez sem que você ficasse deprimido?
	Equivalência complexa	Ocorre quando X significa Y, ou seja, o modelo mental do interlocutor estabelece uma relação entre duas afirmações, que não são necessariamente equivalentes. **Desafio:** A pergunta busca quebrar a relação de que X significa Y.	Ela vive gritando comigo, ela me odeia!	Os gritos dela sempre significaram que ela o odeia? Você já gritou com alguém que não odeia?
			O chefe passou por mim hoje e não me cumprimentou: ele deve estar bravo comigo.	Como exatamente o fato de não cumprimentá-lo neste dia significa que ele está bravo com você? Toda vez que você deixa de cumprimentar alguém no corredor significa que você está bravo com ela?
			Quando eu me livrar de todos os meus problemas, estarei em condições de ajudar outras pessoas.	Alguma vez você já ajudou alguém mesmo tendo seus problemas pessoais? Você conhece alguém que tem problemas e mesmo assim ajuda as pessoas?
	Causativo implícito	É também uma forma singular de causa e efeito. A palavra-chave deste padrão é *mas*, que cria uma impossibilidade. **Desafio:** Identificar o real querer da ação.	Não gostaria de adverti-lo, mas o regulamento me obriga!	Como especificamente o regulamento faz para adverti-lo?
			Eu gostaria de ir à festa, mas eu não tenho tempo!	Se você tivesse tempo, você iria à festa?

COACHING E MENTORING

(Quadro 4.5 – conclusão)

	Padrões	Características	Padrão	Desafio
DISTORÇÕES	Pressuposições	Uma pressuposição pode ser o padrão de distorção mais básico. O indivíduo que fala, supõe alguma coisa relativa à situação, pessoa ou coisa. Não aparece em qualquer lugar na estrutura superficial da linguagem, mas tende a ser aceita como verdadeira para que as palavras façam sentido.	O quanto você deseja me magoar?	Você pensa que quero magoá-lo?
			O quão ruim você acha que isso pode ficar?	Você acha que isto está ruim?
			Quando você vai agir de forma responsável?	Você está supondo que eu não estou agindo de forma responsável? É isso que você pensa?
			Você não vai me contar outra mentira, vai?	Você está supondo que eu já lhe contei uma mentira. É nisso que você acredita?
		Desafio: Questionar as pressuposições que limitam a liberdade de escolha, de pensamento e de ação.	Por que você não sai mais?	O quanto você gostaria que eu saísse?
			Por que você não consegue fazer nada certo?	O que tenho que fazer para que esteja certo?

Fonte: Elaborado com base em O'Connor, 2003; O'Connor; Seymour, 1995; Chung, 2002, p. 233.

O coach, ao desafiar as distorções, tem os seguintes propósitos:

- explicitar as pressuposições que na afirmação do coachee remetem ao estado limitante;
- identificar a gênese, a autoridade ou o critério utilizado para promover o julgamento;
- levantar o critério ou a fonte da informação da afirmação;
- investigar a validade da relação feita na equivalência (X = Y) e identificar os elementos e critérios utilizados para estabelecê-la;
- identificar o processo pelo qual se estabelece a relação causal entre o estímulo (o evento em si) e a resposta (o comportamento).

O PROCESSO DE COACHING: A CONSTRUÇÃO E A INFLUÊNCIA DOS MODELOS MENTAIS

Quadro 4.6 – **Categoria Generalizações**

	Padrões	Características	Padrão	Desafio
GENERALIZAÇÕES	Operadores modais de necessidade	Os operadores modais de necessidade são padrões através dos quais uma pessoa expressa uma crença de capacidade, ou seja, são palavras ou expressões que criam obrigações ou mostram impossibilidades no modelo de mundo do interlocutor. **Desafio:** Buscar questionamentos estratégicos para melhorar a percepção do interlocutor e obter informações: • questionar as consequências imaginadas; • desafiar a necessidade; • aplicar o quadro "como se" para desafiar o limite de forma não ameaçadora.	Não posso dizer a eles!	O que aconteceria se você dissesse? De que exatamente você tem medo?
			Simplesmente não pude recusar!	O que o impediu de recusar? O que aconteceria se você tivesse escolha?
			Não posso relaxar!	Fico me perguntando: O que te impede de relaxar? Suponha que você pudesse relaxar: o que aconteceria?
			Eu tenho que ficar trabalhando aqui?	O que aconteceria se você pedisse demissão? O que te impede de deixar esta empresa?
	Operadores modais de possibilidade	Os operadores modais de possibilidade são uma classe de generalização que estabelecem regras quanto ao que é possível: "pode", "não pode", "possível", "impossível". Dessa forma definem, de acordo com o ponto de vista de quem fala, aquilo que é possível. **Desafio:** A pergunta questiona: • a regra generalizada e a consequência imaginada; • a pressuposição de que algo não é possível; • a aplicação do quadro "como se", para abrir um pensamento criativo de forma não ameaçadora.	Devo fazer melhor!	O que aconteceria se você não fizesse? O que o impede de fazer melhor? Supondo que você pudesse fazer melhor, como seria?
			Você não deve cometer erros!	O que aconteceria se você cometesse erros?
			Eu tenho de trabalhar até tarde e ainda nos fins de semana.	O que o obriga? O que aconteceria se você trabalhasse apenas no seu período de expediente? Você poderia não fazer isso?
			É impossível me entender com a Maria, minha chefe!	O que a impede de se entender com ela? O que aconteceria se você se entendesse com ela?
			É difícil ser agradável com as pessoas em situações de pressão!	O que a impede de ser agradável nessas situações? O que aconteceria se você fosse agradável com as pessoas em situações de pressão?

(continua)

(Quadro 4.6 – conclusão)

Padrões		Características	Padrão	Desafio
GENERALIZAÇÕES	Quantificadores universais	Quantificadores universais são palavras que têm significados radicais, hipergeneralizados, como se não houvesse exceções. Exemplos: todo, cada, sempre, nada, ninguém, nunca, nenhum, tudo. Desafio: Procurar desfazer a universalidade da generalização e contribuir para que a pessoa perceba que existem outras opções a considerar.	Os homens não prestam!	Repita a expressão do quantificador universal de forma interrogativa com leve entonação de espanto na voz. "TODOS os homens?" Exagere: "Você está querendo dizer que todos os homens que você conheceu em sua vida inteira foram cafajestes com você?" Contraexemplo: "Você porventura já conheceu algum homem que fosse nobre e digno de respeito e admiração?" Busque o referencial inespecífico: "Quem especificamente foi cafajeste com você?" Busque o processo: "O que exatamente ele fez para ser considerado um cafajeste por você?", "Como ele fez isto especificamente?".
			Ninguém consegue ver isto!	Absolutamente ninguém, "ninguenzinho", jamais conseguiu ver isto? Pode lembrar-se de algum momento em sua vida em que alguém conseguiu ver isto? Quem especificamente não consegue ver isto?
			Tudo o que eu faço fica ruim!	TUDO? TUDINHO mesmo que você faz fica ruim? Você quer dizer que CADA uma de TODAS as coisas que você fez até hoje, na sua vida inteira, FICOU TOTALMENTE RUIM? Você pode se lembrar de algo que tenha feito que tenha ficado bom? Especificamente, o que você fez que ficou ruim?
	Índice referencial perdido	São afirmações que se apresentam na forma de generalizações a respeito do mundo em si, contendo julgamentos que são verdadeiros apenas para o modelo de mundo do interlocutor. Desafio: A pergunta busca a origem ou a fonte da informação, ou para quem o julgamento é verdadeiro.	É certo fazer dessa forma.	Certo de acordo com quem? Certo para quem?
			É bom levar vantagem em tudo!	É bom para quem? É bom levar vantagem em tudo de acordo com quem?
			É errado argumentar!	Errado para quem? Como sabe que é errado argumentar?
			É inútil tentar mudar as coisas aqui!	Inútil para quem? Como você sabe que é inútil?

Fonte: Elaborado com base em O'Connor, 2003; O'Connor; Seymour, 1995; Chung, 2002.

O coach, ao desafiar as generalizações, tem como objetivo ampliar as possibilidades por meio das seguintes estratégias:

* exagerar a universalidade da generalização com o propósito de identificar contraexemplos do estado limitante;
* levantar a consequência que gerou a restrição ou a regra;
* clarificar a causa dos elementos que se apresentam no estado limitante.

O metamodelo permite que o coach apure a escuta ativa, para suas perguntas serem eficazes no desafio às deleções, distorções e generalizações. Por meio das perguntas, o coach obtém informações acerca do modelo mental de seu coachee, identifica as restrições e os estados limitantes e estimula a abertura de possibilidades.

O coach, ao perguntar, já está trabalhando na aprendizagem e no processo de mudança do coachee.

No coaching, é importante que a comunicação seja precisa. Você sabe por quê? Benjamin Lee Whorf, citado em Chung (2002, p. 217), afirma que "uma mudança de linguagem pode alterar nossa visão do universo". O metamodelo de linguagem, quando aplicado eficazmente no coaching, contribui para esclarecer significados, identificar restrições no pensamento e na ação e compreender o modelo mental do coachee.

4.2.1.2 O metamodelo e o coaching

Como podemos saber que compreendemos da forma mais próxima possível o significado que foi atribuído às palavras pelo mapa da outra pessoa? Será que é possível o coach se certificar de que está trabalhando com o significado que o seu coachee atribuiu à palavra, e não com o significado atribuído pelo seu próprio mapa mental? Então, como o coach pode ter certeza de que está compreendendo o mapa de seu coachee?

O padrão de metamodelo se propõe a garantir a sintonia entre o mapa mental do coach e o do seu coachee por meio de:

* Coleta de informações – O coach pode desafiar o seu coachee, recuperando informações importantes que foram omitidas da estrutura de superfície. Observe:

> **Coachee:** Não me relaciono bem com as pessoas aqui na empresa. As pessoas parecem não ter apreço por mim.
> **Coach:** Estou curioso para saber: Quem exatamente parece não ter apreço por você?

- **Esclarecimento do significado** – O coach pode acessar o significado daquela experiência no mapa do coachee. Acompanhe:

> **Coachee:** Eu não me sinto mais motivado.
> **Coach:** O que é motivação para você?

- **Identificação dos limites** – O coach identifica e desafia as regras e generalizações que o coachee expressa em sua fala. As perguntas do metamodelo contribuem para a identificação dos limitadores mentais daquela situação, como a seguir:

> **Coachee:** Eu realmente não posso explicar ao meu chefe as ideias que tenho sobre o projeto.
> **Coach:** Eu fico me perguntando: O que exatamente o impede de fazer isto?

- **Oferta de escolhas:** O metamodelo permite ao coach, por meio de perguntas, mostrar os limites de linguagem e pensamento, especialmente nos pontos em que as distorções podem restringir o pensamento claro e, por consequência, a ação. O metamodelo pode ser aplicado para expandir o modelo mental do coachee, a fim de identificar novas perspectivas e possibilidades que favorecerão novas escolhas e novos comportamentos.

> **Coachee:** Estou me dando conta da importância de utilizar o meu tempo de forma mais eficaz.
> **Coach:** E para utilizar o tempo de maneira eficaz, o que é possível fazer?
> **Coachee:** Eu posso reorganizar as minhas tarefas diárias.
> **Coach:** E o que mais você pode fazer para gerenciar seu tempo?
> **Coachee:** Eu posso também identificar, entre as tarefas, o que é importante e o que é urgente, e descartar atividades que apenas levam embora o meu tempo e minha energia.

Com o metamodelo, é possível descobrir como fazer perguntas para obter respostas específicas e uma melhor qualidade possível de informações.

O metamodelo
✦ Segmenta a linguagem tornando-a mais específica.
✦ Move-se da estrutura profunda para a estrutura superficial, desafiando deleções, distorções e generalizações.
✦ Preocupa-se em trazer a experiência e seu significado para o nível consciente.
✦ Utiliza a busca transderivacional.
✦ Lida com meios precisos.
✦ Acessa a compreensão consciente.

Fonte: O'Connor, 2003, p. 203.

O metamodelo tem o objetivo de aumentar a eficiência pessoal, descobrindo as informações específicas e pertinentes para a situação e o contexto. E, no processo de coaching, contribui para a compreensão e o alinhamento dos mapas mentais do coach e do coachee. Portanto, se o coach quiser se certificar de algo, a estratégia é perguntar!

4.3 A arte e a técnica de perguntar

O aprimoramento da arte e da técnica de perguntar envolve clareza e objetividade, isso é algo que enfatizamos. Perguntas curtas e diretas tendem a promover melhores resultados. Pergunta longas, prolixas ou repletas de contextualização abrem a oportunidade para que o coachee se disperse e perca o foco que a pergunta deve efetivamente estimular.

Os pesquisadores Ready e Burton (2009) e O'Connor (2003, p. 239) afirmam que, ao perguntar, também se deve levar em conta o propósito, o tipo e as características das perguntas, conforme segue.

O propósito: No coaching as perguntas devem ser feitas com base em um propósito. Por essa razão, é válido o coach se perguntar:

✦ Qual é efeito ou resultado procuro com essa pergunta?
✦ Essa pergunta está nos aproximando de nosso objetivo ou está nos afastando?

- Qual é a pergunta mais útil que posso fazer agora?
- O que eu não sei que faria diferença se eu soubesse?
- Qual pergunta me aproximará mais do resultado desejado?

Além do propósito, também é importante saber que cada pergunta leva a um padrão de resposta. Observe no Quadro 4.7.

Quadro 4.7 – **Perguntas e propósitos**

Pergunta	Propósito
O quê?	Busca informações. Lista resultados.
Quem?	Busca informações sobre pessoas. Identifica responsabilidades.
Por quê?	Busca justificativas e motivos para ações. Busca valores. Atribui responsabilidade/culpa. Busca significados. Procura causas passadas.
Quando?	Orienta no tempo. Busca informações limitadas pelo tempo (passado, presente, futuro). Pede gatilhos ou pistas para a ação.
Onde?	Pede informações sobre locais.
Como?	Explora o processo. Modela o processo. Lista estratégias.

Fonte: Elaborado com base em O'Connor, 2003, p. 159-160.

O tipo: As perguntas podem ser abertas ou fechadas, por meio das quais, o coach recebe de seu coachee respostas como: *sim*, *não* e *talvez*. Exemplo de perguntas fechadas:

- Você cumpriu o prazo?
- Já definiu seu plano de ação?

Existem também as perguntas abertas, que possibilitam respostas amplas e com conteúdo e outras informações. As perguntas abertas estimulam o raciocínio e a criatividade. Por exemplo:

- O que você aprendeu no momento que teve esse resultado?
- Quais são os motivos que trouxeram você a este programa de coaching?
- Como você pretende alcançar tais resultados?
- Por que reconhecimento é importante para você?
- O que você ganha com isso?

As perguntas abertas podem fazer surgir novos espaços na mente do coachee, levantar informações, dissolver crenças limitantes, mas também podem ser altamente manipuladoras. Por isso é importante que o coach reflita e faça um constante exercício ético:

- A pergunta é direta ou é uma pergunta manipuladora?
- A pergunta contempla pressuposições ou promove a identificação de possibilidades?

Características: As perguntas podem ser fracas ou podem ser impulsionadoras. As perguntas fracas tendem a permanecer no problema – ou seja, atuaram reforçando a reatividade. Por outro lado, as perguntas impulsionadoras tendem a abrir o foco para o resultado desejado, estimulando assim a energia, o desafio e a ação.

> A pergunta impulsionadora ou poderosa tem as seguintes características:
> - É orientada para o futuro.
> - Leva o indivíduo à ação.
> - É focada no objetivo e não no problema.
> - Abre para a identificação do processo e do propósito, e não para as justificativas.
> - É positiva e útil para o coachee.

No Quadro 4.8, observe, na primeira coluna, exemplos de perguntas fracas, que conduzem à reatividade e levam à busca de desculpas e justificativas. Em seguida, compare-as aos exemplos da segunda coluna, percebendo como as perguntas impulsionadoras conduzem a mente para a ação e para a proatividade.

Quadro 4.8 – Exemplos de perguntas

Fracas	Impulsionadoras
Por que você fez isso?	O que pode ser feito a partir de agora?
Onde você acha que errou?	O que pode ser feito diferente?
De quem foi a culpa?	Quais são as soluções possíveis?
Por que tem de ser assim?	O que pode ser ajustado?
Qual é o problema?	O que queremos alcançar exatamente?

Fonte: Elaborado com base em Seja Muito Mais!, 2011.

A pergunta direciona a mente para algum lugar. Se a pergunta é feita em cima do problema, a atenção e o foco permanecem no problema. Uma pergunta direcionada para o objetivo ou para onde se quer chegar leva a atenção e o foco para a solução.

Quadro 4.9 – O que as perguntas podem fazer?

Listar estados emocionais
Extrair informações
Oferecer escolhas ou eliminá-las, dependendo do objetivo
Direcionar a atenção e, assim, criar a realidade
Modelar estratégias
Listar recursos
Desafiar suposições
Orientar no tempo
Provocar resultados
Associar ou dissociar
Oferecer estratégias
Construir ou quebrar *rapport*
Resumir os fatos
Listar valores

Fonte: O'Connor, 2003, p. 160-161.

Quando o coach tem a clareza de aonde quer chegar, fica muito mais fácil elaborar uma pergunta que estimule o coachee.

Lembre-se:

* As pessoas se limitam com barreiras invisíveis construídas dentro de sua mente, em seu mapa mental.
* O coach jamais deve apresentar ou impor as soluções de seu modelo representativo de mundo.
* A forma mais eficaz de auxiliar o coachee é fazer a pergunta certa. A própria pergunta contribui para a mudança quando é proferida, além de estimular o coachee a encontrar alternativas legítimas para o seu modelo mental.
* O coach pode esclarecer os fatos por meio de perguntas específicas, feitas com elegância e *rapport*, usando o metamodelo de linguagem.

Fonte: Elaborado com base em Chung, 2002, p. 257.

Às vezes, é necessário suavizar as perguntas mais diretas. Veremos isso a seguir.

4.3.1 Suavizadores de perguntas

Os suavizadores são elementos que abrandam o impacto do que é dito e devem ser cuidadosamente observados no momento de elaboração das perguntas. As perguntas são como qualquer outra ferramenta: deve-se ter habilidade para utilizá-las. Chung (2002) alerta que, como todos os instrumentos poderosos, o metamodelo pode se tornar perigoso se for utilizado inadequadamente, em tons pejorativos, irônicos ou agressivos.

> **Curiosidade...**
>
> John Grinder, um dos criadores do metamodelo, ao apresentar os padrões de omissão, distorção e generalização para seus alunos da Universidade da Califórnia, enfatizou que os desafios aos padrões do metamodelo são potentes e devem ser usados pelas pessoas com muita sensibilidade e elegância, no momento adequado. Os estudantes não ouviram suas palavras. Quando voltaram na semana seguinte, estavam deprimidos, descrentes e alguns até desesperados. Isso porque durante a semana eles usaram os desafios de metamodelo com seus familiares, amigos, parceiros amorosos, resultando em situações constrangedoras.

Fonte: Chung, 2002.

Por isso, o metamodelo é uma ferramenta a ser utilizada com bom senso para identificar os estados limitantes e criar possibilidades. O metamodelo não é um padrão de comunicação – se for utilizado como tal, acabará por criar abismos nos relacionamentos ao invés de construir pontes. Em outras palavras, afastará o interlocutor.

Observe o diálogo a seguir.

> — Oi, amigo, como vai você?
> — Humm... Hoje estou com uma dor de dente.
> — Em qual dente especificamente você está com dor?
> — No molar.
> — No molar de cima ou no molar de baixo? Como especificamente é essa dor? O que especificamente você fez para essa dor aparecer?

O padrão de metamodelo de linguagem é bastante eficaz quando utilizado no momento adequado do processo de coaching. Entretanto, nem sempre o coachee estará disposto a ter seus modelos mentais desafiados de forma tão abrupta. Por isso, ao fazer as perguntas, é imprescindível que o coach cuide do tom, da velocidade e do ritmo de sua voz e de sua postura corporal, pois tais aspectos podem contribuir para construir uma ponte ou erguer uma barreira entre os interlocutores.

Abismo

Ponte

Crédito: Luiza Hanke

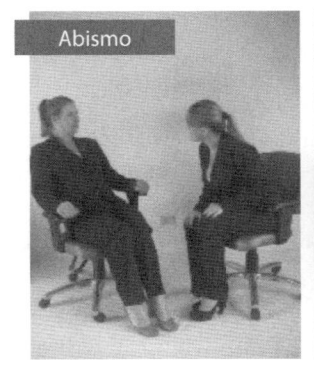

Exatamente para que não se criem abismos, sugerimos o uso de perguntas com aberturas suavizadoras, conforme ilustra Chung (2002, p. 256):

— "Estou curioso para saber o que, especificamente, você..."
— "Fico imaginando como, exatamente, você... "
— "Você gostaria ou estaria disposto a me dizer de que modo, especificamente, você...?"

Compete ao coach, ao fazer uma pergunta, desenvolver sua acuidade sensorial e observar cuidadosamente os sinais mínimos de seu coachee para identificar as reações que a sua pergunta desperta nele. Ao fazer as perguntas, sobretudo aquelas que de fato desafiam a estrutura de crenças e o comportamento do coachee, é indicado que o coach atente para a importância da empatia, da sintonia e do apoio para gerar confiança, pois sem isso nenhuma comunicação obterá sucesso.

As perguntas criam destinos diferentes. Transformam as dificuldades em energia propulsora para trabalhar as mudanças desejadas pelo coachee.

Síntese

Neste capítulo, estudamos que os seres humanos dispõem de cinco sentidos pelos quais experimentam o mundo à sua volta. A maioria de nós confia cegamente nas percepções como se fossem um reflexo fiel da realidade. No entanto, o que ocorre é que as pessoas reagem àquilo que percebem, e suas percepções nem sempre refletem a realidade objetiva. O modelo mental de um indivíduo molda a forma como ele percebe e significa o mundo, como identifica as ameaças e as oportunidades. Compreender o modelo mental significa empreender uma viagem à estrutura de valores e crenças de um indivíduo. Um valor é tudo aquilo que é importante para a pessoa. E crenças são generalizações baseadas em experiências passadas que modelam futuras reações e comportamentos nas pessoas. São, em grande medida, processos não conscientes de pensamento organizado.

Neste capítulo, refletimos ainda sobre o significado das palavras e a relação entre estas e a experiência do indivíduo. Vimos que a linguagem distorce a experiência, uma vez que tende a atribuir maior valor e importância a alguns aspectos enquanto minimiza outros. Esses valores são relativizados no modelo mental do indivíduo e, portanto, podem não refletir a essência da experiência do outro. O coach deve se certificar de que aspectos importantes não foram alterados a ponto de se tornarem irreconhecíveis.

Em relação às perguntas, este capítulo chamou a atenção para a importância da aplicação das perguntas objetivas, claras e eficazes, que conduzem o cérebro da pessoa para a solução, não para o problema. Também enfatizamos a utilização de suavizadores, com o propósito de obter a informação e ainda assim manter o *rapport*.

Questões para revisão

1. Observe as afirmações a seguir:
   I) Crenças são frutos de aprendizados e experiências e podem ter origem consciente ou não consciente.
   II) As crenças podem ser impulsionadoras ou limitantes, voltadas para identidade, capacidade e merecimento.
   III) Os pais, parentes e professores têm pouca influência na formação da estrutura de crenças de uma pessoa.
   IV) A crença de capacidade é aquilo que o indivíduo tem como verdade sobre si mesmo.
   V) A crença contribui para que uma mudança ocorra ou não.

Com base nas frases apresentadas, assinale a alternativa correta:

a) As afirmações I, II e V são verdadeiras.
b) As afirmações I, III e V são verdadeiras.
c) As afirmações I, II e IV são verdadeiras.
d) As afirmações I, IV e V são verdadeiras.
e) As afirmações II, III e V são verdadeiras.

2. De forma não consciente, o ser humano transforma a experiência de três formas: por meio das deleções, das distorções e das generalizações. Relacione a segunda coluna de acordo com a primeira:

(1) Deleção

(2) Distorção

(3) Generalização

( ) São fundamentais para a aprendizagem, uma vez que o indivíduo aprende por meio de exemplos representativos e transfere essa aprendizagem a outros contextos.

( ) As informações são substituídas e, de alguma maneira, modificadas.

( ) São os pontos cegos da experiência.

( ) São as alterações do significado da experiência em virtude do modelo mental do indivíduo.

( ) Quando uma situação ou exemplo é considerado como representativo de uma classe.

( ) Quando informações importantes são omitidas, limitando pensamento e ação.

Assinale a alternativa que contém a sequência correta:

a) 3, 2, 1, 2, 1, 3.
b) 2, 1, 2, 3, 1, 3.
c) 1, 3, 2, 2, 3, 1.
d) 1, 2, 3, 2, 1, 3.
e) 3, 2, 1, 2, 3, 1.

3. Assinale (V) para as afirmações verdadeiras e (F) para as afirmações falsas sobre as características das perguntas impulsionadoras:
   ( ) Contêm pressuposições válidas.
   ( ) São orientadas para o futuro.
   ( ) Abrem possibilidades para justificativas.
   ( ) São focadas no objetivo e na ação.
   ( ) Auxiliam na identificação do processo e do propósito.
   ( ) Focam as possibilidades.

   Assinale a alternativa que contém a sequência correta:

   a) F, V, V, F, V, V.
   b) F, V, F, V, V, V.
   c) V, V, F, F, V, V.
   d) F, F, F, V, V, V.
   e) F, V, F, V, F, V.

4. Qual é o propósito das perguntas no coaching?

5. O que é o metamodelo?

Questões para reflexão

1. Como as crenças impactam no comportamento das pessoas?

2. Explique as razões pelas quais o coach deve estar sempre atento ao modelo mental do coachee.

Para saber mais

Assista ao filme *Patch Adams*, dirigido por Tom Shadyac, com Robin Williams, Josef Sommer e Bob Gunton. Você poderá fazer reflexões interessantes acerca de como as crenças impactam o comportamento das pessoas e de como, a partir de uma mudança de crença, é possível modificar a realidade vivida.

Assista ao filme *Doze homens e uma sentença*, de Sidney Lumet, com Henry Fonda, Martin Balsam e John Fiedler. Com o filme, você poderá acompanhar o impacto das perguntas poderosas para o entendimento da realidade. Nessa produção, demostra-se como as perguntas abrem as possibilidades e quebram crenças e preconceitos, possibilitando novas perspectivas para pensamento e ação.

WIND, J.; CROOK, C.; GUNTHER, R. **A força dos modelos mentais**. Porto Alegre: Bookman, 2005. A leitura desse livro proporcionará o aprofundamento do conhecimento acerca dos modelos mentais, de como estes se formam e se desenvolvem e de como impactam a nossa vida.

TRANJAN, R. **Metanoia**. São Paulo: Palavra Acesa, 2012. Com a leitura desse livro, você conhecerá a história de Lucas, um empreendedor cuja empresa perde um grande contrato e seu principal cliente. Então se inicia uma viagem de transformação. Ao acompanhar a viagem, o leitor percebe todo o processo de transformação dos resultados por meio da mudança de pensamento.

5 O líder coach

Conteúdos do capítulo:

- A liderança e a cultura da aprendizagem nas organizações.
- O papel do líder.
- As habilidades do líder coach.
- A arte de ouvir.
- O *feedback*.
- Ferramentas para a liderança coaching.

Após o estudo deste capítulo, você será capaz de:

1. conhecer o papel da liderança na cultura da aprendizagem nas organizações;
2. relacionar o papel do líder coach ao desenvolvimento dos colaboradores e das equipes na organização;
3. conhecer e identificar os filtros de referência;
4. compreender o papel dos filtros de referência na proatividade do indivíduo;
5. reconhecer as habilidades do líder coach;
6. identificar as etapas para dar *feedback*;
7. conhecer ferramentas para a liderança coaching.

O coaching é um processo aplicado por um profissional (o coach), que tem por objetivo contribuir para que o coachee alcance suas metas e potencialize o desenvolvimento de suas competências.

Contudo, existem ferramentas utilizadas no processo de coaching que podem ser aplicadas no cotidiano das organizações por meio do estilo de seus líderes para otimizar os resultados individuais e das equipes. É aí que nos deparamos com um estilo de liderança que tem se destacado nas organizações contemporâneas: a liderança coaching. O líder coach é aquele que utiliza as ferramentas do coaching para contribuir com o aprendizado e o desenvolvimento de seus liderados.

Este é um capítulo dedicado à liderança e ao líder coach. Vamos compreender o que é e quais são os elementos que oferecem sustentação para a prática da liderança. Além disso, você irá conhecer o papel e as habilidades fundamentais do líder coach.

Outro ponto que merece destaque no capítulo é a cultura da organização e a forma como o *feedback* é aplicado: se para punir e reforçar a sensação de incompetência dos colaboradores ou para identificar as oportunidades de melhoria e desenvolvimento.

O último tema do capítulo apresenta ferramentas como o *brainstorming*, a análise Swot, o plano de ação e a investigação apreciativa.

5.1 A liderança e a cultura da aprendizagem nas organizações

> "*Um exército de ovelhas liderado por um leão derrotaria um exército de leões liderado por uma ovelha*".
> (Quem Disse, 2013)

Ao digitarmos em um *site* de busca a palavra *liderança*, levamos 0,11 segundos para obter aproximadamente 21.100.000 de resultados, o que sugere que esse é um tema de interesse e que extrapola a esfera organizacional. Mas o que significa o termo *liderança*?

Para Bouditch, citado por Soto (2002, p. 211), "é o esforço que se efetua para influir no comportamento dos outros e para ordenar que se atinjam os objetivos organizacionais, individuais ou pessoais".

Liderança, na visão de Fiorelli (2000, p. 173), por sua vez, "é a capacidade de exercer influência sobre as pessoas". É esse o conceito que adotaremos na discussão deste capítulo.

A liderança assume papel estratégico tanto para o desenvolvimento da equipe quanto para o estímulo da aprendizagem nas organizações. Os líderes atuam como disseminadores, articuladores, fortalecedores de crenças impulsionadoras para resultados e como catalisadores da confiança e da coesão do grupo.

Tradicionalmente, as organizações tomavam o modelo militar como base para estabelecer suas lideranças, com uma hierarquia rígida e burocrática. Nesse modelo, o superior hierárquico dá as ordens e o subordinado obedece, muitas vezes sem a abertura para questionar e compreender, o que dificulta a identificação do propósito para aquela ação. O empregado que apenas cumpria as ordens muitas vezes era dominado pelo medo de errar por conta das punições. Esse é o modelo de comando e controle (Gramms; Lotz, 2013).

Nos dias atuais, o ambiente das organizações sofre constantes e contínuas mudanças. Nesse cenário, o **modelo de aprendizagem** recebe destaque, pois as organizações são cada vez mais compelidas a aprender com os próprios erros (resultados obtidos), a questionarem-se, criarem sistemas e processos que promovam maior eficiência e maior **adaptabilidade** às mudanças.

As organizações estão buscando a transição do modelo de comando e controle para o modelo da aprendizagem. Para que isso ocorra, deve-se promover a quebra dos paradigmas estabelecidos, o que nos leva a refletir sobre as diferenças nos estímulos propiciados pelos gestores, conforme apresentado no Quadro 5.1.

Quadro 5.1 – **Perfil do líder no modelo de comando e controle** *versus* **modelo de aprendizagem**

Modelo de comando e controle	Modelo de aprendizagem
O chefe diz o que fazer e tem as respostas.	O líder tem as perguntas e mobiliza e envolve a equipe na busca das respostas.
O chefe tem o comando e o controle.	O líder utiliza o capital intelectual da equipe para obter resultados.
O chefe tem o foco na tarefa.	O líder gerencia pessoas.
Realiza avaliação de desempenho anual.	O líder promove *feedback* constante.
Chefia com base no plano de ação.	Lidera por investigação colaborativa, atua como facilitador para o alcance do objetivo.

Fonte: Elaborado com base em Di Stéfano, 2005, p. 32-35.

E é exatamente nesse contexto que nos deparamos com o importante papel do líder coach. Ele é aquele que desafia e desenvolve as pessoas na organização.

Um dos aspectos mais relevantes da liderança coach é desenvolver nos colaboradores a **cultura da proatividade**. Engana-se quem pensa que proatividade significa apenas "saber tomar a iniciativa". Covey (2008, p. 90) explica que proatividade "implica que nós, como seres humanos, somos responsáveis por nossas próprias vidas. Nosso comportamento resulta de decisões tomadas, não das condições externas".

O primeiro passo da liderança coaching é romper com a cultura da vitimização de seus colaboradores e contribuir para que desenvolvam a proatividade em seus pensamentos e em suas escolhas, o que impactará na qualidade de seus resultados.

> O primeiro passo da liderança coaching é romper com a cultura da vitimização de seus colaboradores e contribuir para que desenvolvam a proatividade em seus pensamentos e em suas escolhas, o que impactará na qualidade de seus resultados.

Para compreender o fundamento da proatividade, trazemos o conceito denominado *lócus de controle*. *Locus*, palavra de origem latina, significa "local". Controle é o comando, quem está na direção.

Esse constructo foi desenvolvido na psicologia social, em 1954, pelo psicólogo norte-americano Julian Rotter, citado por Luz (2011, p. 76). O autor aborda o lócus de controle sob duas perspectivas: lócus de controle externo e lócus de controle interno.
Detenhamo-nos, antes, no externo, como demonstrado no Quadro 5.2.

Quadro 5.2 – Lócus de controle externo

Perspectiva	**Lócus de controle externo**
Característica	As pessoas com lócus externo percebem seus resultados como fruto de fatores diversos, que independem de sua vontade, sejam estes baseados na sorte, sejam fundamentados em outras pessoas e situações.
Linguagem observada	A abordagem é **reativa**: "Se meu chefe reconhecesse meus esforços...". "Se eu tivesse tido uma orientação clara...". "Meu colega se destaca porque ele é amigo do chefe". "Isso sempre foi feito assim e não adianta tentar modificar". "Não tenho *feedback* adequado para poder melhorar meu desempenho".

Fonte: Elaborado com base em Luz, 2011, p. 76.

O que as afirmações apresentadas nas falas (ou pensamentos) exemplificadas no quadro têm em comum? Lotz (2013, p. 13) explica da seguinte forma:

> [...] quem está no comando é sempre o outro, e a responsabilidade pelos resultados e pelo desempenho será sempre atribuída a terceiros. A pessoa coloca-se sempre como vítima da situação, não identifica as escolhas comportamentais e está mais inclinada à acomodação e à frustração.

Agora que você já conhece o lócus de controle externo, observe o diagrama a seguir que representa o **modelo reativo**:

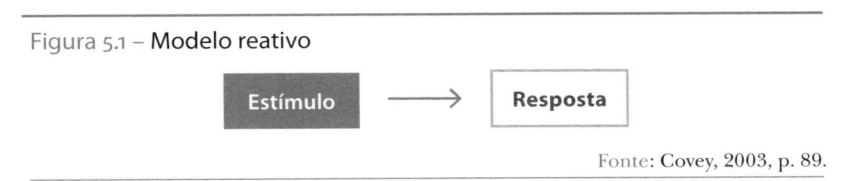

Figura 5.1 – **Modelo reativo**

Estímulo ⟶ Resposta

Fonte: Covey, 2003, p. 89.

De acordo com esse modelo, o estímulo é que determina a resposta. Para uma pessoa com lócus de controle externo, o estímulo está no seu exterior, traduzido em fatos ou eventos como uma crise, um desafeto, uma perda, um obstáculo (dentre outros), e não no seu interior (a leitura que a pessoa decide fazer do fato ou evento ou a perspectiva pela qual o indivíduo escolhe olhar). Assim, a pessoa se percebe vitimizada e determina sua resposta de acordo com esse padrão.

Muitas vezes, os indivíduos não se dão conta de que pautam suas vidas sob a perspectiva do modelo reativo, vitimizando-se e movendo-se como se não tivessem escolhas. Observe um exemplo:

Figura 5.2 – **Colaborador insatisfeito**

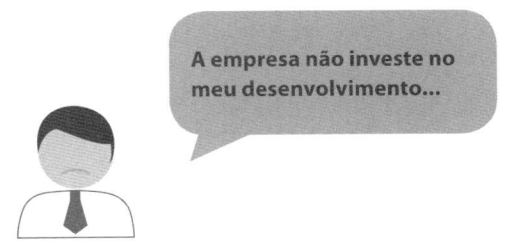

A empresa não investe no meu desenvolvimento...

Esse colaborador acredita não ter qualificação unicamente pelo fato de que, em sua percepção, a organização não investe em seu desenvolvimento. A atuação do líder coach permite estimular a quebra dessa cultura da vitimização, levando a uma cultura fundamentada na proatividade, em que se pode observar um padrão de pensamento ou modelo mental baseado no lócus de controle interno, tal como vemos no Quadro 5.3.

Quadro 5.3 – **Lócus de controle interno**

Lócus de controle interno

Pessoas com predisposição ao lócus de controle interno acreditam que a medida de seus esforços e competências é a principal fonte do seu sucesso ou fracasso (resultado).

A abordagem é **proativa**: a pessoa identifica a relação entre suas escolhas e os resultados.
"Os meus resultados dependem da minha atuação".
"Eu busco as orientações necessárias para desenvolver o meu trabalho".
"Meu colega se destacou em função de seu empenho".
"Vamos pensar em alternativas para mudar e obter outros resultados".
"Encontro em mim o estímulo para manter-me motivado".
"Eu busco *feedback* para poder melhorar meu desempenho".

Fonte: Elaborado com base em Luz, 2011, p. 76.

O Quadro 5.3 apresenta uma diferença significativa em relação ao Quadro 5.2. Agora é o **indivíduo** quem está no comando. Um dos papéis mais significativos do líder coach em relação aos seus colaboradores é promover o entendimento de que, entre um estímulo (uma situação que lhe acontece) e a resposta (a forma como se comporta), existe uma **escolha**.

Figura 5.3 – **Modelo proativo**

```
        Autoconsciência      Imaginação

Estímulo  →  LIBERDADE DE ESCOLHA  →  Resposta

        Vontade Independente   Consciência
```

Fonte: Covey, 2003, p. 92.

No modelo proativo, as pessoas proativas também recebem influências dos estímulos externos, sejam ambientais, sejam sociais, sejam psicológicos. A diferença é que não permitem que essas influências **determinem** suas escolhas.

As pessoas proativas lidam com "o que tem para hoje", o que significa que aceitam a realidade e, a partir desta, identificam possibilidades e fazem suas escolhas.

Figura 5.4 – **Um colaborador proativo**

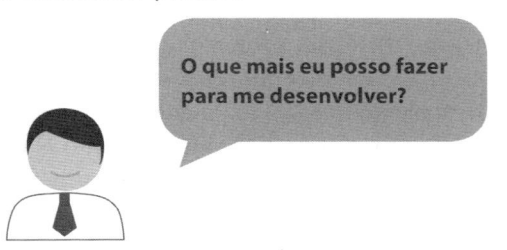

> O que mais eu posso fazer para me desenvolver?

Quando o líder coach instala essa cultura na organização e na equipe, estimula seus colaboradores a buscarem meios para adquirir, corrigir e aperfeiçoar as condições que permitem obter resultados diferentes. Também incentiva a avaliação contínua de suas estratégias e a manutenção do foco nas possibilidades, em vez de procurar culpados e razões externas aos resultados obtidos (padrão reativo de comportamento). Com isso, é possível perceber que sempre existe **escolha**.

5.2 O papel do líder

"Os grandes líderes são como os melhores maestros: eles vão além das notas para alcançar a mágica dos músicos".
(Blaine Lee, citado por Qualidade RS, 2007, p. 1)

A organização, ao contratar um profissional para uma função de liderança, espera que sua atuação seja refletida em números, no percentual de crescimento da empresa, na competitividade, na imagem, no clima organizacional, entre outros indicadores.

Recentemente, a revista *Você RH* publicou uma matéria com a seguinte chamada: *"O mundo corporativo anseia por gestores que façam diferença na vida das pessoas"* (Vieira, 2012). Esse título gera uma interessante reflexão: o papel do líder vai muito além de obter resultados voltados para as tarefas. Espera-se que o líder inspire e contribua para o desenvolvimento das pessoas.

Será que todo profissional que tem um bom desempenho em seu trabalho está preparado para ser líder?

No mundo corporativo, não são raras as vezes nas quais um profissional é alçado à condição de líder. E isso não seria problema algum se o profissional em questão de fato desejasse tal liderança e tivesse se preparado para desenvolver suas competências técnicas e comportamentais (emocionais e relacionais) para esse desafio (Vieira, 2012).

No entanto, muitas vezes o profissional é colocado diante de uma equipe sabendo exatamente como fazer as tarefas (habilidades técnicas), mas sem ter a menor ideia ou habilidade para liderar e inspirar sua equipe (habilidades comportamentais). Somado a isso, não se considera preparado para estimular pessoas, para administrar conflitos e situações nas quais os resultados eficazes dependem mais de sua inteligência emocional do que de sua capacitação técnica.

5.3 As habilidades do líder coach

"Habilidade é um conhecimento colocado em prática", registra Fiorelli (2000, p. 184). Ao analisar a atuação de pessoas consideradas verdadeiras líderes, identificamos algumas características comuns a todos;

em especial, a habilidade interpessoal. Entre as capacidades que compõem a habilidade interpessoal, destacam-se: observar, falar e ouvir.

5.3.1 A habilidade de observar

É estar atento às mensagens não verbais, identificar os comportamentos favoráveis e aqueles que demandam ajustes e ter sensibilidade para identificar as características das pessoas, sem julgar. Fiorelli (2000) afirma que um observador atento é paciente, atencioso aos detalhes, discreto, respeitador da privacidade e neutro, deixando de lado julgamentos ou rótulos que o impeçam de olhar aquela realidade sob outros prismas.

5.3.2 A habilidade de falar

É estar atento ao que é dito (conteúdo) e como é dito (forma), bem como à escolha do momento e do local em que será dito. Também implica argumentar, utilizando fatos, evidências e fundamentos sobre o que está sendo dito, e utilizar a fala como comandos para imagens mentais positivas (imagens voltadas àquilo que se deseja e não ao que se quer evitar). Ter a habilidade do uso das palavras para criar estados positivos, impulsionadores e fortalecedores, além da sensibilidade do momento e do local oportuno para fazer a abordagem.

5.3.3 A habilidade de ouvir

> "Somos repetidamente o que fazemos. A excelência, portanto, não é um feito, mas um hábito".
> (Aristóteles, citado por Covey, 2003, p. 62)

É comum as pessoas acreditarem que um bom comunicador é aquele que fala bem, expressa-se com desenvoltura, domina as artes da oratória e da retórica. Se a arte de falar em público é a chave de ouro para a comunicação, saber ouvir é a chave de platina. Tão preciosa para uma comunicação eficaz, talvez até mais do que falar, é a suprema arte de ouvir.

Ouvir o que uma pessoa tem a dizer é uma das grandes declarações de reconhecimento de valor que se pode oferecer a ela.

Um superior hierárquico, ao ouvir seu colaborador, transmite a mensagem de que o colaborador é importante para ele, de que seu argumento vale a pena ser ouvido. A mensagem não verbal transmitida é: "Você é importante. O que você fala tem valor, por isso vou parar o que estou fazendo e prestar atenção ao que você tem a me dizer".

Portanto, a questão é: Você sabe ouvir? Em primeiro lugar, ouvir requer uma escolha. Significa decidir colocar seu foco no que o outro está dizendo, bem como **dominar a própria ansiedade** em se expressar e **aguardar até o fim** da fala do interlocutor.

Saber ouvir requer deixar de lado as próprias crenças sobre aparência e relevância do que está sendo dito e respeitar as diferenças. Por exemplo: o fato de uma pessoa cometer alguns deslizes no português não significa que o que ela está dizendo não tem valor ou importância. Sua fala pode trazer a chave para a resolução de um impasse ou problema.

A escuta ativa é um exercício. E, como tal, deve ser praticada diariamente, com disciplina e amorosidade. O quadro a seguir apresenta algumas estratégias para o exercício da escuta ativa.

Estratégia para exercitar a escuta ativa
Interesse-se genuinamente pelo que a pessoa está falando;
Seja "todo ouvidos" – ouça com os olhos, com a postura, com todo o seu corpo;
Aguarde a pessoa terminar de falar, mesmo que a princípio isso represente um exercício de paciência, pois o resultado vale a pena;
Respeite as diferenças de opiniões, argumente, posicione-se, mas lembre-se de que, assim como você, a outra pessoa tem o direito de ter suas preferências e escolhas;
Procure verificar seu entendimento sobre o que a pessoa está falando, pois a audição costuma ser seletiva;
Cuide do seu tom de voz mais do que das palavras, pois o seu tom de voz e a sua postura é que terão o maior impacto na comunicação;
Coloque-se no lugar da outra pessoa, num exercício de empatia – como você se sentiria se alguém falasse com você de maneira ríspida?;
Argumente – ao entrar em uma discussão, ofereça argumentos, vença pela inteligência, jamais "pelo grito".

Fonte: Lotz; Gramms, 2012.

Desenvolver a escuta ativa traz benefícios, pois impacta diretamente nas distorções perceptivas, o que significa que diminui a distância entre o que é dito e o que é entendido e, por consequência, impacta sensivelmente na melhoria dos relacionamentos em todos os níveis.

Para exercitar

Você se considera um bom ouvinte? Já parou para imaginar os benefícios práticos que o desenvolvimento da escuta ativa poderia trazer para sua vida pessoal e profissional?

Sugerimos, então, que você avalie seu hábito de audição hoje por meio teste disponível em: <http://www.assertiva.com.br/a_ava_02.htm>.

Ao avaliar os resultados de seus hábitos de audição, você poderá trabalhar para aprimorar seus pontos fortes e identificar as oportunidades de melhoria em sua escuta ativa.

Que tal um pouco de exercício em sua escuta ativa? A atividade é muito simples.

Escolha duas pessoas de seu círculo de relacionamento.

Escolha de duas a três estratégias do quadro da escuta ativa e as pratique durante um período de três semanas.

Observe atentamente as mudanças ocorridas no relacionamento durante esse período.

Avalie os impactos positivos na construção dos vínculos e do entendimento, da aceitação e do respeito entre vocês.

Depois de termos falado sobre três habilidades tão importantes para o líder coach, vamos falar sobre a que talvez seja a mais importante: a habilidade de dar *feedback*.

5.4 O *feedback*

Talvez você conheça profissionais que, ao ouvirem a palavra *feedback*, já fiquem tensos. Não é raro que a prática do *feedback* nas organizações seja associada à punição e à sensação de incompetência experimentada pelo colaborador.

O *feedback* tem origem em uma avaliação, que representa o olhar crítico sobre a prática. É uma palavra de origem inglesa que literalmente significa "alimentar" (*feed*) e "retroceder" (*back*). De acordo com Gramms e Lotz (2013), o *feedback* é ferramenta essencial da liderança e configura-se parte fundamental da avaliação, que objetiva orientar o colaborador a apresentar comportamento e desempenho adequados à determinada situação.

O *feedback* nas organizações compõe o processo de avaliação, do retorno sobre o desempenho do colaborador. É um olhar crítico e apreciativo do líder em relação à atuação profissional e aos resultados do liderado.

5.4.1 *Feedback*: origem e propósito

Avaliar significa "apreciar ou estimar algo ou alguém". Para Lacombe (2004, p. 32), a avaliação consiste no "julgamento do desempenho ou das qualidades de uma pessoa na organização".

A avaliação é um processo abrangente da existência humana, que implica reflexão crítica sobre a prática, com o propósito de identificar avanços, resistências e possibilidades do avaliado. Também contribui para a tomada de decisão sobre estratégias a fim de superar os obstáculos e atingir os resultados desejados, enfatiza Vasconcellos (1995, p. 15).

A avaliação pode ser formal ou informal e seus processos colocam-se a serviço da aprendizagem, pois conferem a oportunidade de mudança, crescimento e desenvolvimento do indivíduo e, por consequência, da organização (Gramms; Lotz, 2013).

O *feedback* tem por objetivo contribuir para o aprimoramento dos colaboradores e a melhoria do desempenho da organização. Mas, dependendo da cultura da organização, ainda se observam práticas de *feedback* que, em vez de acentuarem as oportunidades de melhoria, funcionam como mecanismos de punição e declaração de incompetência do colaborador.

Nesse caso, a avaliação e o *feedback*, ao invés de serem utilizados como potencializadores da aprendizagem, tornam-se ferramentas que podem causar danos, como qualquer ferramenta utilizada de forma inadequada. A ferramenta pode ser excelente, desde que manejada por pessoas habilitadas para tanto (Gramms; Lotz, 2013).

Por isso, é importante que o líder trabalhe para disseminar o *feedback* na organização e inseri-lo na cultura de aprendizagem de modo que seja visto, tanto pelos líderes como pelos colaboradores, como uma ferramenta altamente positiva para desenvolvimento do indivíduo e do grupo.

Quadro 5.4 – **Pressupostos do *feedback***

Pressupostos	Aplicação
O *feedback* é uma oportunidade de melhoria.	Uma crítica pode ser uma consultoria grátis para o aprimoramento do processo ou do resultado (eficiência e eficácia). Identificar oportunidade de melhoria e refletir a respeito permite a mudança de curso e a autocorreção.
O *feedback* é uma ferramenta de aprendizagem.	Existe a tendência de o *feedback* ser considerado um ataque pessoal. Quando isso ocorre, o indivíduo se envolve com os aspectos emocionais e deixa de ver com a clareza necessária a oportunidade de melhoria que o *feedback* pode representar. Ao conseguir afastar o sentimento de ser pessoalmente atacado, o colaborador se torna hábil em utilizar o *feedback* como ferramenta para melhorar seus resultados.
O foco do *feedback* é a tarefa e não a pessoa.	Separar o comportamento do indivíduo. O indivíduo é maior do que seu comportamento, que pode ser modificado. Ouvir atentamente sem se defender, pois o pensamento de defesa impede que se ouça o que está sendo dito e, consequentemente, se perca a oportunidade de melhorar.
A crítica deve ser analisada com base em evidências e fatos.	Ao receber o *feedback*, deve-se buscar provas que fundamentem a veracidade da afirmação. Cada argumento da crítica deve ser avaliado em separado, assim como devem ser buscadas evidências para embasar a análise.
O *feedback* deve ser recebido como um presente.	O presente do *feedback* pode vir em papel pardo e amassado. O que está sendo dito pode causar um impacto negativo no primeiro momento, por isso, merece reflexão. **Considere e agradeça o *feedback* como se fosse um presente e retire dele todos os possíveis benefícios para a melhoria.**

Os pressupostos, quando aplicados em sua essência, contribuem para o seguinte entendimento: não existem fracassos, mas sim resultados – quando estes não são de acordo com o esperado, deve-se rever a estratégia. É importante destacar que o resultado obtido hoje é fundamental para estruturar as mudanças necessárias, tendo em vista a melhoria contínua e a conquista dos resultados desejados.

Como a cultura do *feedback* impacta na prática diária da organização? Quando há a cultura do *feedback* voltada à aprendizagem e à melhoria contínua, o primeiro "sintoma" que observamos é a forma pela qual os líderes e os colaboradores lidam com o *feedback*: como uma contribuição, não como um ataque pessoal. Essa prática elimina grande parte das reações de desperdício, que apenas servem para prestar um desserviço ao desenvolvimento das pessoas e ao clima organizacional.

E o que são reações de desperdício? Para respondermos a essa questão, recorremos a Di Stéfano (2005), conforme segue:

> O termo *reação de desperdício* refere-se ao processo comum de reação inefetiva em relação à situação apresentada. Essas reações podem ser emoções ou argumentos que geram discórdia, desânimo, falta de confiança, desmotivação e distração da meta a ser conquistada ou do problema a ser resolvido. São causadas pelo modelo mental (as crenças irracionais, baseadas em fantasias, não em evidências que uma pessoa, equipe ou cultura possam ter), pelas suposições ou interpretações errôneas ou por falta de modelos internos eficientes para lidar com situações de adversidade. Devido a tais reações, o colaborador pode perder o foco do evento presente a ser resolvido, desperdiçando a sua energia mental e emocional de forma entrópica – aumentando o estado de desordem interna devido ao uso inefetivo de sua atenção, o que gera maior frustração – pois o problema prático inicial continua, com a adição de um problema emocional. Falta de controle, palavras ofensivas, acusações e culpa, são possíveis ocorrências que fazem parte destas reações de desperdício, minando as relações entre os membros da equipe, o que dificulta a capacidade de se conseguir gerar a união necessária para a resolução de problemas, maior criatividade e alto desempenho.

Fonte: Di Stéfano, 2005, p. 23-24.

Ao refletir sobre as afirmações do autor, observamos o quanto as reações de desperdício estão atreladas à percepção de ataques pessoais. Tais reações não contribuem em nada para a cultura do desenvolvimento do aprendizado, apenas dificultam o desempenho e as relações interpessoais nas organizações.

Quando o filtro utilizado para o *feedback* é o da melhoria e da aprendizagem, tais reações de desperdício são consideravelmente minimizadas e, como resultado, a organização edifica uma cultura que estimula e sustenta a aprendizagem. Dessa forma, o *feedback* permite ao colaborador refletir sobre as questões técnicas de seu desempenho e também sobre sua conduta e como ele lida com as emoções.

Os aspectos emocionais traduzem processos psicológicos próprios do ser humano. Este, ao mesmo tempo em que deseja saber a opinião do outro sobre si, também a nega ou a rejeita. Por essa razão, é tão comum que, quando alguém fala algo sobre o seu eu cego, você diga: "Eu não sou assim".

Para melhor compreender essa questão, valemos-nos de um estudo que trata da percepção do indivíduo em relação a si mesmo e ilustra as relações interpessoais e os processos de aprendizagem em grupo. A janela de Johari foi desenvolvida por Josef Luft e Harry Ingham em 1961. O estudo apresenta quatro janelas, cada uma representando uma dimensão da percepção do indivíduo em relação a si mesmo e aos outros. Observe a Figura 5.5.

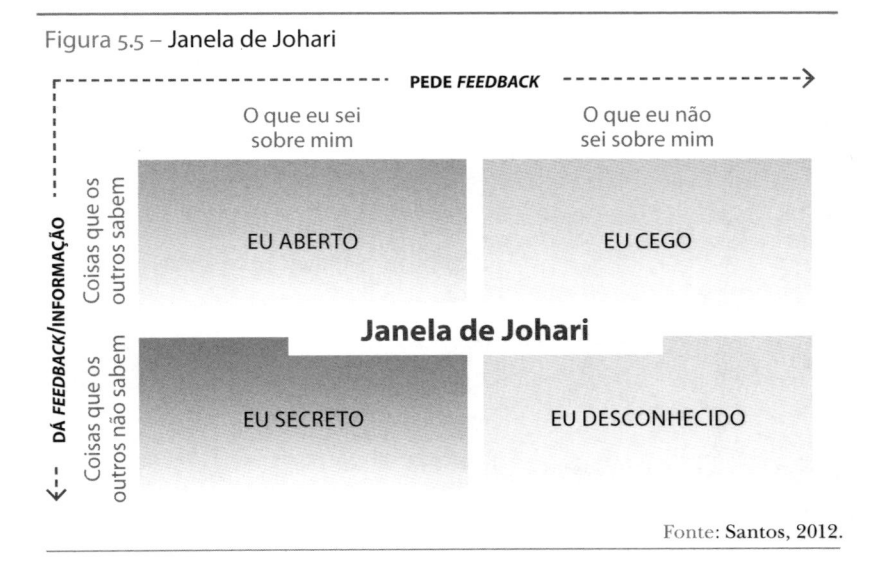

Figura 5.5 – Janela de Johari

	PEDE *FEEDBACK* →	
	O que eu sei sobre mim	O que eu não sei sobre mim
Coisas que os outros sabem	EU ABERTO	EU CEGO
Coisas que os outros não sabem	EU SECRETO	EU DESCONHECIDO

← DÁ *FEEDBACK*/INFORMAÇÃO

Janela de Johari

Fonte: Santos, 2012.

A janela 1 representa o eu aberto. É o "eu" conhecido pelo próprio indivíduo e pelos outros. Essa janela abrange tudo aquilo que os parentes e amigos estão cientes e o que o próprio indivíduo conhece sobre si mesmo, a exemplo de suas características, maneira de falar, habilidades e comportamento em geral.

A janela 2 representa o eu secreto. É o "eu" conhecido pelo indivíduo e desconhecido pelos outros. É aquilo que só o indivíduo sabe sobre si mesmo e não revela a ninguém por medo de ser julgado ou de não ser compreendido. É aquilo que está guardado no seu íntimo.

A janela 3 representa o eu cego. É o "eu" desconhecido pelo indivíduo e facilmente captado, portanto, conhecido pelos outros. Essa janela representa os comportamentos e as características que são identificados por quem convive com a pessoa, mas que ela mesma não percebe.

A janela 4 representa o eu desconhecido. É o que nem o indivíduo nem os outros conhecem sobre ele. É formado por aspectos escondidos da dinâmica interpessoal, por memórias da infância e por potencialidades latentes.

As janelas indicam que as áreas do "eu aberto" e do "eu cego" são as áreas que pedem *feedback*, pois representam o conhecimento do outro sobre o indivíduo.

O **"eu aberto" pede** *feedback* **porque**: Eu sei, assim como meus colaboradores sabem, que sou um chefe explosivo (eu aberto), mas eu não sei ou não tenho consciência do quanto esse comportamento explosivo interfere no resultado do grupo. No caso, o *feedback* me informará sobre tal resultado e caberá a mim saber recebê-lo e transformá-lo em oportunidade de melhoria.

O **"eu cego" pede** *feedback* **porque**: Eu sou um gestor que, na relação com meus colaboradores, sou visto como impaciente e intolerante, mas eu não me vejo assim nem percebo que eles têm receio de vir falar comigo. Ao receber o *feedback* sobre esse comportamento, fiquei surpresa, pois me considero uma pessoa aberta e acessível. Mais uma vez, cabe a mim receber o *feedback* e utilizá-lo para me aprimorar.

O **"eu secreto" oferece** *feedback* **porque**: Representa um comportamento que existe em mim, mas que eu escondo dos outros, podendo revelar-se em algum momento. Daí a necessidade de prestar atenção ao conteúdo dessa janela.

> O "eu desconhecido" pode nunca se revelar ou então vir à tona em um momento de grande impacto. Oferece *feedback* à medida que o indivíduo analisa o comportamento inesperado diante da situação impactante, algo que nem ele mesmo sabe explicar.

5.4.2 A arte e a técnica de dar *feedback*

Como o *feedback* pode ser dado de modo a contribuir efetivamente para a aprendizagem? Para que isso aconteça, é fundamental que esse processo seja cuidadosamente pensado, pois oferecer *feedback* é uma arte. O termo *arte* vem do latim *ars*, que significa "técnica" ou "habilidade".

Daí a importância de planejar o *feedback*, ainda que o planejamento seja feito apenas no plano mental de quem vai oferecê-lo. É imprescindível ter um propósito claro para que ocorra a contribuição para a aprendizagem de quem recebe o *feedback*. É um equívoco utilizá-lo como válvula de escape das emoções negativas de quem o oferece. Por isso, dá-lo na hora em que os ânimos estão quentes não é nada adequado, uma vez que o estado de raiva, via de regra, não é conveniente no momento de aconselhamento.

Planejar o *feedback* é fundamental para o resultado que se deseja obter. O líder coach, ao oferecê-lo, deve ter clareza nos seguintes aspectos: o que falar, por que falar, como falar, quando falar e onde falar.

Quadro 5.5 – **Planejamento do *feedback***

Aspecto	Cuidados
O que falar?	Abordar pontos específicos dos **comportamentos** que necessitam aprimoramento.
Por que falar?	Fundamentar as razões pelas quais o comportamento precisa ser modificado, informar qual é o **impacto causado pelo comportamento** atual para o indivíduo, para o grupo e para a organização e discutir acerca do comportamento esperado e seus impactos.

(continua)

(Quadro 5.5 – conclusão)

Aspecto	Cuidados
Como falar?	A comunicação está embasada não apenas naquilo que é verbalizado, mas também nas **mensagens não verbais**. Por isso a importância de prestar atenção no tom de voz, na posição do corpo, na expressão facial e no ritmo de respiração.
Quando falar?	Escolher o momento oportuno para falar. Certificar-se de que é o **momento certo** de oferecer aquela informação. Atenção para não fazê-lo quando estiver ocorrendo uma situação adversa ou emergencial.
Onde falar?	Procurar um **local reservado** para dar *feedback*. Elogios podem ser feitos em público. Oferecer *feedback* corretivo acerca de um comportamento exige respeito, por isso é fundamental oferecer privacidade.

Fonte: Gramms; Lotz, 2013, p. 118, grifo do original.

Também queremos enfatizar o quanto é importante que o líder ou gestor trabalhem o *feedback* na linguagem positiva.

Gramms e Lotz (2013) registram que a linguagem positiva é aquela que posiciona o cérebro do indivíduo no resultado que se quer alcançar, e não naquilo que se deseja evitar. A palavra *não*, por si só, não diz nada, pois o cérebro se fixa no que vem depois do "não". **A mente, para saber no que NÃO PENSAR, precisa primeiro PENSAR.**

Não pense na girafa dançando tango – e imediatamente ela vem à nossa mente!

Figura 5.6 – **Exemplos de linguagem do *não* e linguagem positiva**

Linguagem do não	Linguagem positiva
Não atrase o relatório.	Entregue o relatório rigorosamente no prazo.
Não chegue atrasado.	Chegue no horário.
Não desperdice materiais.	Faça uso consciente dos recursos.
Não fique nervoso ao receber *feedback*.	Mantenha-se calmo ao receber críticas.

O líder coach, além do cuidado de falar com o colaborador na linguagem positiva, traz à tona, no momento do *feedback*, algo que a pessoa realizou e que trouxe resultados positivos. Tal prática sugere ao colaborador que seus comportamentos com impactos positivos também são observados, o que pode contribuir para estabelecer uma relação de confiança recíproca e reduzir as barreiras de comunicação.

Será então que o caminho é começar o *feedback* elogiando o colaborador? O elogio é algo vago e pode ser dito indiscriminadamente, sem estar alicerçado em um fato que o fundamente. Já o comportamento positivo é baseado em dados: é genuíno e pertinente. Quando uma pessoa ouve de outra sobre um comportamento positivo que tenha tido, ela tem mecanismos internos para saber se aquilo é verdade – ou seja, ela sabe, por sensação ou lembrança do fato, que aquilo realmente aconteceu.

Observe a diferença nas afirmações a seguir.

Figura 5.7 – **Comparação entre o elogio e o comportamento**

Elogio	Comportamento positivo observado
Você é muito gentil.	Observo que você dá atenção aos seus colegas, é solícito, auxiliando-os sempre que possível.
Você é eficiente em seu trabalho.	Você desenvolve suas atividades prestando atenção a todos os detalhes, dá retorno com rapidez e atende aos prazos requisitados.

Como se pode notar, dizer que uma pessoa é gentil é um elogio, pois se essa pessoa vascular sua mente em busca de algo que lhe pareça sustentar tal colocação e nada encontrar, perceberá seu interlocutor com desconfiança e restrição. No entanto, quando um gestor apresenta ao seu colaborador comportamentos específicos, que tanto o gestor quanto o colaborador sabem que de fato existiram, o que ocorre é uma percepção imediata de "ser notado".

Quadro 5.6 – **Você sabia que...**

Para que os líderes possam fomentar, desenvolver e consolidar a aprendizagem nas organizações, vale atentar aos seguintes fatores: **a repetição**, base das mudanças sinápticas que programam a nova maneira de agir; **o retorno negativo**, que informa ao cérebro quando uma coisa não saiu como o esperado e que, nesse caso, é necessário tentar de novo de outra maneira, e o **retorno positivo**, que sinaliza ao cérebro quando se fez a coisa certa e que, portanto, isso deve ser repetido no futuro.

A repetição: O cérebro aprende por velocidade e repetição. Ninguém se torna extremamente hábil em qualquer coisa se não repetir a ação diversas vezes. Por essa razão, uma estratégia é possibilitar que as pessoas repitam o aprendizado várias vezes e em diferentes contextos. De pouco adianta apenas receber determinada informação em um programa de treinamento ou de um chefe ou colega acerca de como fazer o trabalho. É a repetição que proporcionará de fato o desenvolvimento da excelência.

O retorno negativo: O termo *negativo*, no caso, não tem conotação ruim, mas que algo feito pela pessoa não resultou no desejado. Em outras palavras, o erro é parte importante do processo de aprendizagem, uma vez que **informa ao cérebro que algo deve ser feito de forma diferente da próxima vez**. Assim, podemos considerar que o retorno negativo é um instrutor de grande ajuda.

O retorno positivo: Funciona como motivação, pois promove uma grande satisfação. O que leva a pessoa a continuar tentando é o **retorno positivo** e a **expectativa de acertar** da próxima vez. O retorno positivo é tão fundamental para o aprendizado que o cérebro se premia sozinho com sensações agradáveis toda vez que acerta, ativando o **sistema de recompensa**. E então ocorre o benefício duplo: o prazer de acertar reforça os programas que funcionam de acordo como se desejava e ainda serve de motivação, pois gera a expectativa de mais retorno positivo para se continuar tentando.

Fonte: Elaborado com base em Herculano-Houzel, 2009, p. 23-25

Em uma época em que as pessoas parecem já ter se acostumado a serem invisíveis na organização e raramente obterem reconhecimento, essa pode ser um estratégia bastante eficaz na consolidação da seriedade do *feedback* como uma oportunidade de melhoria, não como punição ou declaração de incompetência.

Não existe fracasso. O que existe são resultados. Essa é a verdadeira cultura da aprendizagem!

Assim, o líder coach pode estruturar seu *feedback* da seguinte forma:

- **Apresentar o comportamento positivo de seu colaborador**: Ao fazer isso, observe os sinais mínimos na expressão do profissional. É o momento do retorno positivo, pois, ao apresentar os pontos positivos do comportamento do interlocutor, o líder coach reforça a sua ocorrência em outros episódios e também ativa as estruturas de recompensa do cérebro do colaborador (Herculano-Houzel, 2009).
- **Apresentar especificamente cada comportamento que requer ajustes**: É muito importante que o líder coach apresente em seus argumentos o impacto daquele comportamento sobre o indivíduo ou sobre o grupo e a organização. O momento do retorno negativo informa ao cérebro o que deve ser feito de diferente da próxima vez. Essa é uma etapa sinalizadora e nela estão contidas as oportunidades de aprendizagem para o indivíduo e/ou para o grupo. Nesse momento, a empatia é crucial e pode fazer toda a diferença no resultado do processo.
- **Verificar se o que o que foi entendido pelo interlocutor é o que realmente se pretendia**: Esclareça com o colaborador o entendimento que ele teve sobre o que foi falado, solicitando que ele informe o que foi apresentado.
- **Discutir e apresentar sugestões sobre quais outros comportamentos poderiam ser adotados em uma próxima oportunidade**: A ideia é trabalhar com possibilidades, criar imagens mentais que possam servir para futuros comportamentos. Reflita com o interlocutor sobre os ganhos da adoção do novo comportamento.

Lembre-se também de observar o *feedback* velado durante toda a conversa. O *feedback* velado é a linguagem não verbal, expressas pela posição do corpo, pelos sinais mínimos, que mostrarão se o seu interlocutor está ou não aberto a ouvir o que você vai dizer.

5.4.3 Os mecanismos de defesa

Outro aspecto importante a ser observado pelo líder coach são os mecanismos de defesa. Ao conduzir um processo de *feedback*, mesmo que tenha observado todos os elementos fundamentais dessa prática, o líder coach não tem controle sobre os mecanismos de defesa acionados em seu interlocutor.

E o que são mecanismos de defesa?

> Forma de reação despertada por conflito, e que permite a proteção da autoimagem. Tanto os animais quanto o homem desenvolvem, no decorrer da sua evolução, alguns mecanismos (assim física como mentalmente) que têm a função de permitir ao ser vivo adaptar-se às condições do meio ambiente. Portanto, os mecanismos de defesa estão intimamente ligados à adaptação. A expressão foi criada por Freud, que também estudou diversos desses processos psicológicos de defesa, tais como racionalização, projeção, restrição do ego, sublimação, fantasia, idealização, e outros. (Portal da Psique, 2013)

Todas as pessoas possuem mecanismos de defesa, os quais apenas são considerados anormais quando assumem proporções exageradas. Silva (2012, p. 71) explica que "podemos entender os mecanismos de defesa como 'válvulas de escape' de uma panela de pressão: se não existirem, ou não funcionarem a contento, a panela explode". O autor informa, ainda, que a existência dos mecanismos de defesa é benéfica e até mesmo obrigatória, "pois graças a estes vamos vivendo razoavelmente bem com a dura realidade da vida" (Silva, 2012, p. 71).

O mecanismo de defesa não é um processo consciente: a pessoa não escolhe o padrão de comportamento defensivo. O comportamento assumido pelo indivíduo é fruto de processos internos, sobre os quais o líder coach, ao dar *feedback*, não detém nenhum controle.

> Este comportamento é provocado pelos próprios fatores psicológicos criados pelas circunstâncias, isto é, pelos processos de percepção, motivação e aprendizagem que estão em todos nós, e que ajudam a manejar as tensões e as necessidades emocionais. O funcionamento desses processos, encaminhando a este ou àquele mecanismo de defesa, é muito variável de pessoa para pessoa, parecendo haver uma adaptação da personalidade,

[sic] através da aprendizagem, podendo também ser uma reação de defesa que trará benefícios ou que trará malefícios ao ajustamento do indivíduo. (Portal da Psique, 2013)

E quais mecanismos de defesa podem ser disparados ao receber feedback? Selecionamos alguns relevantes ao *feedback*, com base nos escritos de Silva (2012, p. 72-86):

Quadro 5.7 – **Mecanismos de defesa**

Mecanismo de defesa	Característica
Compensação	Consiste na forma do ego em defender-se do que lhe parece um ponto fraco (real ou imaginário), por intermédio de um esforço enorme para superar a fraqueza, por vezes alcançando o extremo oposto.
Racionalização	É talvez o mecanismo de defesa mais utilizado. É uma forma engenhosa de aplicar as atitudes e os sentimentos, atribuindo-lhes motivações aceitáveis para o próprio indivíduo, mesmo não sendo aquelas que de fato o movem. São as desculpas que o indivíduo dá a si mesmo e que parecem ter uma lógica e honestidade indiscutíveis.
Substituição	A substituição, também chamada de *deslocamento*, é um mecanismo de defesa pelo qual as emoções voltadas para uma dada pessoa ou ideia são deslocadas para ou substituídas por outra ideia ou pessoa. Por exemplo: um colaborador que, após receber um *feedback* e ficar com muita raiva, sem ter podido descarregá-la naquele momento em seu chefe, ao chegar em casa briga com a esposa ou chuta o cachorro.
Autopunição ou masoquismo	Para aliviar a ansiedade nascida de um sentimento de culpa, derivado de um comportamento inadequado real ou imaginário, a pessoa se agride internamente. Outra possibilidade é que, pelas mesmas razões, busque punição por agente externo.

(continua)

(Quadro 5.7 – conclusão)

Mecanismo de defesa	Característica
Regressão	Por esse meio a pessoa volta a assumir comportamentos típicos da infância e pode passar a depender dos outros. A regressão geralmente ocorre em situações conflituosas com as quais a pessoa não consegue lidar de forma racional e madura. Um exemplo é uma pessoa que, ao receber um *feedback*, se entrega a um choro compulsivo.
Negação	É a não aceitação do fato. Da mesma forma que a regressão, a negação é um recurso do ego enfraquecido. O isolamento e a fuga também são formas de negação.

Fonte: Elaborado com base em Silva, 2012, p. 72-86.

Os mecanismos de defesa mais comuns de serem percebidos no ato do *feedback* são a negação, a racionalização e a regressão. Estar atento aos mecanismos de defesa pode contribuir para que o líder coach seja sensível ao tempo que o outro necessita para internalizar o que aconteceu e trabalhar na mudança.

Uma vez verificadas as habilidades do líder coach, convidamos você a conhecer as ferramentas que podem auxiliar este na identificação dos objetivos e na condução do processo de gestão.

5.5 Ferramentas para a liderança coaching

Ferramentas são instrumentos usados para a realização de um trabalho. *Ferramenta* é um termo que deriva do latim e se refere a um utensílio, dispositivo ou mecanismo intelectual (criatividade, inteligência, conhecimento, técnicas) ou físico (*hardware*, *software* etc.) utilizado na realização das tarefas. As ferramentas oferecem vantagens mentais ou mecânicas que facilitam a execução de uma tarefa.

Quando o líder se instrumenta com ferramentas de comprovada eficácia, ele facilita o trabalho, reduz o gasto de energia e obtém resultados de qualidade, pois está embasado em uma estrutura que contribui para a fluidez dos processos e para as mudanças.

As ferramentas que selecionamos para trabalhar a liderança coaching foram: o *brainstorming*, a análise Swot, o plano de ação e a investigação apreciativa.

5.5.1 *Brainstorming*

Brainstorming é uma ferramenta utilizada para a geração de ideias. Em inglês, o termo *brain* significa "cérebro" e *storming*, "tempestade". Traduz-se em português como "tempestade de ideias".

O termo *brainstorming* e as regras para o desenvolvimento da técnica foram publicados no livro *Applied Imagination: Principles and Procedures of Creative Thinking*, escrito pelo publicitário norte-americano Alex Osborn, em 1953. O autor criou a ferramenta para melhorar a geração de ideias novas e criativas em suas reuniões de trabalho.

O líder coach pode utilizar a ferramenta para gerar sinergia na equipe e impulsionar os colaboradores para a construção de soluções. A aplicação do *brainstorming* segue algumas etapas, como vemos no Quadro 5.8.

Quadro 5.8 – **Etapas do** *brainstorming*

Etapa	Método	Sugestões para condução
Introdução	Ao iniciar a sessão, esclareça os objetivos, a questão ou o problema a serem discutidos.	Crie um clima descontraído e agradável. Esteja certo de que todos entenderam a questão a ser tratada. Redefina o problema, se necessário.

(continua)

(Quadro 5.8 – conclusão)

Etapa	Método	Sugestões para condução
Geração de ideias	Estabeleça um tempo para que os participantes pensem sobre o assunto. Solicite, em sequência, uma ideia a cada participante, registrando-a. Caso um participante não tenha nada a contribuir, deverá dizer simplesmente "passo". Na próxima rodada, essa pessoa poderá dar uma ideia. São feitas rodadas consecutivas até que ninguém tenha mais nada a acrescentar.	Lembre-se de que todas as ideias são importantes, portanto, suspenda o julgamento e as avaliações. Incentive o grupo a dar o maior número de ideias. Mantenha um ritmo rápido na coleta e no registro das ideias. Registre as ideias da forma como forem ditas.
Revisão da lista	Pergunte se alguém tem alguma dúvida e, se for o caso, peça à pessoa que gerou a ideia para esclarecê-la.	O objetivo desta etapa é esclarecer, e não julgar.
Análise e seleção das ideias	Leve o grupo a discutir as ideias e a escolher aquelas que valem a pena considerar. Utilize o consenso nessa seleção preliminar do problema ou da solução.	Ideias semelhantes devem ser agrupadas. Descarte as ideias que não se aplicam. Certifique-se de que não haja monopolização ou imposição de algum participante.
Ordenação das ideias	Solicite que sejam analisadas as ideias que permaneceram na lista; Promova a priorização das ideias, solicitando a cada participante que escolha as três mais importantes.	A votação deve ser usada apenas quando o consenso não for possível.

Fonte: Adaptado de Sebrae, 2005, p. 2.

Para a aplicação do *brainstorming*, é fundamental que algumas regras básicas sejam observadas. Veja as recomendações do Quadro 5.9.

Quadro 5.9 – **Regras para o *brainstorming***

1.	Enfatizar a quantidade, e não a qualidade das ideias.
2.	Suspender críticas, avaliações ou julgamentos sobre as ideias.
3.	Apresentar as ideias tais como elas surgem, sem rodeios, elaborações ou maiores reflexões. Ideias aparentemente tolas são bem-vindas.
4.	Estimular todas as ideias, por mais "malucas" que possam parecer. As ideias consideradas "loucas" podem oferecer conexões para outras mais criativas.
5.	Aproveitar as ideias dos outros, criando a partir delas.
6.	Anotar as ideias nas palavras do participante sem interpretá-las.

Fonte: Adaptado de Sebrae, 2005.

O líder coach, ao conduzir uma sessão de *brainstorming*, deve estar atento às participações, criando uma atmosfera que favoreça a expressão de ideias, inclusive daqueles colaboradores mais tímidos, evitando que apenas poucos colaboradores, mais expansivos, dominem o momento. Tal ferramenta, se aplicada observando as regras e atentando aos detalhes, privilegia a instalação de uma cultura de estímulo à inovação e à criatividade.

E quais são os benefícios que o líder coach alcança ao aplicar o *brainstorming*? Em especial, exercita a escuta ativa, promove a identificação e a valorização das ideias da equipe, estimula o comprometimento da equipe ao buscar soluções conjuntas e identificar estratégias, amplia os modelos mentais e auxilia no processo de tomada de decisão compartilhada.

Cria, enfim, um círculo virtuoso de aprendizagem.

5.5.2 A análise Swot

> *Se você conhece o inimigo e conhece a si mesmo, não precisa temer o resultado de cem batalhas. Se você se conhece, mas não conhece o inimigo, para cada vitória ganha, sofrerá também uma derrota. Se você não conhece nem o inimigo, nem a si mesmo, perderá todas as batalhas.*
> (Sun Tzu, 2004, p. 340)

A análise Swot é uma ferramenta do planejamento estratégico que consiste em recolher dados importantes que identificam as forças e fraquezas do ambiente interno e as oportunidades e ameaças do ambiente externo à organização.

Swot é a sigla para os termos provenientes da língua inglesa:

Strengths (forças)
Weaknesses (fraquezas)
Opportunities (oportunidades)
Threats (ameaças)

A prática de mapear o ambiente remonta às grandes batalhas da história antiga e os primeiros registros escritos são atribuídos ao general de guerra chinês, Sun Tzu[1] (500 a.C.). A ideia da análise Swot é identificada na seguinte frase atribuída à Sun Tzu: "Concentre-se nos pontos fortes, reconheça as fraquezas, agarre as oportunidades e proteja-se contra as ameaças".

A primeira ideia de relacionar os parâmetros internos e externos da organização foi transformado em um método mais preciso de Swot na década de 1960. Uma equipe de pesquisadores do Instituto de Pesquisas de Stanford, formada por Marion Dosher, Dr. Otis Benepe, Albert Humphrey, Robert Stewart e Birger Lie, estudou 500 empresas para descobrir por que seus planejamentos falhavam. Os pesquisadores chegaram então à análise Soft (satisfação, oportunidades, falhas e ameaças), que objetivava trabalhar as falhas no planejamento. Ao apresentarem seu trabalho para Urick e Orr em um Seminário na Suíça, em 1964, substituíram o "F", de *fault* (falha), pelo "W" de *weakness* (fraqueza), com

---

[1] Sun Tzu foi um general chinês que viveu no século IV a.C. e que, ao comandar o exército real de Wu, acumulou vitórias, derrotou exércitos inimigos e capturou seus comandantes. Profundo conhecedor de manobras militares, estratégias de combate e táticas de guerra. Seu livro *A arte da guerra* é uma referência utilizada até os dias de hoje no estudo de estratégia nos cursos de Administração.

o entendimento de que *falha* se refere a um evento presente e *fraqueza* remete ao futuro, pois, quando se planeja, o olhar se direciona para o futuro (Pahl; Richter, 2007).

O modelo Swot não foi apresentado por apenas um pesquisador ou por uma equipe, mas foi se desenvolvendo e sendo aprimorado passo a passo por diversos pesquisadores no decorrer do tempo, inclusive com outras diversas variações. Assim, o modelo consolidou-se como uma técnica poderosa para o planejamento estratégico.

No modelo Swot, as informações colhidas acerca do ambiente são dispostas em uma matriz que favorece a visualização dos fatores positivos e negativos de cada ambiente.

Figura 5.9 – **Matriz Swot**

	Fatores positivos	Fatores negativos
Fatores internos	FORÇAS **Strengths** OPORTUNIDADES	FRAQUEZAS **Weakness**
Fatores externos	**Opportunities**	**Threats** AMEAÇAS

A matriz elabora um inventário dos fatores positivos e negativos do ambiente interno, traduzidos em forças e fraquezas, a saber:

- **Forças**: Atributos da organização, da unidade, da área ou do departamento que tenham possibilidade de impactar de maneira positiva no alcance dos objetivos desejados. Assim, podem ser desenvolvidas estratégias para capitalizar tais forças.
- **Fraquezas**: Atributos da organização, da unidade, da área ou do departamento que tenham possibilidade de impactar de maneira negativa no alcance dos objetivos desejados. Com isso, podem ser desenvolvidas estratégias para minimizar tais efeitos negativos.

A matriz elabora ainda uma pesquisa sobre fatores positivos e negativos do ambiente externo, traduzidos em oportunidades e ameaças, a saber:

- **Oportunidades**: Condições externas à organização, à unidade, à área ou ao departamento que tenham possibilidade de impactar de maneira positiva no alcance dos objetivos desejados. Podem ser identificadas estratégias para explorar tais oportunidades.

- **Ameaças**: Condições externas à organização, à unidade, à área ou ao departamento que tenham possibilidade de impactar de maneira negativa no alcance dos objetivos desejados. Podem ser identificadas estratégias para evitar tais ameaças.

A análise Swot também pode ser utilizada de forma estratégica no momento em que o líder coach precisa tomar decisões, como escolhas de projetos, de questões relacionadas à gestão de sua equipe – enfim, em qualquer momento que demande escolha entre duas ou mais situações. Nesse caso, a matriz Swot deve ser levantada para cada situação e, então, comparados os resultados. No coaching essa aplicação é chamada de *Swot estratégico*.

A ferramenta pode ainda ser utilizada na liderança coaching para mapear as forças e as fraquezas da equipe ou de cada indivíduo dentro da equipe, de modo a potencializar as oportunidades de desenvolvimento dos colaboradores.

A análise é feita por meio de perguntas que, ao serem respondidas, revelam o estado atual da matriz Swot, conforme veremos no Quadro 5.10.

Ressaltamos a relevância de ser absolutamente realista ao elaborar a análise, de modo que o indivíduo seja confrontado com os pontos que demandam melhorias e conheça as ameaças. Assim podemos optar por criar estratégias para fortalecer ainda mais os pontos fortes e aproveitar melhor as oportunidades.

Quadro 5.10 – **Perguntas para construir a análise Swot**

Forças	Quais são seus pontos fortes? Quais são seus talentos? O que você faz que lhe dá muito prazer? O que você faz melhor do que os outros? Quais são os recursos que destacam você dos outros? Quais pontos fortes as pessoas veem em você? O que as pessoas apreciam em você?
Oportunidades	Que oportunidades você pode obter com seus pontos fortes? Que oportunidades seus talentos lhe trazem? Que possibilidades de atuação seus talentos podem lhe oferecer? Como seus talentos podem contribuir para que você obter os resultados desejados na vida pessoal e profissional? Que parcerias podem ser desenvolvidas em função de seus pontos fortes? Como seus pontos fortes contribuem para o desenvolvimento de suas atividades? Como seus talentos contribuem para melhorar seus relacionamentos? Como seus pontos fortes podem ser utilizados para contribuir para o resultado de outras pessoas/seus colegas/sua organização?
Fraquezas	Em que você pode melhorar? Quais conhecimentos precisam ser aprofundados? Que comportamentos podem ser adotados para ganhar oportunidades? Quais práticas, atitudes e pensamentos que você deveria evitar? O que lhe faz perder oportunidades (pensamentos, crenças, atitudes, estados emocionais, ações)? Quais recursos você pode instalar e desenvolver em você? O que as pessoas percebem como seus pontos fracos? Quais são os pontos fracos que os outros apontam em você com os quais você não concorda? O que você pode perder se continuar com esses pontos fracos?
Ameaças	Que obstáculos você encontra (no seu dia a dia, em sua atuação)? O que está mudando em seu trabalho? O que você tem que buscar para atender às novas exigências do mercado de trabalho? Quais competências são exigidas das pessoas que estão ingressando em seu departamento ou em sua organização?

A análise irá possibilitar a identificação dos pontos mais adequados a serem trabalhados nos diferentes momentos, de modo a impulsionar resultados desejados. Para o colaborador, oferece um momento de reflexão acerca de sua atuação, legitimada pelo fato de que ele mesmo chegou a tais descobertas sobre si, sobre as estratégias que ele tem adotado, os resultados que tem tido e as mudanças que são necessárias realizar.

A análise Swot é uma ferramenta que oferece subsídios para outra ferramenta fundamental do processo de coaching: o plano de ação.

5.5.3 Plano de ação

O líder coach, perante os resultados obtidos, pode desafiar a si mesmo, aos seus pares e a sua equipe de maneira constante por meio de duas perguntas:

- O que você aprendeu com isso?
- O que pode ser feito de diferente na próxima vez?

Essas perguntas são impulsionadoras de ações para o autodesenvolvimento do líder e o desenvolvimento do colaborador, da equipe e da organização. A primeira pergunta promove a reflexão sobre os **aprendizados** viabilizados pelos resultados obtidos. A segunda pergunta esclarece o que especificamente precisa ser feito, pede ações. É o **fazer**!

Destacamos que o fazer resultante das reflexões dos aprendizados levam o indivíduo, a equipe e a organização a executarem ações planejadas, e não ações aleatórias. A visão do resultado final desejado determina as ações que serão desenhadas e realizadas.

E qual é a importância de planejar?

Planejar é fundamental para garantir o alcance dos resultados. Daí a importância de investir tempo para a definição das ações. Quanto mais específicas forem tais ações, maior a possibilidade de eficácia.

O que é um plano de ação? Ele nada mais é que um modelo para o acompanhamento das atividades, compreendendo o planejamento, a organização, a direção e o controle. É uma das etapas do processo de coaching, conduzida após a identificação do estado atual – ou seja, o passo seguinte ao diagnóstico da situação e o estabelecimento do estado desejado. Para tanto, a ferramenta **5W3H** revela-se útil para a elaboração do plano de ação, uma vez que se propõe a organizar e a detalhar as ações a serem realizadas pelo coachee, pelo colaborador ou pela equipe. A ferramenta consiste em responder a oito perguntas: O quê?, Por quê?, Como?, Quem?, Onde?, Quando?, Quanto custa? e Como mensurar? O que significa 5W3H?

> *What*: O quê?
> *Why*: Por quê?
> *When*: Quando?
> *Where*: Onde?
> *Who*: Quem?
> *How*: Como?
> *How much*: Quanto?
> *How to measure*: Como mensurar?

O 5W3H é construído com a utilização de uma planilha que permite a visualização rápida e simples de todas as ações a serem realizadas do início ao fim da empreitada. Adota-se vocabulário simples, sempre representado na linguagem positiva, focando aquilo que se quer realizar e não aquilo que se deseja evitar.

Observe o Quadro 5.11.

Quadro 5.11 – **Orientações para elaborar a planilha 5W3H**

O quê?	Apontar as ações a serem realizadas utilizando linguagem positiva.
Por quê?	Identificar as razões e o propósito da ação (convencimento interno que gera o comprometimento do coachee).
Como?	Definir as estratégias, clarificar os caminhos que serão percorridos para o alcance dos objetivos.

(continua)

(Quadro 5.11 – conclusão)

Quem?	Identificar quem irá fazer a ação e/ou quem mais será envolvido ou comunicado no transcurso de execução da ação.
Quando?	Data ou horizonte de tempo – estabelece o início e o prazo limite para a realização daquela ação.
Onde?	Locais onde será realizada a ação.
Quanto?	Recursos a serem mobilizados para a consecução da ação (financeiros, materiais).
Como mensurar?	Identificar os indicadores ou a avaliação para verificar se a ação foi concluída. Evidências sensoriais da concretização do resultado estabelecido para a ação.

A planilha é composta por colunas e linhas. As colunas expressam os 5W3H e o *status* de cada ação. Nas linhas são descritas as ações e seus desdobramentos, em termos de propósitos, estratégias, responsabilidades, prazo e investimentos. Podem-se utilizar quantas linhas forem necessárias – tantas quantas forem as ações definidas. Pode-se ainda incluir uma coluna para informar o *status* de cada ação.

Na sequência, apresentamos informações detalhadas sobre os 5W3H que auxiliarão no momento do preenchimento da planilha.

a) O quê?

Essa pergunta refere-se às ações que serão desenvolvidas. Para promover a mudança do estado atual para o estado desejado de resultados, o objetivo é estabelecido e desdobrado em ações, que são passos dispostos em uma sequência de modo a permitir vencer etapas para o alcance do objetivo. Tais ações devem ser formuladas de modo a serem iniciadas, finalizadas e controladas pelos envolvidos no planejamento, responsáveis pela condução do processo. Por se tratar de uma ação, utiliza-se sempre o registro começando com um **verbo**.

b) Por quê?

Essa pergunta refere-se ao **propósito** ou aos motivos pelos quais as ações serão conduzidas. É uma negociação da pessoa consigo mesma ou com a equipe. É a clarificação da importância de realizar a ação. Ao responder a essa pergunta, aquele que realiza a ação gera um compromisso com ele mesmo e mobiliza a energia interna para colocá-la em prática – é a motivação, que se origina da palavra latina *movere* e que significa "aquilo que te coloca em movimento". É o movimento para a ação.

Observe esta breve passagem:

> Três pedreiros preparavam tijolos em uma construção.
> Um homem que passava aproximou-se do primeiro e perguntou:
> — O que está fazendo, meu amigo?
> — Tijolos – respondeu secamente.
> Dirigindo-se ao segundo pedreiro, o homem perguntou-lhe a mesma coisa.
> — Trabalhando pelo meu salário – foi a resposta.
> Para o terceiro pedreiro, o passante fez ainda a mesma pergunta:
> — O que está fazendo, meu amigo?
> Fitando o estranho com alegria, o operário, respondeu com entusiasmo:
> — Construindo a catedral da cidade!

Fonte: Rangel, 2003, p. 173.

A tendência é que o coachee, o colaborador ou a equipe, ao criar a visão do resultado, comprometa-se e permaneça atento e focado no propósito. Mais importante que realizar a ação é projetar a "catedral" que se está construindo.

Você já parou para pensar como é seu desempenho quando você realmente reconhece a importância de uma ação comparado ao seu desempenho quando você executa algo mecanicamente? O resultado é o mesmo?

Quando estamos convencidos do real propósito daquela ação, entregamos-nos à tarefa por inteiro, com comprometimento. Quando assumimos o compromisso, ganhamos muito mais energia para a realização das tarefas. Tanto nas organizações quanto na vida pessoal, é fundamental internalizar o significado daquilo que se está fazendo. Então, passa-se a atuar à altura dos valores. Fazer porque é importante, não porque existe a obrigação. Remete à Teoria da Gestalt, pois, no momento que a importância de algo é compreendida e assimilada, muda-se de ponto de vista, possibilitando a mudança do comportamento e, consequentemente, no padrão de resultados.

c) Como?

O *como* se refere à estratégia. *Estratégia* é a ação ou o caminho mais adequado a ser percorrido para alcançar uma meta, um objetivo ou um resultado desejado. É sábio identificar com clareza os objetivos, pois a essência do sucesso reside na estratégia, na identificação dos caminhos para chegar aos resultados. Um estrategista vislumbra possibilidades. E ter mais de uma possibilidade significa ter flexibilidade. Flexível é o profissional que encontra possibilidades onde os demais nada enxergam.

Observe a metáfora:

> Alguns ratos, que viviam com medo de um gato, um dia resolveram fazer uma reunião para encontrar um jeito de acabar de vez com aquele eterno transtorno. Muitos planos foram discutidos e abandonados. Por fim, um rato jovem levantou-se e deu a ideia de pendurar uma sineta no pescoço do gato; assim, sempre que o gato estivesse se aproximando, eles ouviriam a sineta e poderiam fugir correndo. Todo mundo bateu palmas, o problema estava resolvido. Ouvindo aquilo, um rato velho, que tinha ficado o tempo todo calado, levantou-se lá do seu canto. O rato falou que o plano de fato era muito inteligente e que, com toda a certeza, as preocupações deles tinham chegado ao fim. Só haviam se esquecido de acertar uma coisa: como a sineta seria pendurada no pescoço do gato?

Fonte: Adaptado de Rangel, 2003, p. 177.

Uma boa ideia deve vir acompanhada de uma estratégia à altura para que se realize. Quando se tem a visão do objetivo, é importante que se desenhe mais de um caminho, pois, se um deles não funcionar, haverá outras alternativas para alcançar os resultados.

d) Quem?

Essa pergunta determina a responsabilidade. Em primeira instância, as ações devem ser criadas, executadas e controladas pelos envolvidos. Contudo, determinadas ações demandam parcerias e a mobilização de outras pessoas. Por isso, também é importante definir "com quem" agiremos.

Em um plano de ação empresarial, a coluna "quem" remete à definição de responsabilidades, o que facilita o acompanhamento, o controle e a tomada de ações corretivas. Já no coaching, a responsabilidade só pode ser do coachee, pois não se pode transferir a terceiros a incumbência de uma realização pessoal. No caso da liderança coaching, a responsabilidade deve ser atribuída de modo que permaneça sob a ação do colaborador, da equipe ou do líder coach.

e) Onde?

Esse item corresponde ao local ou aos locais em que a ação será realizada. No plano empresarial, essa pergunta serve para definir toda a questão logística da ação. Auxilia a esclarecer as implicações ou demandas e a responder às demais questões.

Imagine que o objetivo do indivíduo seja a realização de um curso em outra cidade. Essa definição demandará uma série de providências ou o estabelecimento de uma logística, como passagem, alimentação, hospedagem – enfim, recursos.

f) Quando?

Essa questão refere-se às datas, aos prazos e/ou ao cronograma. O estabelecimento de prazos é fundamental para a gestão e o controle do processo. O cronograma é uma ferramenta poderosa para a manutenção da disciplina. Um profissional organizado tem muito mais chances e recursos para atingir os objetivos. O prazo contribui também para o monitoramento e o controle das ações, bem como favorece o replanejamento.

Quando os prazos deixam de ser atendidos com frequência, é necessário investigar os motivos, uma vez que esse problema pode significar que o planejamento necessita de adequações ou indicar dificuldades, tais como ausência de recursos.

O cérebro trabalha mediante desafios e regras, daí a importância do estabelecimento de data, horários e prazos para gerar ação. Quando se deixa algo em aberto, livre de prazos, existe uma grande possibilidade de não se mobilizar energia para a realização das tarefas, uma vez que o cérebro não se comprometeu com tal entrega.

O processo de coaching é realizado em ciclos, por isso é recomendável estabelecer ações de curto prazo.

g) Quanto?

Essa pergunta refere-se aos **recursos** que serão mobilizados para a realização da ação. É importante que se estabeleçam os valores ou dispêndios a serem alocados, de modo a programar o desembolso ou a previsão dos recursos necessários.

Ainda que não seja necessário desembolso financeiro, sempre haverá recursos, como horas de trabalho e outros, materiais ou logísticos.

h) Como mensurar?

A mensuração requer, ao se estabelecer os objetivos e as metas, a definição das **evidências** ou os elementos que informem de maneira indubitável que o objetivo foi alcançado. A pergunta a ser respondida nesse caso é: Como é que você vai saber que seu objetivo foi atingido?

Tomemos, por exemplo, uma pessoa que tem por objetivo se formar em um curso superior. Observe o diálogo a seguir.

— Qual é o seu objetivo?
— Meu objetivo é me formar em um curso superior.
— E como é que você vai saber que o seu objetivo foi alcançado?
— Quando eu tiver meu diploma em mãos.

As evidências são instrumentos que possibilitam a verificação e o acompanhamento dos resultados obtidos. Além da verificação do resultado final, é importante o acompanhamento constante durante todo o desenvolvimento da ação, para monitorar se estamos nos aproximando ou nos desviando da rota que levará ao alcance do objetivo.

Outro elemento útil para o acompanhamento das ações é a definição do *status*, que indica se a ação está em andamento, se foi concluída, iniciada ou atrasada. A indicação do *status* possibilita uma clara visualização do que já foi feito e do que ainda falta fazer.

Além de observar os passos para a elaboração do plano de ação, na prática da liderança coaching existe um elemento que é especialmente importante: a **comemoração**. Ao comemorar os resultados obtidos, as estruturas de recompensa do cérebro são ativadas e oferecem um reforço positivo, aumentando a satisfação, o moral e a confiança sobre a conquista dos resultados.

A comemoração impacta diretamente sobre a autoestima, o autoconceito e a autoimagem do colaborador e da equipe, abrindo caminho para buscar outros resultados que proporcionem igual satisfação, gerando um círculo virtuoso de realizações. Por isso, tanto as pequenas quanto as grandes conquistas ou vitórias merecem ser comemoradas com vistas ao benefício que a sensação de realização proporciona.

A alegria, a satisfação, a confiança, enfim, os estados positivos, conectam o indivíduo ao seu núcleo de forças e ao seu núcleo doador de forças, que impulsionam a mudança. Nesse sentido, buscamos a contribuição da investigação apreciativa – uma metodologia que pode ser amplamente utilizada pelo líder coach ou pelo coach.

5.5.4 Investigação apreciativa

A investigação apreciativa (IA) é uma metodologia potencializadora para abraçar a mudança, pois tem o foco no núcleo positivo. O núcleo positivo é o **núcleo doador de forças** que acentua a energia e a visão para alcançar a mudança, bem como o exercício contínuo da mudança positiva.

Vamos esclarecer o conceito de investigação apreciativa? Então, perguntamos: O que significa investigar? E apreciar?

De acordo com Cooperrider, Whitney e Stavros (2008, p. 17):

> **Investigar:** v.1 O ato de exploração e descoberta. 2. Fazer perguntas, estar atento aberto a ver novos potenciais e possibilidades. Sinônimos: descobrir, buscar, explorar sistematicamente e estudar.
>
> **Apreciar:** v.1 Valorar, o ato de reconhecer o melhor nas pessoas ou no mundo a nossa volta, afirmando as forças, sucessos e potenciais passados e presentes, perceber essas coisas que dão vida (saúde, vitalidade, excelência) aos sistemas vivos. Sinônimos: valor, estima, honra.

Fonte: Cooperrider; Whitney; Stravos, 2008, p. 17.

A IA originou-se a partir das pesquisas e dos trabalhos desenvolvidos por David Cooperrider, estudante de doutorado da Case Western Reserve University, na década de 1980. O pesquisador estava ajudando Al Jensen a fazer sua dissertação sobre liderança médica na Cleaveland Clinic e solicitou aos líderes da medicina que contassem seus maiores sucessos e seus maiores fracassos.

Ao ler os dados, o pesquisador foi cativado apenas pelas histórias de sucessos. O que o impressionou nos relatos foi o nível de colaboração positiva, inovação e gestão igualitária na referida clínica, quando esta era mais eficiente. A partir daí desenvolveu e validou um método para analisar tudo aquilo que fosse valioso – as histórias e os casos das ações que obtiveram sucesso – e usar a análise positiva para identificar as potencialidades e possibilidades para o futuro.

A IA é definida como a busca colaborativa e evolutiva em conjunto pelo melhor que existe nas pessoas, em suas organizações e no mundo que as rodeia. Envolve a descoberta do que dá "vida" a um sistema vivo quando ele é mais eficiente, vibrante e construtivamente capaz em termos econômicos, ecológicos e humanos. Relaciona-se, também, com a arte e a prática de formular perguntas que fortalecem a capacidade do sistema de assimilar, prever e ressaltar o potencial positivo.

> O potencial positivo é a força que possibilita a uma organização enfrentar os desafios impostos pelo ambiente. Para tanto, quebra o paradigma da gestão baseada em problemas para um modelo de gestão afirmativo ou apreciativo.

A IA, assim como a solução de problemas, investiga o passado, porém com uma abordagem diferente. Na IA, é extraído do passado aquilo que resultou em sucesso, enquanto na solução de problemas é analisado o que levou ao problema. O quadro a seguir apresenta a comparação entre a abordagem da solução de problemas e a abordagem da IA.

Quadro 5.12 – **Solução de problemas × IA**

Soluções de problemas	Investigação apreciativa
Identificação do problema	Apreciar e valorizar o melhor: "O que é"
Análise do problema	Dar visão a: "O que deveria ser"
Análise das possíveis soluções	Dialogando: "O que pode ser"
Planejamento das ações	Inovando: "O que será"
Pressupões: a organização é um problema a ser resolvido	Pressupões: A organização é um mistério a ser abraçado
Pergunta-chave: O que está no caminho daquilo que queremos?	Pergunta-chave: O que você quer criar?

Fonte: Adaptado de Cooperrider; Whitney; Stravos, 2008, p. 34.

Na IA, todos os níveis de uma organização e seus interessados são envolvidos em um processo de aprendizagem e criação conjunta. Tem como ponto de partida a descoberta da organização como um todo por meio da análise do núcleo positivo e da compreensão de sua complexidade (tecnologia, produtos ou serviços, tamanho, mercado) e de suas forças ou potencial positivo.

O potencial positivo é a força que possibilita a uma organização enfrentar os desafios impostos pelo ambiente. Para tanto, quebra o paradigma da gestão baseada em problemas para um modelo de gestão afirmativo ou apreciativo.

A investigação apreciativa parte do pressuposto que a organização é uma "solução a ser adotada", e não um "problema a ser resolvido". Para tal, a metodologia adota o ciclo de 4-D da investigação apreciativa, conforme a Figura 5.10.

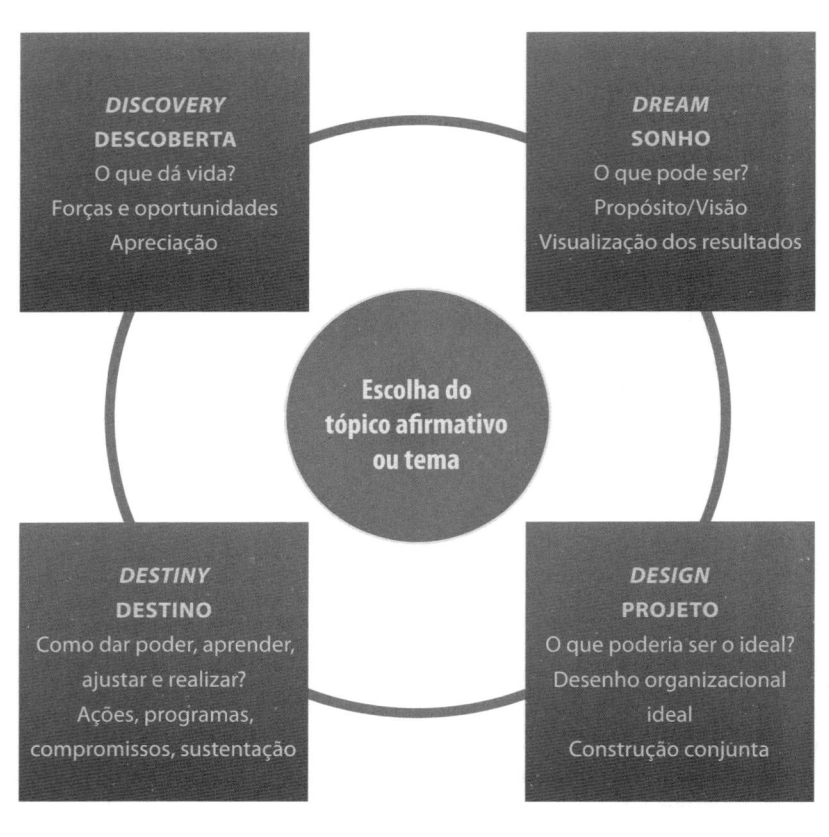

Figura 5.10 – **Ciclo 4-D da investigação apreciativa**

```
┌─────────────────────────┐         ┌─────────────────────────┐
│   DISCOVERY             │         │   DREAM                 │
│   DESCOBERTA            │         │   SONHO                 │
│   O que dá vida?        │         │   O que pode ser?       │
│   Forças e oportunidades│         │   Propósito/Visão       │
│   Apreciação            │         │   Visualização dos      │
│                         │         │   resultados            │
└─────────────────────────┘         └─────────────────────────┘
              ╲                   ╱
               ╲   ┌──────────┐  ╱
                ╲  │ Escolha do│ ╱
                   │  tópico   │
                   │ afirmativo│
                   │  ou tema  │
                ╱  └──────────┘  ╲
               ╱                  ╲
┌─────────────────────────┐         ┌─────────────────────────┐
│   DESTINY               │         │   DESIGN                │
│   DESTINO               │         │   PROJETO               │
│   Como dar poder,       │         │   O que poderia ser     │
│   aprender, ajustar     │         │   o ideal?              │
│   e realizar?           │         │   Desenho organizacional│
│   Ações, programas,     │         │   ideal                 │
│   compromissos,         │         │   Construção conjunta   │
│   sustentação           │         │                         │
└─────────────────────────┘         └─────────────────────────┘
```

Fonte: Elaborado com base em Cooperrider; Whitney; Stravos, 2006, p. 18.

No centro do ciclo está a escolha de um tópico afirmativo, justo o ponto de partida e o aspecto estratégico mais importante de qualquer processo de investigação apreciativa. A seleção dos temas oferece a oportunidade para que os integrantes da organização construam um caminho estratégico em direção ao futuro. Os tópicos são escritos em forma de perguntas que estruturam as entrevistas da fase de descoberta. Todos os temas levantados estão a serviço da aprendizagem, do compartilhamento, do conhecimento e da inspiração para a ação (Cooperrider; Whitney; Stravos, 2006, p. 19).

A partir daí se inicia o processo dos 4-Ds. O ciclo dos 4-Ds estabelece as seguintes bases para a aplicação da investigação apreciativa, de acordo com Cooperrider, Whitney; Stravos (2008, p. 18-19, 156-157):

- **Descoberta** (*Discovery*): Consiste em mobilizar o sistema inteiro por meio do engajamento de todos os interessados na articulação de pontos fortes e melhores práticas. Identificar o melhor do que tem sido e do que pode ser. Busca a história para trazer à tona os temas-chave que sustentaram os tempos em que a organização estava mais viva, em seu apogeu.

Os participantes, por meio de entrevistas, identificam o núcleo positivo da organização. Então o discutem e visualizam as características das quais mais se orgulham, avaliando as mais bem-sucedidas e mais capazes de construir um futuro competitivo. Pergunta-se a eles:

- Quem somos?
- Quem representamos?

Então, o grupo dialoga sobre o motivo de estarem ali e sobre suas expectativas. As principais atividades dessa fase incluem:

a) definir o contexto e o propósito da reunião;
b) conduzir entrevistas de investigação apreciativa;
c) enaltecer histórias de entrevistas de IA já realizadas;
d) mapear o núcleo positivo;
e) lançar uma busca pela continuidade (que envolve identificar e preservar o que a organização faz de melhor).

- **Sonho** (*Dream*): É a fase destinada a criar uma visão clara e compartilhada, voltada para resultados e para a visualização do mais alto propósito em relação ao potencial descoberto. Quando o melhor do que se pode ser tiver sido identificado, a mente naturalmente começará a buscar além e visualizar novas possibilidades. Essa visualização envolve o pensamento dedicado, a criação de uma imagem positiva de um futuro desejado e escolhido.

Os participantes se dividem em pequenos grupos e visualizam o potencial de sua organização para a influência e os impactos positivos.

- Como a empresa será no ano de 20XX?
- O que estará acontecendo? (Perguntas com visão dissociada[2]).
- O que está melhor?
- Que coisas positivas os interessados estão comentando? (Perguntas com visão associada[3]).

As principais atividades incluem:

a) criação do sonho;
b) o compartilhamento do sonho; e
c) a vivência do sonho.

- Projeto (*Design*): Também traduzido como *planejamento*, nessa fase se cria um desenho da arquitetura organizacional que envolve um conjunto de ações inovadoras para alcançar a visão positiva idealizada no sonho.

As histórias de sucesso da organização são usadas para criar propostas fundamentadas no melhor do que a organização já foi. É a fase em que são criadas proposições positivas e provocativas e desenhada uma estrutura para a mudança (ações/projetos). É o exercício de articular possibilidades para a organização ideal, fazendo um desenho que permita que as pessoas se sintam capazes de participar e ampliar o núcleo positivo. As proposições provocativas redirecionam as ações diárias, criando uma visão compartilhada pelos integrantes da organização.

- Destino (*Destiny*): Também é traduzido como "futuro" ou "entrega". A meta da fase é garantir que o sonho possa ser realizado. A perspectiva da IA verifica a função da improvisação na construção do gerenciamento apreciativo na estrutura da cultura organizacional, rompendo o *status quo*[4].

A equipe de planejamento declara publicamente as ações pretendidas e pede o apoio da organização como um todo e em todos os níveis. Grupos autosselecionados planejam os próximos passos para a institucionalização

---

2 Visão dissociada: o que não está dentro da experiência, que observa de fora como se fosse um expectador assistindo a um filme.
3 Visão associada: dentro de uma experiência, de plena posse de todos os seus sentidos, vendo, ouvindo e sentindo.
4 *Status quo* é a ordem estabelecida das coisas, o estado atual.

e a vitalidade continuada. Aí é onde o sonho se torna realidade. Assim como nas demais fases, essa etapa é cheia de diálogo contínuo. O quadro a seguir apresenta uma síntese da metodologia da IA, em termos de pressuposições, princípios metodológicos e resultados esperados.

Quadro 5.13 – Síntese da metodologia da IA

	INVESTIGAÇÃO APRECIATIVA
Preposições	A confiança da jornada ao futuro pode ser maior quando se levar o melhor de seu passado. A linguagem que usamos cria a nossa realidade. Em quaisquer organizações, grupos ou indivíduos há talentos e habilidades únicas. Focar para se criar a realidade que desejamos. O ato de questionar inicia uma mudança.
Princípios metodológicos	Antecipatório – uma imagem do futuro antecede a mudança. Construtivista – nossa capacidade para imaginar e criar um futuro permite que as organizações possam ser alteradas ou reconstruídas. Poético – organizações são como um livro aberto. O livro está aberto a múltiplas interpretações e conclusões. Positivo – perguntas positivas levam a mudanças positivas. Os sistemas se movem na direção das perguntas feitas. Simultaneidade – as sementes da mudança são plantadas com a primeira pergunta feita. Investigação e intervenção são ações simultâneas.
Resultados esperados	Criar ambiente onde pessoas escolhem como querem contribuir. Criar oportunidades para que todos sejam ouvidos. Criar oportunidade para pessoas sonharem e compartilharem sonhos. Criar bons relacionamentos. Emergir o melhor das pessoas e elas verem o melhor dos outros e das coisas. Encorajar e habilitar as pessoas a serem positivas. Focar no sonho mais ousado de possibilidade positiva. Gerar cooperação e inovação. Gerar senso de importância nas pessoas. Liberar poder e aprendizagem individual e organizacional. Oferecer às pessoas apoio para agir.

Fonte: Globe, 2010, citado por Vivas, 2011, p. 27.

Diversas organizações em todo o mundo, a exemplo da Avon (México), da British Airways (América do Norte), da Nasa, da Marinha americana (EUA) e da Organização das Nações Unidas (ONU), entre outras, adotaram a metodologia da IA.

Observe a seguir o depoimento do presidente da GTE, Thomas White, a respeito da IA.

> A Investigação Apreciativa pode conseguir para você resultados bem melhores do que procurar e solucionar problemas [...]. Nós concentramos volumosos recursos na correção de problemas que causaram impacto relativamente menor sobre nosso desempenho geral de serviços [...] quando utilizada continuamente e durante um longo período, essa abordagem (de foco no problema) pode conduzir a uma cultura negativa. Se você combinar uma cultura negativa com todos os desafios que enfrentamos hoje, será fácil convencer a nós mesmo de que temos problemas demais para enfrentar – uma sensação paralisante de inutilidade.
>
> E, ainda assim, se jogarmos a moeda para cima, temos muita coisa para nos animar. Estamos no negócio mais dinâmico e influente de nossa época. Temos que estar empolgados, motivados e animados. Podemos ficar assim se apenas mudarmos de posição e começarmos a olhar para nossos empregos (e para nós mesmos) de maneira diferente – cessando nosso diálogo interno negativo e comemorando nossos sucessos. Se nós analisarmos o que fazemos bem e aplicarmos as lições às coisas que fazemos mal, podemos solucionar nossos problemas e revigorar a organização ao mesmo tempo [...]. No longo prazo é provável que dê mais certo: desmoralizar uma força de trabalho bem-sucedida, concentrando-se em suas falhas ou ajudando-a em seus últimos obstáculos para construir uma ponte com seus sucessos?
>
> Não me entenda mal. Não estou defendo a conversa otimista sem razão de ser. A Investigação Apreciativa é uma ciência complexa criada para fazer as coisas de modo melhor. Não podemos ignorar os problemas. Apenas precisamos abordá-los de uma outra forma.

Fonte: Cooperrider; Whitney; Stravos, 2008, p. 5.

O texto de White contém profundos elementos da psicologia positiva, na busca pelo núcleo de força, e também da Gestalt, pois convida a olhar a situação sob outro prisma. Mudando a perspectiva, muda-se a visão. Essa é a ideia por trás da aplicação IA ao coaching.

A investigação apreciativa é importante para o líder coach porque o leva a construir a cultura da aprendizagem apreciativa. Essa cultura rompe com o paradigma da mudança baseada no déficit, que é aquela que traz consequências involuntárias, como respostas fragmentadas repletas de lamento, ausência de novas imagens positivas de futuro, fadiga, tecido de relacionamentos enfraquecido e cultura reativa (Cooperrider; Whitney; Stravos, 2008).

O líder coach pode contribuir para a construção da cultura positiva com base na metodologia da IA instigando os colaboradores e a equipe com as seguintes perguntas:

- O que foi bom?
- O que você aprendeu?
- E com este aprendizado, o que pode ser feito de diferente da próxima vez?

Assim, a cultura da aprendizagem apreciativa posiciona o foco no futuro e nas possibilidades. A forma de olhar baseia-se sempre nos ganhos e cria imagens impulsionadoras para resultados inovadores.

Síntese
Este capítulo apresentou a liderança e o papel crucial do líder coach para o desenvolvimento da equipe, para a cultura da aprendizagem contínua e para os resultados da organização. Na liderança coaching, o primeiro passo é romper com a cultura da vitimização de seus colaboradores e contribuir para que desenvolvam a proatividade em seus pensamentos, seus comportamentos e suas escolhas.

Refletimos sobre o importante papel da cultura da proatividade, pois, quando esta é fomentada na organização e na equipe, o líder estabelece uma prática na qual os seus colaboradores, em vez de procurar culpados e razões externas aos resultados obtidos – padrão reativo de comportamento –, buscam meios para adquirir, corrigir e aperfeiçoar as condições que permitem obter resultados diferentes, avaliando constantemente suas estratégias e mantendo o foco nas possibilidades.

Abordamos também as habilidades do líder: observar, falar, ouvir e dar *feedback*.

Apresentamos ainda os mecanismos de defesa, que, quando acionados, geram uma autoproteção e funcionam como válvulas de escape. Ao entender tais mecanismos, o líder coach aumenta sua compreensão acerca dos processos de seu liderado, facilitando o *feedback* e a aprendizagem. Por fim, escolhemos algumas ferramentas de fácil aplicação e de alta eficácia para conhecer o estado atual da organização e de seus colaboradores e encaminhá-los para o resultado desejado: o *brainstorming*, a análise Swot, o plano de ação e a investigação apreciativa. Tais ferramentas contribuem intensamente para que os líderes coaches promovam mudanças positivas nas organizações.

Questões para revisão

1. Leia com atenção as afirmações a seguir:
   I) O estilo de liderança adotado por um líder pode assinalar a diferença de uma equipe coesa, com fortes laços de confiança, criativa, participativa e com uma cultura de aprendizagem.

   Porque

   II) A atuação do líder impacta nos aspectos técnicos, que incidem sobre as tarefas e os aspectos humanos, que determinam a qualidade das relações.

   Assinale a alternativa correta:

   a) A primeira afirmação é verdadeira e a segunda é falsa.
   b) As duas afirmações são verdadeiras e a primeira não completa a segunda.
   c) A primeira afirmação é falsa e a segunda é verdadeira.
   d) As duas afirmações são verdadeiras e a primeira completa a segunda.
   e) As duas afirmações são falsas.

2. A expressão *reação de desperdício* refere-se ao processo comum de reação inefetiva em relação à situação apresentada. Sobre as reações de desperdício, assinale (V) para verdadeiro e (F) para falso:

( ) Emoções ou argumentos que geram discórdia, desânimo, falta de confiança, desmotivação e distração da meta a ser conquistada ou do problema a ser resolvido.

( ) As reações de desperdícios são causadas pelo modelo mental – as crenças irracionais (baseadas em fantasias e não em evidências) que uma pessoa, equipe ou cultura possa ter; pelas suposições ou interpretações errôneas; ou por falta de modelos internos eficientes para lidar com situações de adversidade.

( ) As reações de desperdício contribuem para que o colaborador perca o foco do problema a ser resolvido.

( ) Reações de desperdício minam as relações entre os membros da equipe, o que dificulta a capacidade de se conseguir gerar a união necessária para a resolução de problemas, a maior criatividade e o alto desempenho.

( ) As reações de desperdício são fundamentais para impor limites quando os membros do grupo não os identificam.

Assinale a alternativa correta:

a) V, V, V, F, F.
b) F, F, V, V, F.
c) V, V, V, V, F.
d) V, V, V, V, V.
e) V, V, F, V, V.

3. Paulo e Ervin são profissionais que têm cargo de chefia. Paulo é um chefe temido, tem sempre a resposta do que fazer, não acredita que vale a pena perder tempo ouvindo os colaboradores, muitos deles apenas com o ensino fundamental. Paulo entrega anualmente a avaliação de desempenho a seus subordinados e jamais deixou de apontar os erros e cobrar os acertos. Ervin, por sua vez, não importa o quanto esteja atarefado, sempre está disponível para ouvir as demandas de seus subordinados e admite já ter resolvido problemas significativos com ideias vindas de colaboradores com escolaridade muito menor que a sua. Ervin não se considera um detentor de todas as respostas, mas procura ser hábil em perguntar. Ele também dá *feedback* a seus subordinados a todo momento em

que identifica uma oportunidade, pois acredita na importância de corrigir o curso da ação para obter sempre os melhores resultados.

Analisando o estilo de Paulo e Ervin, respectivamente, é correto afirmar que:

a) Paulo tem seu estilo de liderança baseado no modelo de comando e controle e Ervin tem seu estilo voltado ao modelo de aprendizagem.
b) Tanto Paulo quanto Ervin embasam seus estilos de liderança no modelo de comando e controle; a diferença é que Ervin tem liderança mais participativa.
c) Tanto Paulo quanto Ervin embasam seu estilo de liderança no modelo de aprendizagem.
d) Tanto Paulo quanto Ervin embasam seu estilo de liderança no modelo de aprendizagem; a diferença é que Paulo é um chefe mais rígido.
e) Paulo e Ervin utilizam uma mistura do modelo de aprendizagem com o modelo de comando e controle.

4. Quais são as características e as principais habilidades comportamentais do líder coach?

5. O que é a janela de Johari?

Questões para reflexão

1. Como o líder coach pode lidar com um colaborador que apresenta lócus de controle externo?

2. Como a investigação apreciativa pode contribuir para a liderança coaching?

Para saber mais

MARQUARDT, M. J. **O poder da aprendizagem pela ação**: como solucionar problemas e desenvolver líderes em tempo real. Rio de Janeiro: Senac, 2005. O livro apresenta uma técnica de aprendizagem pela ação e pode contribuir para "turbinar" suas habilidades em liderança.

DI STEFANO, R. **O líder coach**. Rio de Janeiro: Qualitymark, 2009. Com a leitura dessa obra, você aprofundará seus conhecimentos na prática da liderança coach e poderá desenvolver suas habilidades para gerir equipes de alto desempenho.

Você também pode acessar os *sites* a seguir para realizar testes rápidos e avaliar seu perfil de liderança:

FAÇA o teste e descubra qual é seu perfil de liderança. Disponível em: <http://oglobo.globo.com/emprego/faca-teste-descubra-qual-seu-perfil-de-lideranca-3279712>. Acesso em: 6 dez. 2013.

TESTE: Você é um bom ouvinte? Disponível em: <http://www.rhportal.com.br/teste018.php>. Acesso em: 6 dez. 2013.

VOCÊ tem tempo para liderar? Disponível em: <http://www.triadedotempo.com.br/testes/teste_lideranca2.asp>. Acesso em: 6 dez. 2013.

6 Mentoring: reconhecimento, valorização e desenvolvimento das pessoas nas organizações

Conteúdos do capítulo:
- Diferenças e semelhanças entre o coaching e o mentoring.
- Influências externas e internas para o mentoring.
- Mentoring: origem e essência.
- Classificações e contextos do mentoring.
- A preparação da organização para o mentoring.
- O processo de mentoring.
- Um olhar sobre a escolha do mentor.
- Os benefícios do mentoring.

Após o estudo deste capítulo, você será capaz de:
1. estabelecer as diferenças e semelhanças entre o coaching e o mentoring;
2. conhecer as influências externas e internas para o mentoring;
3. compreender as origens e os conceitos básicos sobre mentoring;
4. conhecer as classificações e os contextos do mentoring;
5. compreender como a organização se prepara para implementar e manter um programa de mentoring;
6. compreender o processo de mentoring;
7. identificar as estratégias para a escolha do mentor;
8. identificar os benefícios que o mentoring pode trazer para as organizações.

Estamos na era em que a informação e o conhecimento são estratégicos para a competitividade das organizações, e tanto o desenvolvimento como a retenção de talentos se apresentam como grandes desafios das empresas. Nesse sentido, o mentoring se revela como alternativa para viabilizar a transferência de conhecimentos, lapidar relações e estabelecer uma dinâmica positiva na gestão de talentos.

6.1 Diferenças e semelhanças entre o coaching e o mentoring

O termo *mentoring* está associado à "iniciação", à carreira, ao desenvolvimento pessoal e à mudança. O foco do mentoring é a **carreira profissional dentro de uma organização**. A potência do mentoring se encontra no conhecimento específico do mentor – uma espécie de mestre, geralmente alguém mais experiente na empresa, com anos de casa, que conhece muito bem a cultura da organização e, sobretudo, tem disposição para colaborar no avanço da carreira dos outros integrantes da organização, informa Krausz (2007).

O grupo sênior de uma empresa, quando assume o papel de mentor dos menos experientes, percebe que cada parte envolvida aporta uma contribuição relevante e que, ao transmitir sua bagagem, deixa um legado. Quando uma geração entende o valor da outra e se propõe a colaborar para aprimorar a relação e favorecer o aprendizado de ambas, os resultados são superiores. Em um momento em que a geração Y povoa o mercado de trabalho e chega às posições de liderança, o mentoring passa a ser uma estratégia inteligente para aproximar as gerações.

Daí o motivo pelo qual dedicamos este capítulo para apresentar e esclarecer as diferenças entre o coaching e o mentoring, bem como para compreender o que é e como ocorre a aplicação de um programa de mentoring nas organizações.

Passamos então a apresentar as principais diferenças entre o coaching e o mentoring, conforme destacado no Quadro 6.1.

Quadro 6.1 – **Diferenças entre o coaching e o mentoring**

	Coaching	Mentoring
O que é?	É um processo que estimula a pessoa a agir, otimizando seu potencial, no sentido de sair do estado atual de resultados para alcançar os resultados por ela desejados.	É uma abordagem de orientação profissional e pessoal com elevada amplitude, em que um profissional com larga experiência e forte sustentação teórica e prática, o mentor, auxilia um profissional menos experiente.
Ferramenta de aplicação	Perguntas.	Diálogos de transmissão de conhecimentos, orientação referente à rotina das atividades, aconselhamento.
Foco	Ação. Resultados.	Desenvolvimento da carreira.
Envolve	Presente e futuro.	Passado, presente e futuro.
Aborda	Como o coachee age em função dos resultados a serem alcançados.	Como agir no âmbito profissional e de carreira.
Quem faz	Um coach/um líder coach.	Um mentor.
Resultados	Alcance de metas e objetivos.	Transferência de conhecimentos e *expertise* para o desenvolvimento de competências profissionais.

Fonte: Elaborado com base em Krausz, 2007.

A semelhança entre o coaching e o mentoring é que ambos atuam em favor da aprendizagem e do desenvolvimento das pessoas. Destacamos ainda as seguintes semelhanças:

- a definição clara dos objetivos;
- o diálogo e as perguntas desafiadoras;
- o estabelecimento do *rapport* e a construção da confiança;
- o alinhamento das expectativas entre as partes;
- a utilização de ferramentas como o plano de ação e o *feedback*;
- a busca do desenvolvimento de competências.

Passemos a estudar algumas influências do mentoring.

6.2 Influências externas e internas para o mentoring

Agora que apresentamos as diferenças entre coaching e mentoring em termos de conceito, abordagem, foco, aplicação e resultados, passaremos a explorar o mentoring como uma estratégia para o desenvolvimento e a capacitação da força de trabalho.

Então, primeiramente é importante entendermos o contexto em que as organizações estão inseridas e as forças internas e externas que atuam no ambiente, as quais requerem que as empresas apliquem estratégias que as permitam ganhar em competitividade e inovação.

Diversos fatores externos contribuem para incentivar a popularização do mentoring como uma ferramenta de desenvolvimento. Tais elementos incluem desde as mudanças em larga escala no ambiente de negócios, a globalização e a tecnologia, até as mudanças no nível das organizações, a exemplo das demandas sobre sustentabilidade, reestruturações organizacionais, fusões e aquisições. Também o impacto de certas situações (como o estresse, o desafio de conciliar a vida pessoal e profissional e a diversidade) impulsionam a aplicação do mentoring nas organizações.

O início do século XXI pode ser descrito como desafiador, repleto de mudanças e turbulências, imprevisível. E o que isso significa para as organizações e para as pessoas? Exige que tanto as empresas quanto as pessoas se tornem mais flexíveis e criativas e que as pessoas desenvolvam um conjunto diferente de habilidades.

É nesse mundo cheio de mudanças e incertezas que o mentoring oferece uma excelente opção para as pessoas se desenvolverem e se manterem "no jogo". Observe no Quadro 6.2 as influências externas que contribuem para a aplicação de programas de mentoring nas organizações.

Quadro 6.2 – **Influências externas para o mentoring**

Influências externas
Ambiente de negócios
Globalização
Mudanças tecnológicas
Reestruturação das organizações
Fusões e aquisições
Diversidade
Mudanças no modelo de desenvolvimento
Sustentabilidade
Responsabilidade social corporativa
Mudanças no contrato psicológico
Gerenciamento do estresse no trabalho
Equilíbrio entre a vida pessoal e profissional e trabalho flexível

Fonte: Adaptado de Cranwell-Ward; Bossons; Gover, 2005, p. 7.

* **O ambiente de negócios:** Em épocas de dificuldades as organizações precisam se planejar para o inesperado e enxergar

oportunidades onde outras veem dificuldades. Por essa razão, os gestores e líderes precisam antecipar-se às mudanças, e não apenas reagir a elas, pois só assim poderão aproveitar os benefícios nos momentos da recuperação. Os tempos difíceis exigem também que a força de trabalho produza mais resultados com menos recursos. Também aí o mentoring proporciona contribuições por privilegiar muito a flexibilidade e não apenas a especialização.

* **A globalização:** Considerando que as organizações estão competindo cada vez mais em mercados globais, os colaboradores precisam desenvolver suas habilidades para enfrentar a concorrência. Com o investimento certo, as pessoas se tornam capazes de desenvolver todo seu potencial e aumentar a rentabilidade da empresa. Além disso, a globalização requer pessoas preparadas para lidar com outras culturas e acompanhar o ritmo de negociar na escala e na velocidade exigidas pelas mudanças, imprevisíveis. A globalização impacta no mentoring na medida em que requer sua condução por meios eletrônicos e associado a diferentes contextos e culturas.
* **As mudanças tecnológicas:** Nos últimos anos, ocorreram o crescimento e mudanças sem precedentes na tecnologia e na forma como as organizações fazem negócios, o que demanda diferentes meios de trabalhar e de negociar. Também surgiram diferentes formas de aprender, com o *e-learning* e a educação a distância. O mentoring pode ajudar as pessoas a tirarem vantagens da tecnologia disponível e gerenciar as mudanças necessárias em função dos avanços tecnológicos. Uma pesquisa realizada no Henley Management College, na Inglaterra, identificou sete elementos-chave para as lideranças colocarem suas organizações em vantagem competitiva:

1. Lidar com mudanças em ambientes de alta incerteza;
2. Desenvolver habilidades de liderança e de construção de relacionamentos;
3. Tornar-se mais consciente dos riscos e assumi-los ainda mais;
4. Adotar novas práticas de trabalho e ser menos desapegado dos liderados;
5. Desenvolver uma atitude de "poder fazer";

6. Ter uma perspectiva ampla de negócios para fazer frente às grandes responsabilidades;
7. Permanecer constantemente na busca de novas oportunidades de negócios possibilitadas pelo avanço das tecnologias.

- **A reestruturação das organizações**: No passado, as organizações eram criadas para atuar em um ambiente estável. Eram grandes e os colaboradores trabalhavam sob uma liderança no modelo de comando e controle. Com as mudanças, reduziram drasticamente seu tamanho para se tornarem mais rentáveis e competitivas. Tais mudanças impactaram profundamente no papel dos gestores e líderes, que tiveram de se tornar mais proativos e assumir responsabilidades pelos negócios, muito além dos limites funcionais, incluindo o desenvolvimento de sua equipe. Nesse sentido, o mentoring é um excelente aliado como ferramenta de desenvolvimento para ajudar os gestores a adaptar-se às mudanças.
- **As fusões e aquisições**: Nos últimos 15 anos ocorreram muitas fusões e aquisições, o que trouxe novos desafios ao ambiente organizacional, no sentido de conduzir adequadamente os processos e as pessoas envolvidos, sem comprometer os resultados nem perder talentos. O mentoring intervém com sucesso na promoção da integração dos negócios e do alinhamento cultural, facilitando a transferência e o compartilhamento de conhecimentos e possibilitando o desenvolvimento de novas competências organizacionais.
- **A diversidade**: Com as mudanças sociais, culturais e legislativas, as organizações de todos os tamanhos, setores e localidades sentem-se compelidas a promover oportunidades iguais à todos e a inclusão das minorias e desenvolver seus potenciais. O mentoring auxilia no desenvolvimento de novas políticas e práticas de modo a facilitar a inclusão e a compreensão sobre a necessidade de desenvolvimento e elaboração de programas específicos para atender à diversidade.
- **As mudanças no modelo de desenvolvimento**: As pressões externas aumentaram a competição e as dificuldades econômicas forçaram as organizações a se desenvolverem ou a se renovarem em períodos mais curtos e de forma mais flexível. Com isso, veio

também o desafio de entregar aos gestores a responsabilidade por seus próprios desenvolvimentos. Nesse sentido, o mentoring possibilita complementar os programas tradicionais de desenvolvimento de lideranças. Os executivos seniores podem contar, inclusive, com mentores externos, o que possibilita a obtenção de uma visão amplificada e holística dos negócios.

- A sustentabilidade: Na abordagem da sustentabilidade para a perenidade da empresa, as organizações utilizam o mentoring para promover o desenvolvimento de novos profissionais e possibilitar o diálogo entre as gerações. Nessa perspectiva, os mentores se tornam gurus dos mentorados, facilitando a transmissão da cultura organizacional e a gestão do conhecimento. O mentoring ajuda a entender a organização, analisar cenários, acelerar a evolução dos profissionais e preparar os líderes para os desafios futuros.
- A responsabilidade social corporativa: As decisões tomadas pelas empresas afetam um número cada vez maior de pessoas e, com isso, as organizações passam a ser cada vez mais cobradas para se responsabilizarem por suas ações. Utilizando na transformação das empresas em organizações social e ambientalmente responsáveis, o mentoring oferece uma excelente oportunidade para construir pontes entre a organização e a comunidade. O mentoring, utilizado nesse contexto, é benéfico para ambas as partes: para os mentores, que têm a oportunidade de praticar habilidades em um ambiente seguro, beneficiando com isso a organização; e para a comunidade e a sociedade, que passam a ter acesso a recursos como a *expertise* e as habilidades do mentor.
- Mudanças no contrato psicológico: No passado, os empregados eram admitidos em uma organização com a expectativa de um emprego para a vida toda, para progredir na carreira e serem recompensados por seus esforços. Isso resultava em uma força de trabalho altamente comprometida e com forte ética profissional. Nos dias de hoje, as empresas já não podem oferecer empregos para a vida toda e, com uma estrutura mais horizontalizada, diminuíram as oportunidades de progressão de carreira. Isso gera o desafio de atrair e reter talentos. As empresas passaram a se preocupar com a satisfação e o envolvimento de seus colaboradores – se eles se sentem reconhecidos

por seus esforços, satisfeitos com seu trabalho e têm oportunidades de desenvolvimento – estas, em especial, assumiram grande importância. O mentoring aproxima a autossuficiência da geração X e a motivação e orientação para objetivos da geração Y.

- **O gerenciamento do estresse no trabalho**: Segundo os dados do Instituto Nacional do Seguro Social (INSS), divulgados em matéria do *Jornal Hoje* (Vanique, 2013), os transtornos mentais, como estresse e depressão, afastam do trabalho mais de 200 mil pessoas por ano no Brasil. O impacto gerado pelo estresse na produtividade e no bem-estar dos colaboradores é significativo para as organizações, pois gera afastamentos e acidentes de trabalho, além de prejudicar as relações trabalhistas e o clima organizacional. Entre os fatores que causam o estresse, estão a cultura da organização, a pressão em função das demandas do trabalho, o controle, as relações interpessoais, as mudanças, as regras, a falta de apoio e de treinamento, além de fatores inerentes ao indivíduo. O mentoring possibilita que as pessoas vejam as situações com outro olhar, que compreendam o modo como estão encarando o trabalho e considerem o equilíbrio entre a vida pessoal e profissional. Também pode ajudar as pessoas a lidarem com as mudanças e realizar transições em suas carreiras.
- **O equilíbrio entre a vida pessoal e profissional e trabalho flexível**: Cada vez mais organizações adotam jornadas de trabalho flexíveis e a possibilidade de trabalhar em casa. Em uma análise das práticas das melhores empresas para se trabalhar (Guia 2013 Você S/A, 2013), constatamos que essa é uma realidade também no Brasil. O *mentoring* é uma boa forma de garantir que os funcionários permaneçam comprometidos com a organização e mantenham o espírito de equipe.

Além dos fatores externos, também existem influências internas que impactam no mentoring.

As organizações precisam estar constantemente atentas para garantir que sua força de trabalho tenha as competências e habilidades para vencer os desafios. O desenvolvimento é cada vez mais individual, daí a importância de atrair e reter talentos. Existe uma necessidade crescente de adquirir e compartilhar conhecimentos e todas as organizações precisam ter certeza de que as pessoas estão entregando seu melhor desempenho possível.

O quadro a seguir sintetiza as principais influências do ambiente interno, de acordo com Cranwell-Ward, Bossons e Gover(2005):

Quadro 6.3 – **Influências internas para o mentoring**

Influências internas
Desenvolvimento de competências organizacionais
Planejamento sucessório
Guerra de talentos
Foco nos resultados do negócio
Aumento da motivação
Encorajamento da produtividade e do trabalho em equipe
Mudanças nos perfis de liderança
Desenvolvimento individual e melhoria contínua
Gestão do conhecimento

Fonte: Adaptado de Cranwell-Ward; Bossons; Gover, 2005, p. 7.

- **O desenvolvimento de competências organizacionais:** As organizações precisam garantir que seus colaboradores tenham as competências e habilidades necessárias para atender às estratégias da empresa. O mentoring proporciona uma relação de baixo custo para o desenvolvimento das competências individuais requeridas ao alcance dos objetivos.
- **O planejamento sucessório:** Ao aposentar seu *staff*, em especial seus gestores, as organizações enfrentam o desafio de substituí-los. Para tanto, podem buscar talentos no mercado ou um substituto

interno. Atualmente, é uma estratégia bastante comum que as empresas desenvolvam programas de sucessão para buscar potenciais gestores. Nesse sentido, o mentoring pode ser conduzido em paralelo com tais programas, de modo a garantir que o conhecimento e a sabedoria dos seniores sejam transmitidas antes de que eles deixem a organização. O mentoring também ajuda a identificar pessoas com alto potencial para ocupar vagas futuras.

- **A guerra de talentos:** Um dos maiores desafios das organizações é atrair e reter talentos. Mesmo em tempos de estabilidade e pujança, é importante possuir estratégias de gestão de pessoas que garantam que a empresa atraia e consiga reter pessoas talentosas. E isso vale para todos os níveis da organização: desde operadores, técnicos até gerentes e diretores. O mentoring é uma excelente forma de mostrar aos colaboradores que suas contribuições são reconhecidas e valorizadas pela organização; também proporciona desafio aos mentores, trazendo benefício a todos os envolvidos. O mentoring é visto por muitos candidatos como mais um benefício que a empresa pode oferecer.

- **O foco nos resultados do negócio:** Com a competição cada vez mais acirrada, é fundamental estar sempre atento ao desempenho da organização. Ter pessoas com as competências e habilidades certas nas posições certas é o que pode fazer a diferença para o sucesso. As empresas oferecem treinamentos para trabalhar os *gaps* de competências e, nesse sentido, o mentoring é um método particularmente eficaz, uma vez que encoraja os indivíduos a assumirem a responsabilidade pelo seu desenvolvimento. Normalmente, após passar por um programa de mentoring, o mentorado passa a buscar o desenvolvimento contínuo de suas competências, contribuindo cada vez mais para os resultados organizacionais.

- **O aumento da motivação:** Os investimentos no desenvolvimento dos colaboradores normalmente proporcionam um estímulo à motivação, fazendo com que se sintam valorizados e reconhecidos. A relação de mentoring, por si só, é motivadora, uma vez que oferece apoio e orientação ao mentorado. O colaborador se sente

desafiado, visualiza oportunidades de crescimento e, com isso, seu comprometimento aumenta.
- **O encorajamento da produtividade e do trabalho em equipe:** Ao se tornarem mais horizontalizadas, as organizações perceberam a necessidade de que as pessoas se relacionem com diversas áreas e grupos no desempenho de suas funções. As lideranças passaram a ser descentralizadas e as equipes a ser autogerenciáveis. Se as equipes têm de trabalhar juntas, de modo produtivo, as habilidades interpessoais e de relacionamento assumem grande importância. Contar com um mentor que possa desenvolver tais competências essenciais contribui significativamente para que a equipe se torne mais eficaz.
- **A mudança no perfil das lideranças:** As organizações estão em constante transformação, em termos de cultura, estratégia, estrutura, processos e procedimentos. Tais mudanças são acompanhadas de alterações nos papéis e nas responsabilidades dos colaboradores, trazendo incertezas e ansiedade. Mesmo que o colaborador esteja motivado e encare as mudanças de maneira positiva, ainda assim precisará de estratégias para lidar com elas. O mentoring oferece importante suporte para trabalhar o receio das mudanças e fazer o movimento positivo para levá-las adiante, além de auxiliar no desenvolvimento de uma visão estratégica e para a mudança de comportamento.
- **O desenvolvimento individual e a melhoria contínua:** O mentoring é especialmente vantajoso para o desenvolvimento individual e para criar a cultura da melhoria contínua, pois proporciona o aprendizado de modo integrado, desenvolvendo o indivíduo como um todo, com reflexos na vida profissional e pessoal. A filosofia que dá suporte ao mentoring encoraja o mentorado a se responsabilizar pelo seu próprio aprendizado. Entretanto, o indivíduo precisa estar comprometido com o processo de mentoring para poder tirar o máximo proveito.
- **A gestão do conhecimento:** A aquisição, o desenvolvimento e o compartilhamento de conhecimentos são elementos-chave para a vantagem competitiva. Por isso, os gestores precisam ter um conjunto de habilidades que os capacitem a atuar na sociedade do

conhecimento – entre elas a flexibilidade, o empreendedorismo, a tomada de decisões – muitas vezes com poucas informações e em um ambiente turbulento e imprevisível. Também precisam estar aptos a colaborar em um ambiente multifuncional e com equipes multiorganizacionais e ser capazes de compartilhar informações, não usá-las como forma de poder. O mentoring é uma excelente iniciativa para ajudar a encaminhar tais desafios. O conhecimento pode ser compartilhado entre mentores e mentorados, ajudando a garantir que menos conhecimento seja perdido quando as pessoas deixam a organização.

Ao compreendermos como o mentoring pode ajudar a organização a enfrentar os desafios e nas ameaças do ambiente externo e lidar com os desafios internos, entendemos as possibilidades de alcance e como o mentoring pode oferecer vantagens competitivas às organizações.

6.3 O mentoring: origem e essência

"Se a gente cresce com os golpes duros da vida, também podemos crescer com os toques suaves na alma".
(Pensador.Info, 2013b)

O mentoring pode ser compreendido como um processo[1] de "transferência da sabedoria" e seu foco mais usual é a carreira profissional do indivíduo **dentro** da organização. É um processo que se caracteriza por um indivíduo que aprende com outro que tem mais experiência. Para compreender a ideia de mentoring, tomemos a definição de Oliveira (2012, p. 11):

---

[1] O mentoring é um processo porque apresenta um conjunto de etapas; é um programa no sentido de que pode ser estruturado para atender a objetivos específicos, com planejamento próprio de resultados, prazos e custos; e é uma estratégia porque é um caminho para a aprendizagem, para o desenvolvimento de competências e habilidades.

Mentoring é uma abordagem de orientação profissional e pessoal com elevada amplitude, em que um profissional, com larga experiência e forte sustentação teórica e prática – o mentor – auxilia uma pessoa com menores experiências e conhecimento – o mentorado – em aspectos gerais e específicos para o seu desenvolvimento pessoal e profissional.

É fato que as organizações contemporâneas estão abrindo cada vez mais espaço aos programas de mentoring para treinar e desenvolver seus colaboradores. Por isso, voltamos à Grécia Antiga para revelar a origem, a filosofia e a metodologia desse processo.

As bases do mentoring são encontradas na obra de Homero, *Odisseia*, no período de 1300-1200 a.C. Na obra, o autor apresenta Mentor, um homem sábio e fiel amigo de Ulisses, rei de Ítaca. Quando Ulisses partiu para a Guerra de Troia, confiou a ele a educação de seu filho Telêmaco. Por causa da longa ausência do guerreiro, Mentor foi responsável não apenas pela educação do herdeiro de Ulisses, mas também pela formação de seu caráter, de seus valores e pela sabedoria de suas decisões. A presença de Mentor se fazia especialmente importante porque havia escolhas críticas a serem feitas e decisões práticas a serem tomadas

O princípio do mentoring esteve presente ao longo de toda a história. Um exemplo disso pode ser encontrado nas artes e profissões nos tempos medievais. Os artesãos frequentemente aceitavam jovens aprendizes que viviam e trabalhavam em suas oficinas (lugar onde se exerce o ofício), que muitas vezes estavam instaladas em suas próprias casas. Os aprendizes exercitavam o ofício para um dia assumir a responsabilidade pela oficina.

Assim, observamos que, por meio dessa prática, os conhecimentos e as habilidades para aquele ofício específico eram transmitidos de geração em geração. E é justamente esse olhar ao passado que ajuda a compreender a essência da prática do mentoring. Este, de acordo com Bellodi et al. (2005), contempla os aspectos apresentados a seguir.

- **É uma jornada:** Um mentor é um viajante experiente que acompanha o mentorado ou iniciante numa jornada em direção a um novo destino.
- **É uma relação de colaboração:** No termo *colaborar*, o prefixo co- significa "junto", e a palavra laborar significa "trabalhar" – ou seja, "trabalhar junto". A autoridade do mentor não é derivada do *status*, mas sim da competência, do conhecimento e da sabedoria.
- **O mentor é um guia de conhecimento prático:** O mentor e o iniciante desenvolvem uma relação em que está presente a troca generosa de experiências. A experiência e o conhecimento do mentor são passados ao iniciante que, por sua vez, busca desenvolver flexibilidade, conhecimento e habilidades em um dado contexto.
- **O mentor abre espaço ao iniciante para que este descubra seu valor:** O mentoring tem em sua essência a ideia de aprendizagem, crescimento, desenvolvimento e mudanças. Com a experimentação e o amadurecimento, o iniciante se torna autoconfiante e líder de si mesmo.

Pesquisadores influentes têm se ocupado de conceituar mentoring e clarificar as especificidades de sua essência. Nesse sentido, é oportuno referenciar os estudos de Roberts (2000, citado em Bellodi et al., 2005, p. 53-54). O autor elaborou uma análise fenomenológica da literatura sobre mentoring, publicada no período de 1978-1999. A pesquisa evidenciou os atributos essenciais do mentoring, que apresentamos no Quadro 6.4.

Quadro 6.4 – **Atributos essenciais do mentoring**

Essência do mentoring	Característica
Processo	Mais do que um evento isolado ou uma ocorrência separada, o mentoring é um conjunto, uma sucessão de fases, com direção e ordem interna, no qual um estágio leva ao próximo.
Relação	No coração do processo está a relação entre o mentor e o mentorado. A confiança é o elemento que oferece coesão a essa relação.

(continua)

(Quadro 6.4 – conclusão)

Essência do mentoring	Característica
Processo de ajuda	O mentor ajuda o mentorado. Essa ajuda vai além de discussões sobre atributos ou funções. Neste atributo existe a dimensão prática da ajuda.
Processo de ensino-aprendizagem	O mentoring é um processo de transmissão de conhecimento da parte prática para a parte prática.
Processo reflexivo	A experiência é problematizada na busca de seu significado.
Processo de desenvolvimento pessoal e profissional	O desenvolvimento pessoal caminha junto com o desenvolvimento profissional. Um reflete e impacta diretamente no outro, por estarem associados.
Papel	Ser mentor é desempenhar um papel, e não uma função. O mentor é depositário de um conjunto de responsabilidades e de expectativas acerca de seu comportamento.

Fonte: Elaborado com base em Bellodi et al., 2005, p. 53-54.

O mentoring é um processo que privilegia a relação entre o mentor e o mentorado, na qual existem papéis definidos e expectativas a serem atendidas, com vistas ao alcance do desenvolvimento pessoal e profissional. À luz dos principais componentes do mentoring, encontramos um conjunto de características apresentadas pelos estudos de Krausz (2007) e Oliveira (2012), a saber:

- a potência, a eficiência e a eficácia do mentoring repousam no conhecimento específico e na sabedoria do mentor;
- o mentoring orienta e ensina; é um papel, e não uma atividade profissional;
- o mentoring focaliza a carreira, representa e transmite valores, visão e padrões da organização;
- o mentoring é um processo desenvolvido e aplicado em um período de tempo médio ou longo;
- o mentoring envolve a transferência de conhecimentos, sobretudo de questões técnicas do assunto considerado.

Resgatar a essência do mentoring, existente desde a Antiguidade, e aplicá-lo é algo que contribui para que as organizações contemporâneas preparem seus colaboradores para enfrentar os desafios de qualidade, produtividade e competitividade.

6.4 Classificações e contextos do mentoring

Você já buscou o auxílio ou o aconselhamento de uma pessoa mais experiente e que considera que poderia efetivamente contribuir para seu desenvolvimento pessoal e profissional? Essa normalmente é uma situação que ocorre de maneira natural, com base na sua própria busca de desenvolvimento ou no interesse de alguém em querer auxiliá-lo.

O mentoring pode ocorrer tanto de maneira informal como dentro de um programa formalmente estabelecido, proposto, desenvolvido e controlado pela organização. O mentoring informal e o formal podem coexistir; entretanto, existem diferenças significativas entre eles, conforme apresentado no Quadro 6.5.

Quadro 6.5 – **Mentoring formal *versus* mentoring informal**

Mentoring informal	Mentoring formal
O mentoring é iniciado e mantido exclusivamente pelos parceiros.	O coordenador do programa de mentoring gerencia o início, o progresso e as fases de avaliação do programa.
Parceiros de mentoria são escolhidos por acaso, por afinidade e, muitas vezes, o mentor escolhe o mentorado.	A parceria das duas pessoas é um processo facilitado, ficando sob a responsabilidade da organização a escolha de mentores e mentorados.
Os objetivos da relação podem não ser específicos, e não raro são inexistentes ou sugeridos pelo mentor.	Os objetivos do relacionamento são específicos, direcionados para alcançar o objetivo estabelecido.

(continua)

(Quadro 6.5 – conclusão)

O principal critério para aceitar o mentor é um sentimento de gosto e respeito.	O principal critério para a escolha do mentor é sua capacidade de contribuir com o mentorado para alcançar os objetivos identificados.
A relação pode não ser chamada de *mentoring* ou reconhecida como tal.	Ambos os parceiros identificam a relação de mentoring e procuram aplicar a habilidade e expectativas apropriadas para isso.
Não existe um compromisso referente à duração, à frequência ou aos registros.	Um contrato de mentoring constitui um dos primeiros pilares da parceria.
A relação cresce de acordo com as necessidades e circunstâncias.	A relação funciona dentro de um quadro comum de frequência de reuniões, prazos, métodos de comunicação, estrutura etc.
A relação nunca ou raramente é avaliada.	A relação é avaliada regularmente, bem como são estabelecidas métricas para avaliar o progresso em direção aos objetivos
A relação pode ser de longa duração; às vezes, dura anos.	O relacionamento tem uma duração predeterminada e os parceiros podem optar por concluir ou estender o prazo.
Possibilidades de benefícios mútuos.	Possibilidade de ganhos para o mentor, mentorado e organização.

Fonte: Elaborado com base em Wareing, 2011.

O mentoring informal ocorre naturalmente, por meio do grau de afinidade, admiração, amizade, coleguismo, parentesco e/ou relacionamento informal – ou seja, é espontâneo. A base de sustentação do mentor e do mentorado está na confiança, no respeito e na troca de ideias, conhecimentos e experiências. Pode ocorrer dentro e fora das organizações. O mentoring informal pode ser exercido por um amigo, um chefe, um colaborador ou um professor.

O mentoring formal, por sua vez, é dirigido à socialização organizacional. É apoiado em um programa estruturado e proposto pela organização, no qual os trabalhos se desenvolvem de acordo com projetos, com datas de início e fim. A organização, com base em critérios claros e objetivos, escolhe quem irá participar do programa – tanto o mentor quanto o mentorado. Toda escolha é realizada por meio de programas estruturados, nos quais mentores e mentorados são selecionados por um processo formal.

Nos Estados Unidos, encontramos a Mentor – National Mentoring Partnership, uma organização não governamental que se propõe a conectar jovens americanos a mentores por todos o país. Suas pesquisas originaram um guia de mentoring que é disponibilizado à comunidade. Nesse guia, a organização chegou a cinco tipos de mentoring:

1. **Mentoring tradicional**: Um mentor experiente para cada mentorado.
2. **Mentoring de grupo**: Um mentor experiente para grupos com até quatro mentorados.
3. *Peer mentoring*: É o mentoring entre pares, duas pessoas com *expertises* diferentes ou complementares, como para aproximar diferenças culturais.
4. **Mentoring de equipe**: Diversos mentores experientes trabalhando com times em que a proporção de mentorados para cada mentor não exceda quatro pessoas.
5. **E-mentoring**: Mentoring realizado remotamente, como via *e-mail*, telefone ou internet.

Ainda segundo a organização, o mentoring pode ser realizado em diversos locais, tais como: no trabalho, na escola, na comunidade religiosa, em instituições de recuperação ou correção juvenil, em locais comunitários ou em comunidades virtuais.

Oliveira (2012), por sua vez, apresenta outra classificação, que envolve as circunstâncias em que o mentoring ocorre em diversos contextos, a saber:

- **Mentoring de situação**: Ocorre para atender a uma necessidade específica; equivale à "ajuda certa no momento certo".
- **Mentoring de supervisão**: Tem por foco a capacitação e o desenvolvimento de habilidades voltadas para as tarefas e atividades de uma área na organização.
- **Mentoring de momento ou mentoring de *flash***: É um encontro esporádico e específico entre um profissional experiente que contribui, orienta e informa a um profissional em treinamento acerca dos processos e atividades na organização.
- **Mentoring interativo**: Ocorre quando os envolvidos detêm conhecimentos diferentes e que, em dado momento, um é o mentor e o outro é o mentorado e vice-versa. O mentoring interativo é muito frequente em casos em que um dos envolvidos no processo detém um vasto conhecimento sobre determinada área e o outro é versado em outra área. É o que a organização Mentor chamou de *peer mentoring*.
- **Mentoring para expatriados**: Ocorre quando um executivo é enviado para fora do país. O mentoring para expatriados contribui para a adaptação do executivo em outro país, como na escolha de moradia, do colégio dos filhos, a adaptação a cultura do local, a inserção social, o desenvolvimento da carreira, entre outros.

O mentoring não se restringe apenas ao ambiente interno de uma organização, podendo se estender além dela. O mentoring externo pode ser aplicado nas relações *"business to business"* (de organização para organização) e incluir a aprendizagem e o compartilhamento de informações entre empresas e parceiros. Tais relações podem ser fundamentais para o sucesso do negócio e caracterizar-se como um recurso vital para certas comunidades.

O mentoring externo pode ser ainda uma manifestação ou extensão da responsabilidade social da organização. A pesquisadora Santos (2007) agrupou os tipos de mentoring, categorizando-os como de **integração**, **carreira, sucessão e empreendedorismo**.

Quadro 6.6 – **Categorias de mentoring**

Categoria	Foco
Integração	Foco principal na promoção de grupos minoritários e de apoio a pessoas que precisam integrar-se a um mercado de trabalho voltado para carreiras mais específicas.
Carreira	Visa orientar o indivíduo a adquirir e desenvolver as competências necessárias para seu crescimento e adaptação, atuando em áreas como liderança, comunicação, gestão, solução de problemas, integração cultural e adaptação a novas comunidades.
Sucessão	Destinado a apoiar e desenvolver colaboradores na própria organização em que trabalham, reduzindo a rotatividade, preparando-os para o processo sucessório e atraindo novos colaboradores com suas políticas de desenvolvimento de carreira.
Empreendedorismo	Objetiva desenvolver os empreendedores que estão iniciando suas operações ou empresas. Nesse caso, geralmente as ações são alinhadas para que os mentorados desenvolvam atitudes, cultura e valores de um empresário que é hábil em conduzir com sucesso o seu negócio, ante os desafios e as oportunidades da sustentabilidade organizacional.

Fonte: Elaborado com base em Santos, 2007, p. 254-255.

6.5 A preparação da organização para o mentoring

O mentoring, como um programa formal na organização, deve ser estruturado a partir de etapas claramente definidas em termos de tempo, atores e propósitos. É por meio do planejamento, do acompanhamento e do controle de cada uma dessas etapas que um programa de mentoring se torna sólido, compreendido, assimilado e respeitado na organização.

A implementação de um programa de mentoring contempla, de maneira geral, as seguintes etapas:

1. **Sensibilização da organização para sua implantação:**
Apresenta-se o programa à cúpula da organização e busca-se o comprometimento e o apoio da alta direção para o processo; apresenta-se o programa aos colaboradores, com campanha para seu engajamento; estimula-se a adesão voluntária dos colaboradores aos papéis no mentoring – mentor e mentorado; elaboram-se formulários de acompanhamento, disponibilizando a estrutura de apoio (sala, equipamentos etc.)
2. **Estabelecimento dos critérios de funcionamento do programa:**
Define-se o tempo, a periodicidade e os locais dos encontros, bem como a duração do programa, os objetivos a serem alcançados, as evidências e os indicadores da avaliação deste.
3. **Mapeamento dos possíveis mentores:** Identificam-se, para selecionar, entre os colaboradores da organização, indivíduos com reconhecido *know-how* em suas respectivas áreas.
4. **Mapeamento dos possíveis mentorados:** Identificam-se, para selecionar, entre os colaboradores, indivíduos com potencial a ser desenvolvido em diferentes propósitos, como formação de líderes, plano de carreira e sucessão, desenvolvimento de competências e habilidades específicas.
5. **Treinamento dos mentores na condução do processo:**
Explicitam-se o papel do mentor e o propósito do programa; definem-se as responsabilidades e o grau de comprometimento, municiando os mentores com informações sobre aprendizagem de adultos e capacitando-os para a sequência de etapas e atividades a serem desenvolvidas no decorrer do programa (preenchimento de formulários, avaliação, *feedback* etc.).
6. **Orientação dos mentorados:** Explicitam-se o papel do mentorado e o propósito do programa; definem-se as responsabilidades e o grau de comprometimento, informando as razões pelas quais o colaborador está inserido no programa e as expectativas da organização (a capacitação dos mentorados é semelhante à dos mentores).

7. **Avaliação, *feedback* e ajustes**: Acompanha-se a prática no dia a dia para assegurar a adequada utilização e condução do programa, mantendo em dia os relatórios de acompanhamento a serem entregues ao gestor do programa, verificando e encaminhando possíveis necessidades de ajustes, bem como atuando na disseminação da cultura do mentoring na organização.

O mentoring deve ser utilizado com competência, habilidade e precisão. Por isso, recomenda-se que a organização que adote essa estratégia para o desenvolvimento de pessoas esteja sempre atenta aos chamados *mentoring warnings*. Eles são pontos de alerta que devem ser observados e acompanhados sob o risco de comprometer os esforços dos envolvidos, criar frustração e gerar descrédito sobre o programa de mentoring na organização.

Observe o Quadro 6.7.

Quadro 6.7 – **Mentoring warnings**

Mentoring warnings	Providências
Assegurar-se do real querer da organização para a implementação do programa de mentoring	Compromisso da alta direção, desdobrado para todos os níveis organizacionais.
Estruturar o programa de forma muito bem delineada, com clareza de critérios e de resultados esperados.	Definir objetivos, estabelecer critérios de participação dos envolvidos, ajustar as expectativas, definir periodicidade de encontros e de avaliações. Criar formulários, registros, relatórios de acompanhamento e resultados. Certificar-se de que os envolvidos podem disponibilizar o tempo requerido para o programa. Solicitar que um profissional de recursos humanos acompanhe e monitore as ações do programa e faça as interferências e correções de rumo necessárias.

(continua)

(Quadro 6.7 – conclusão)

Mentoring warnings	Providências
Criar a cultura do mentoring	Esclarecer o papel e o propósito do mentoring, construir junto aos colaboradores a visão da importância do aprendizado e a responsabilidade de cada um para a potencialização dos resultados organizacionais – visão compartilhada; desenvolver a habilidade de dar e receber *feedback*, utilizar os erro como oportunidade de aprendizagem, estar preparado para a mudança em favor de melhores resultados, usar múltiplas ferramentas de comunicação, que promovam estímulo dos dois hemisférios cerebrais (elementos visuais – cores, gráficos – metáforas, desenhos, charges, logos, símbolos, slogans).
Cuidado ao escolher o mentor	Selecionar mentores experientes e com habilidades interpessoais (empatia, ouvir com atenção, fazer perguntas provocadoras e habilidade de dar e receber *feedback*) para o desempenho do papel. O mentor deve ter um aparato de conhecimentos e técnicas que ofereçam estímulos e desafios ao mentorado.
Manter o foco no objetivo do programa	Estabelecer objetivos que promovam o desenvolvimento dos conhecimentos, habilidades e competências do colaborador mentorado, com vistas à potencialização da carreira do profissional alinhada aos objetivos da organização.
Adotar métricas de resultados	Estabelecer indicadores quantitativos e qualitativos nas diversas etapas do programa, que permitam o acompanhamento e os registros dos resultados obtidos. Relacionar os indicadores à avaliação de desempenho dos colaboradores Utilizar os resultados para monitorar, ajustar e dar continuidade ao programa, bem como para identificar necessidades de treinamento dos colaboradores.

Fonte: Gramms; Lotz, 2013, p. 76-77.

Os *mentoring warnings* atuam como um *checklist* para o acompanhamento dos pontos críticos do programa. É importante perceber que o processo do mentoring está alicerçado nas relações e que estas são dinâmicas. Um bom começo é fundamental, entretanto, não é garantia do sucesso, daí a necessidade de acompanhamento.

Assim, cabe considerar os seguintes perigos da não observância dos pontos elencados no quadro anterior.

- **Se a organização não tiver um real querer**: O programa não apresentará resultados, correrá o risco de ser descontinuado e ocasionará frustração, descrédito e desestímulo dos envolvidos, podendo resultar na perda de talentos.
- **Se o programa não tiver uma estrutura claramente delineada**: Pode comprometer o desenvolvimento, ser conduzido de maneiras diferentes da estabelecida, de acordo com interesses individuais; ser interpretado de forma ambígua, comprometendo os resultados; desestabilizar as relações interpessoais, perder informações e, consequentemente, o aprendizado.
- **Se não houver a cultura do mentoring disseminada na organização**: Vê-se a fragilidade do programa diante de possíveis obstáculos, assim como a falta de adesão e de comprometimento dos colaboradores com o programa; desestímulo, procrastinação em favor de demandas de tarefas urgentes.
- **Se o mentor não for escolhido com o devido critério**: Há o risco de o colaborador mentorado não identificar perspectivas de aprendizado, ocasionando o desestímulo e a evasão do programa.
- **Se o programa não tiver objetivo e foco bem definidos por parte do mentor e do mentorado**: Corre o risco de ser confundido com terapia ou aconselhamento e entrar em aspectos que o mentoring não poderá contemplar (questões emocionais, traumas, julgamentos).
- **Se o programa não contar com métricas e controle**: Não haverá o registro das evidências e dos resultados do programa, o que resulta em perda de oportunidade de ter uma potencial ferramenta de promoção de aprendizagem, melhorias e tomada de decisões de pessoal (promoções e realocações).

Os programas de mentoring, quando devidamente estruturados e monitorados, têm se mostrado eficazes para o desenvolvimento individual e profissional. Por essa razão, devem ser aprimorados, tendo em vista os objetivos aos quais se propõem.

6.6 O processo de mentoring

O ponto principal do processo de mentoring é criar um ambiente onde o mentorado possa desenvolver a carreira, obter crescimento pessoal, aprimorar-se no gerenciamento dos relacionamentos e suas competências de gestão, tanto atuais quanto para demandas futuras.

A Internacional Standards for Mentoring Programme in Employment (ISMPE) oferece um conjunto de princípios nos quais estão alicerçadas as boas práticas de mentoring. Megginson et al. (2006) sintetiza da seguinte forma:

- esclarecimento do propósito;
- treinamento dos envolvidos;
- processo de seleção e formação dos pares (mentor e mentorado);
- processo de mensuração e revisão (manutenção do alto padrão ético e de orientação);
- apoio e gerenciamento.

Tais princípios contribuem para o desenho e o encaminhamento do mentoring, que inclui: a estrutura organizacional formal, o acordo de relacionamentos, a conversa de mentoring e os resultados, a saber:

- **Estrutura organizacional formal**: A organização possui uma gama de opções em relação ao propósito do programa de mentoring, à escolha de como o resultado e o êxito do programa será avaliado e mensurado e de como oferecerá apoio aos participantes. Assim, a organização pode adotar um programa de autointervenção ou até mesmo uma abordagem de *laissez-faire*[2] em uma estrutura centralizada ou descentralizada.

---

2   *Laissez-faire*: de forma livre, sem controle.

- **Acordo de relacionamentos:** Muitas vezes é referido como *contrato*. É o resultado das discussões entre mentor e mentorado sobre como a relação será conduzida. O que inclui a frequência, a duração e a localização dos encontros, as expectativas do contato entre cada encontro, questões de confidencialidade, questões de fronteiras ou limites, ou seja, o que será tratado e o que não será tratado, além de expectativas sobre comportamentos e fatores éticos. O grau de formalização desse contrato pode ser uma questão organizacional ou individual.
- **A conversa de mentoring** (*learning conversation*): A conversa de mentoring pode ser estruturada em cinco componentes:

1. **Reafirmação** – O mentor e o mentorado investem um tempo no início do processo para estabelecer a relação pessoal, o *rapport*, a reafirmação do respeito mútuo, o reconhecimento do estado emocional de cada um e a demonstração do interesse no outro como indivíduo.
2. **Identificação do foco para o desenvolvimento** - O mentor e o mentorado investem energia articulando qual é o foco e o objetivo da discussão; o que e por que é importante ser tratado naquele momento e qual resultado o mentorado está buscando. Esta etapa é significativa, pois abre ao mentorado a oportunidade de sugerir, de indicar como gostaria que o mentor o ajudasse.
3. **Construção do entendimento mútuo** – O que ocorre aqui é uma "aproximação de modelos mentais". O mentor encoraja o mentorado a explorar a situação em profundidade, por meio de perguntas que estimulam *insights*. Assim, o propósito das perguntas é que ambos compreendam, de forma clara, o que especificamente está na questão, como o problema ou desafio apareceu e qual é a dinâmica da situação discutida; como os comportamentos adotados pelo mentorado contribuem para a manutenção dessa dinâmica e o que pode ser feito para a obtenção de diferentes resultados. Recomenda-se que, nesta fase, o mentor tome especial cuidado no sentido de não entregar a solução pronta ao mentorado. A ideia aqui é fortalecer a autonomia do mentorado para que ele faça suas próprias escolhas e tomada de decisão. Uma prática sugerida ao

mentor é que ele resuma em voz alta o que foi relatado ou colocado pelo mentorado, de modo a verificar o entendimento mútuo.
4. **Exploração de possibilidades de solução**: O mentor e o mentorado exploram sua criatividade com relação às possibilidades de encaminhamento – desenvolvimento de um leque de opções –, dentre as quais o mentorado pode escolher ou decidir sobre a qual deseja refletir. O mentor pode ajudar o mentorado a estabelecer um prazo para fazer a escolha e apresentar as evidências que sustentam tal decisão.
5. **Verificação final**: O mentor encoraja o mentorado a olhar novamente para seus objetivos e suas estratégias e revisar os pontos sobre "o que" e "como" irá fazer. Assim, o mentor estimula o mentorado a refletir o que aprendeu sobre a situação e sobre si mesmo. Essa reflexão propicia que o mentorado se torne cônscio de que responde pelas consequências de suas escolhas.

E quais são as estratégias que um mentor pode adotar para aplicar e conduzir os encontros com o mentorado? O mentoring, por não apresentar uma estrutura rígida em sua metodologia de encontros e por ser um processo personalizado, favorece a utilização de variadas práticas, a saber:

- apoiar e aconselhar;
- oferecer *feedback*;
- demonstrar na prática como fazer em virtude de sua *expertise*;
- levantar ganhos e perdas;
- avaliar opções e consequências;
- oferecer suporte para o desenvolvimento do plano de ação;
- ouvir e desafiar;
- usar perguntas impulsionadoras;
- contar histórias;
- compartilhar experiências;
- contribuir para a identificação dos aprendizados e das necessidades de desenvolvimento;
- encorajar novas ideias e criatividade;
- oferecer suporte para tomada de decisão e resolução de problemas;
- monitorar, revisar e redefinir planos e ações quando se fizer necessário.

Destacamos o papel fundamental relacionado à clareza das etapas do mentoring. No sentido de contribuir com o propósito de manter o processo de mentoring no rumo certo, Megginson et al. (2006) apresenta a estrutura a seguir:

1. identificar necessidades;
2. levantar evidências;
3. motivar e estabelecer alvos, metas, objetivos;
4. planejar como alcançá-los;
5. criar opções práticas;
6. observar e dar *feedback*;
7. apoiar e oferecer suporte em adversidades e dificuldades.

Quando a organização estabelece de forma clara as etapas do mentoring, ela passa a ter um "norte" que contribui para que se desenhe a rota e minimiza a possibilidade de a empresa se perder pelo caminho, comprometendo assim os recursos, a confiabilidade e os resultados que o mentoring pode proporcionar.

6.7 Um olhar sobre a escolha do mentor

"Feliz aquele que transfere o que sabe e aprende o que ensina".
(Pensador.Info, 2013d)

Sabemos que a escolha dos atores é fundamental para o êxito de uma empreitada. Com o mentoring não acontece diferente. É por essa razão que a organização, ao escolher o mentor ou os mentores, pode identificar características nestes que serão de grande valia para o resultado que se pretende alcançar com o programa de mentoring. Peddy (2001), citado em Bellodi et al. (2005), sugere algumas qualidades fundamentais a um indivíduo para que possa exercer o papel de mentor na organização:

- **Sabedoria**: Conhecer o funcionamento e a cultura da organização. Cada empresa tem suas regras, seus valores, suas crenças, os quais compõem a sua cultura. Tais aspectos podem ser explícitos ou não, e, ao compartilhá-los e discuti-los, o mentor contribui para que o mentorado se torne aceito e desenvolva o sentido de pertencimento à organização.

- **Visão sistêmica**: Significa ter a visão do todo e compreender os impactos que uma ação ou decisão podem promover em outras áreas da organização. Um mentor pode contribuir para que o seu mentorado identifique o impacto de suas escolhas por meio de diferentes perspectivas e visões. A qualidade da avaliação possibilita a visualização das relações de causa e efeito das decisões e ações em diversas dimensões e áreas.
- **Resiliência**: Termo derivado da física que se refere à propriedade que alguns corpos apresentam de retornar à forma original após terem sido submetidos a uma situação elástica. Esse vocábulo tem sido utilizado nas relações humanas e no mundo corporativo no sentido de elasticidade e capacidade rápida de recuperação em momentos difíceis. A resiliência é uma qualidade altamente desejável ao mentor, pois evidencia a capacidade de se recobrar facilmente das intempéries da vida pessoal e corporativa e se adaptar às mudanças. Um mentor, ao compartilhar suas experiências e histórias, contribui para que seu mentorado reconheça as possibilidades e o caminho para o seu desenvolvimento, avaliando seus resultados e as estratégias para modificá-los. O mentor que assim age ajuda seu mentorado a ser proativo.
- **Autonomia**: Significa estimular o mentorado a desenvolver sua capacidade de lidar com desafios e com os riscos que os acompanham. O mentor que tem a capacidade de enxergar as potencialidades do mentorado fortalece sua confiança e dá suporte aos seus esforços para tornar-se cada vez mais independente e proativo e, sobretudo, autoconfiante nas realizações.

Ao analisarmos as qualidades do mentor – a sabedoria, a visão sistêmica, a resiliência e a autonomia –, observamos também o efeito de valorização que o programa de mentoring traz às pessoas que há anos contribuem para o desenvolvimento, o crescimento e os resultados da organização. A tendência para o futuro das organizações é a valorização cada vez maior do capital humano, no sentido de apreciar os resultados e o comprometimento das pessoas.

6.8 Os benefícios do mentoring

Na busca da competitividade e até mesmo para a sobrevivência, as organizações contemporâneas enfrentam diariamente pressões ambientais internas e externas. Exatamente para poder lidar com tais desafios é que o mentoring se configura como um aliado importante no desenvolvimento das competências da força de trabalho.

Quando analisamos as diferentes oportunidades e possibilidades que o mentoring proporciona, podemos observar uma série de benefícios para as organizações que o adotam. Entre estes identificamos:

- O mentoring preserva o conhecimento acumulado da organização por meio de um processo estruturado.
- O mentoring promove a integração dos novos talentos na organização.
- O mentoring dissemina crenças e valores da organização.
- O mentoring valoriza e reconhece os colaboradores que contribuem e se destacam em seu âmbito de atuação na empresa.
- O mentoring desenvolve os colaboradores para potencializarem seus resultados dentro da organização, por meio do desenvolvimento de suas capacidades.
- O mentoring retém talentos na organização, pois pode contribuir para a percepção de reconhecimento e valorização, tanto por parte do mentor, que é tido perante seus pares e subordinados como uma referência de atuação, quanto por parte do mentorado, que percebe que a organização tem interesse em seu desenvolvimento e oferecer-lhe suporte para tal.

Um programa de mentoring, quando bem estruturado e habilmente conduzido, promove o desenvolvimento e a satisfação do mentor e do mentorado, resultando em ganhos para a organização.

Síntese

Neste capítulo, destacamos as semelhanças e as diferenças entre o coaching e o mentoring, ressaltando que ambos têm o foco no aprendizado e no desenvolvimento das pessoas. Apresentamos as origens e a essência do mentoring, compreendendo a relação de colaboração, em que o mentor é um guia de conhecimento prático. Consideramos ainda que as organizações estão sujeitas a fortes influências externas e internas, o que favorece a adoção do mentoring como estratégia para a competitividade. O mentoring pode ser formal e informal e aplicado em diversos contextos, dentro e fora das organizações. Quando aplicado nas organizações, objetiva principalmente o desenvolvimento de competências, a transferência de *expertises* e a gestão do conhecimento. Beneficia o reconhecimento dos talentos na empresa e valoriza os colaboradores. Destacamos a importância da preparação da organização para implementar e manter um programa de mentoring, em especial o envolvimento dos atores e o apoio da alta direção. É fundamental que o processo seja acompanhado e monitorado para assegurar o êxito dos resultados.

Questões para revisão

1. O mentoring é uma estratégia de aprendizagem nas organizações que vem crescendo e se tornando fundamental para o desenvolvimento dos colaboradores. Leia atentamente as afirmações sobre mentoring a seguir e assinale (V) para as afirmações verdadeiras e (F) para as afirmações falsas:

    I) ( ) Mentoring é o nome do processo de transmissão de conhecimentos, realizado com a ajuda de um mentor – profissional já estabelecido e conhecedor da organização, o qual estimula o desenvolvimento de um profissional em início de carreira, cargo ou novo em uma determinada corporação.

    II) ( ) O mentor normalmente é alguém que está na mesma empresa e área que o profissional, em um cargo superior ou não. O mentor é uma pessoa em que o colaborador iniciante pode se espelhar para o seu crescimento e desenvolvimento na organização.

    III)( ) O mentor não precisa entender diretamente das atividades práticas de seu mentorado, mas sim ser hábil em fazer as perguntas certas para que este encontre as próprias respostas legítimas.

IV)( ) O mentoring é uma relação que envolve o mentor e o mentorado em uma relação derivada da autoridade do mentor.

V) ( ) O mentor é um guia de conhecimento prático: o mentor e o mentorado desenvolvem uma relação em que está presente a troca generosa de experiências.

Assinale a resposta que contém a sequência correta:

a) V, F, V, F, V.
b) F, V, V, F, V.
c) V, V, F, F, V.
d) V, V, V, F, F.
e) V, F, F, V, V.

2. Simone Villanova, gerente de capital humano, voltou muito animada de um congresso de gestão de pessoas. Nesse congresso, conheceu o mentoring e voltou decidida a aplicá-lo em sua organização, pois ficou muito impressionada com os depoimentos dos colegas cujas organizações já adotavam a prática desse programa. Então, a profissional convocou uma reunião e explicou a seus superiores hierárquicos que "Mentoring oferece suporte ao desenvolvimento pessoal e profissional e é uma prática em que um profissional com grande experiência profissional e prática contribui com sua *expertise* para desenvolver outras pessoas na organização". Observe as afirmações a seguir e verifique quais poderiam dar continuidade à explicação de Simone, marcando (V) para as verdadeiras e (F) para as falsas:

( ) Simone continuou explicando que ser mentor é um papel, e não uma função. Ou seja, essa atividade não é contemplada na descrição de cargos.

( ) Simone enfatizou que o mentoring é um programa de aprendizagem, pois se trata de um processo de transmissão de conhecimento da parte prática para a parte prática.

( ) Simone informou que o mentoring envolve um conjunto de etapas, com direção e ordem internas, em que um estágio leva ao próximo.

( ) Simone explicou que o mentoring pode ser um evento isolado e esporádico, sem que haja comprometimento efetivo das partes (mentor e mentorado) nem da organização.
( ) Simone revela que o mentoring promove a perpetuação do conhecimento na organização, contribuindo para a gestão do conhecimento.

Assinale a alternativa que contém a sequência correta:
a) V, F, V, F, V.
b) F, V, V, F, V.
c) V, V, F, F, V.
d) V, V, V, F, V.
e) F, V, F, V, F.

3. Pedro Chevalier está participando de um programa de mentoring. Nesse período, tem percebido claramente que seu conhecimento acerca da organização aumentou substancialmente e, por consequência, tem se sentido muito mais seguro ao tomar decisões e correr riscos. Seu colega, Giuliano Brada, o procurou certa tarde muito interessado em saber sobre o programa de mentoring e se mostrou preocupado quanto às responsabilidades do mentorado. Foi então que Pedro explicou a seu colega sobre as responsabilidades do mentorado, utilizando diversas argumentações, conforme segue:

I) Ter um plano de trabalho, disciplina em sua atuação pessoal e profissional e comprometimento com o desenvolvimento de sua carreira.

II) Estar seguro de que será o próximo a ser promovido, portanto buscar desenvolver sua rede de relacionamentos para poder, no futuro, compor sua própria equipe.

III) Informar ao mentor a respeito de seu entendimento de como sua evolução profissional está ocorrendo e interessar-se genuinamente por contribuir com as melhorias em seu setor e/ou organização.

IV) Deve ter uma grande vontade de aprender, ser apreciativo no sentido de receber *feedbacks* que promovam seu crescimento e desenvolvimento, procurar aplicar os ensinamentos adquiridos e, sobretudo, ter atitude proativa, ou seja, fazer acontecer.

v) Deixar a decisão por conta do mentor, que é quem tem o conhecimento e a competência para tal.

Após analisar as afirmativas anteriores, assinale a alternativa que contém a sequência correta:

a) V, F, V, V, F.
b) F, V, V, F, V.
c) V, V, F, F, V.
d) V, V, V, F, V.
e) F, V, F, V, F.

4. Quais são as etapas para a implantação de um programa de mentoring?

5. Quais são os benefícios do mentoring?

Questões para reflexão

1. Como criar a cultura do mentoring na organização?

2. Como o mentoring pode contribuir para a retenção dos talentos na organização?

Para saber mais

COSTA, L. Empresas fazem de líderes "gurus" dos mais jovens: companhias usam mentoring para promover o desenvolvimento de novos profissionais e possibilitar o diálogo entre gerações. **Estadão**, São Paulo, 14 nov. 2012. Disponível em: <http://www.estadao.com.br/noticias/impresso,empresas-fazem--de-lideres-gurus--dos-mais-jovens-,955461,0.htm>. Acesso em: 6 dez. 2013.

CHAME o mentor. **Exame**, São Paulo, n. 785, 11 fev. 2003. Disponível em: <http://exame.abril.com.br/revista-exame/edicoes/0785/noticias/chame-o-mentor-m0043278>. Acesso em: 6 dez. 2013.

Assista ao filme *O Mentor*, de Paul Thomas Anderson, com Philip Seymour Hoffman, Joaquin Phoenix e Amy Adams (EUA, 2012). Você poderá refletir sobre a influência de um mentor informal e a diferença que este pode promover no realinhamento da vida do indivíduo, de sua autestima, sua autoimagem e suas escolhas.

Assista a sequência de filmes *Karate Kid* (1, 2, 3 e 4). Neles, você encontrará inspiradoras sequências que trazem à tona os elementos do mentoring nas figuras do mestre e do aprendiz, evidenciando a trajetória do herói, os valores, a superação e os aprendizados.

Estudos de caso

A seguir, apresentamos três casos selecionados do *Guia 2013 Você S/A – As melhores empresas para você trabalhar* (Guia 2013 Você S/A, 2013), da Editora Abril, que elenca as 150 melhores empresas para se trabalhar. A seleção é realizada a partir de uma pesquisa que analisa as estratégias de gestão e a percepção dos colaboradores acerca da organização.

Comparando com as edições anteriores, observamos significativo aumento das empresas que adotam o coaching e o mentoring como estratégias de desenvolvimento dos colaboradores e, em especial, das lideranças.

Estudo de caso 1

O Laboratório Sabin foi eleito, pelo *Guia 2013 Você S/A*, a melhor empresa do setor de serviços de saúde para trabalhar em 2013, com índice de felicidade no trabalho de 90,3. A empresa conta com 1274 funcionários e, destes, 106 são executivos. O tempo médio de casa entre os funcionários é de 6 anos e a idade média dos colaboradores é de 33 anos. A empresa está presente em 6 estados, com 111 unidades de atendimento. Até 2020, o Sabin pretende se fazer presente em 70% do território brasileiro.

Com o objetivo de profissionalizar a gestão, com vistas à expansão da empresa, as proprietárias deixarão a gestão da operação para compor o Conselho. O propósito é trabalhar a expansão, mantendo e fortalecendo a cultura e os valores que sustentaram o crescimento do laboratório até o presente momento. Os grandes passos têm sido amparados por ações sólidas de treinamento. No ano de 2012, cada empregado passou mais de 7 horas em sala de aula e todos os funcionários com mais de 1 ano de casa passaram por processos de coaching, que serviram para indicar os pontos fortes e os que merecem atenção para que todos consigam atingir as metas apontadas no plano individual de desenvolvimento.

Desde 2010, um grupo de 30 profissionais está sendo preparado para encabeçar futuras unidades. Eles têm encontros mensais para aprender sobre gestão financeira e governança corporativa. Todo empregado que é de fora de Brasília ganha uma viagem para conhecer a sede e, a cada 2 meses, 100% da liderança vai para lá discutir as metas, ter aulas sobre coordenação de pessoas e passar por sessão de coaching. Essas iniciativas são parte de um projeto de disseminação para todas as unidades do "jeito Sabin", descrito em um livro de bolso, preparado neste ano, com 28 mandamentos que sintetizam a missão, a cultura e os valores da empresa.

Os resultados apontados a partir da pesquisa do Guia Você SA, revelam que 94% dos colaboradores se identificam com a organização, 89% declaram-se satisfeitos e motivados, 87% acreditam ter desenvolvimento e 86% aprovam os seus líderes. Na percepção dos funcionários, o índice de qualidade no ambiente de trabalho é de 89%. Além disso, o índice de qualidade na gestão de pessoas obtido pela organização é de 93%. Pode-se concluir que os resultados são impactados pelo massivo programa de desenvolvimento aplicado a todos os colaboradores e em especial às lideranças, potencializados pelas competências eliciadas a partir da aplicação do programa de coaching na organização.

Fonte: Guia 2013 Você S/A, 2013, p. 229-230.

Estudo de caso 2

A KSPG é uma empresa alemã do setor de autoindústria de Nova Odessa (SP), fabricante de autopeças e uma das melhores empresas destacadas pelo *Guia 2013 Você S/A*, com índice de felicidade no trabalho de 75,1. A empresa emprega 1690 colaboradores, sendo que 98 deles são executivos. A idade média dos colaboradores é de 34 anos e o tempo médio de casa é de 10 anos. Era comum os colaboradores alegarem que não conheciam o presidente da operação brasileira, até que Werner Albus, assumiu o posto de presidente interino, em janeiro de 2013.

Alemão carismático, ele vive no Brasil há 20 anos, sendo 17 dedicados à empresa. Werner costuma visitar as fábricas com frequência e almoça no refeitório ao lado dos empregados. O que ocorreu foi uma mudança no perfil do líder principal, que trouxe impacto direto ao clima organizacional. Aproveitando a abertura, a área de recursos humanos instituiu um canal de comunicação – o Café com o Presidente – que estimula uma conversa direta e franca dos funcionários (são 10 por vez, mediante inscrição e sorteio) com o gestor. Nos mesmos moldes, foi criado o Café com o Diretor, destinado a funcionários de cada diretoria. Houve ainda um forte investimento no treinamento das lideranças. Além da Academia de Líderes, em que os gestores passam por 12 módulos de treinamento em um ano, foi criado o programa de desenvolvimento estratégico para líderes, pelo qual passaram 102 gestores. Também foi instituído o Programa de Desenvolvimento de Novos Gestores que desenvolveu competências de 30 novos líderes, com o objetivo de padronizar a gestão. Para avaliar os chefes, além da avaliação 360 graus, a ferramenta Incorporação de Gestores permite que os subordinados avaliem seus superiores em uma dinâmica com o RH. A partir daí, identificam-se as principais lacunas e é oferecido um coaching para os gestores.

Desde então, frases como "meu líder é uma mãe" tornaram-se comuns. Este relato demonstra como o modelo mental de um gestor pode impactar nas ações desenvolvidas pela organização e, em especial, na cultura organizacional e na percepção do colaborador em relação à empresa. Destaca-se também a prioridade atribuída ao desenvolvimento de líderes e de novas lideranças. Finalmente, observa-se ainda como as ações empreendidas pelo líder pode resultar em mudanças positivas no clima da organização.

Fonte: Guia 2013 Você S/A, 2013, p. 99.

Estudo de caso 3

O Grupo SinAgro é uma empresa do setor de atacado de Primavera do Leste (MT), que recebeu o título de "a melhor" pelo *Guia 2013 Você S/A*, com índice de felicidade no trabalho de 86,8. A empresa conta com 239 funcionários e destes 62 são executivos. A idade média é de 29 anos e o tempo médio de casa é de 4 anos. O Grupo viu o seu faturamento saltar de 13 milhões para 1 bilhão de reais anuais desde a sua fundação, em 2001. Para alcançar este crescimento acelerado, a empresa vem investindo no desenvolvimento do time. A empresa adota diversos programas de treinamento, a exemplo do programa Trainee Bumerangue, que busca capacitar novos talentos na área comercial. O programa Celeiros qualifica analistas e coordenadores recém-promovidos, de modo a formar sucessores para as posições de gestão. Em parceria com a ESPM (Escola Superior de Propaganda e Marketing) de São Paulo, o grupo SinAgro oferece aos seus gerentes um MBA corporativo desenvolvido especialmente para o negócio, com módulos em estratégia, finanças, gestão comercial e de pessoas. A ESPM também é parceira da empresa no curso Academia de Vendas, destinado a treinar a equipe comercial. A formação dos empregados é ainda completada por treinamentos pontuais com temas que abordam como dar e receber feedback, coaching, etiqueta e gestão de riscos e conflitos. Os cursos são oferecidos conforme as necessidades identificadas na avaliação de desempenho, que também é um balizador para a liberação de bolsas de 40% a 60% para a graduação, pós ou MBA. No caso dos gestores, as bolsas cobrem 100% do valor das aulas. Destaca-se o empenho da organização no desenvolvimento contínuo dos colaboradores, adequado às necessidades de desenvolvimento de competências focados no resultado. Como consequencia registra-se um índice de 91% de colaboradores satisfeitos e motivados e 95% identificam-se com a empresa. O índice de aprovação das lideranças é de 94% e 90% acreditam ter desenvolvimento. Tal aprovação dos funcionários acerca das ações empreendidas pela organização remete à consciência, ao propósito e ao comprometimento dos colaboradores, impactando no resultado financeiro, evidenciado pelo crescimento acelerado da empresa.

Fonte: Guia 2013 Você S/A, 2013, p. 83-84.

Considerações finais

> "A alma é uma borboleta... há um instante em que uma voz nos diz que chegou o momento de uma grande metamorfose".
>
> (Rubem Alves)[1]

Esta obra contém, em sua essência, um convite para que os gestores, no desafio diário de lidar com as pessoas nas organizações, abandonem o foco no problema e abracem metodologias inovadoras a partir da abordagem positiva, que tende à aprendizagem contínua e edificante.

A cultura da aprendizagem impacta diretamente na cultura e no clima organizacional, possibilita a identificação e a construção de estratégias congruentes e sustentáveis para o alcance dos objetivos da organização e das pessoas que dela fazem parte.

Nesse sentido, trabalhamos os conceitos e as origens do coaching, buscando relacioná-los à filosofia grega, ao pensamento oriental e aos fundamentos da psicologia. De Sócrates, extraímos a prática das perguntas que levam à reflexão e à identificação de soluções legítimas. Em Platão, encontramos a compreensão de que nem sempre a percepção de um indivíduo corresponde à realidade. Já em Aristóteles percebemos a importância da prática e do olhar para as possibilidades. No budismo, descobrimos a aceitação da realidade atual, identificando as causas que levaram a tal situação, romper com o estado negativo, decidir pela mudança e agir para construir novos resultados. A Teoria da Gestalt nos ensinou que, ao mudar o ponto de vista, podemos enxergar novas perspectivas. Na psicologia positiva, aprendemos a colocar ênfase nas emoções positivas, que sustentam imagens mentais e oferecem suporte para as ações positivas.

Abordamos os diversos modelos de coaching e detalhamos a estrutura da conversa coaching, que é regida por perguntas e não contempla a oferta de conselhos ou sugestões. A estratégia de lançar perguntas para que as pessoas cheguem às respostas e se comprometam com a ação é o ponto fundamental do coaching, considerando a definição dos objetivos na perspectiva do pensamento sistêmico.

---

1 Citado por Oliveira (2011).

A comunicação alicerça as práticas do coaching e do mentoring e privilegia o exercício da empatia, de estar atento ao outro, e isso contribui para o respeito e a valorização – o que, por sua vez, possibilita a construção conjunta de novos resultados. Por isso, refletimos sobre a linguagem verbal e não verbal e seu impacto nas relações.

Os modelos mentais são construídos com base nas crenças, nos valores e nas experiências e moldam a forma como o indivíduo percebe e atribui significado ao mundo e como enxerga as oportunidades e ameaças. A compreensão dos modelos mentais permite ao gestor compreender o que impulsiona para a ação. O coaching, por meio de perguntas impulsionadoras, leva o indivíduo a encontrar possibilidades que até então não tinham sido identificadas. Ao trazer essa prática para o dia a dia das organizações, o líder estimula a aprendizagem, a autonomia e a proatividade, desenvolvendo competências técnicas e comportamentais. É a perspectiva de liderar estimulando o desenvolvimento de líderes. Essa é a essência da liderança coaching.

Outra estratégia que atua fortemente no aprendizado e no desenvolvimento das pessoas nas organizações é o mentoring, que proporciona a valorização e reconhecimento dos colaboradores. Trata-se de uma estratégia que alavanca e oferece suporte potencial à liderança. É um processo de transferência de *expertise*, da gestão do conhecimento e de aproximação de gerações que atua tanto no treinamento quanto no desenvolvimento. Auxilia na assimilação do impacto das mudanças e a lidar com a questão crucial da atração, do desenvolvimento e da retenção de talentos nas organizações.

Esta obra enfatiza a real possibilidade do alcance de uma relação ganha-ganha nas organizações. Nessa relação, o indivíduo estabelece um vínculo consciente e comprometido com sua atuação para os resultados almejados pela organização. Esta, por sua vez, por meio do exercício de uma liderança positiva, oferece possibilidades de desenvolvimento que satisfaçam os anseios de seus colaboradores.

O estabelecimento de uma relação em que as partes sintam-se recompensadas e adquiram comprometimento mútuo é o que permitirá às organizações construírem seus caminhos para fazer a travessia.

Referências

ABBAGNANO, N. Dicionário de filosofia. São Paulo: Mestre Jou, 1992.
ALVAREZ, M. E. B. Organização, sistemas e métodos. São Paulo: McGraw-Hill, 1990. v.1.
ASSERTIVA CONSULTORES. Para você, autoavaliação. Disponível em: <http://www.assertiva.com.br/a_ava_02.htm>. Acesso em: 11 nov. 2013.
BANDLER, R.; GRINDER, J. Atravessando: passagens em psicoterapia. São Paulo: Summus Editorial, 1984.
_____. The Structure of Magic: a Book About Language and Therapy. Palo Alto: Science and Behavior Books, 1975. v. 1.
BECK, U. Risk Society: Towards a New Modernity. London: Sage Publications, 1992.
BEHRENS, M. A. O paradigma emergente e a prática pedagógica. Petrópolis: Vozes, 2005.
BELLODI, P. L. et al. Mentoring na formação médica. São Paulo: Casa do Psicólogo, 2005.
BIRDWHISTELL, R. L. Introduction to Kinesics: An Annotation System for the Analysis of Body Motion and Gesture. Louisville, KY: University of Luisville, 1952.
_____. Kinesics and Context: Essays on Body Motion Communication. Philadelphia: University of Pennsylvania Press, 1970.
BORG, J. A arte da linguagem corporal. São Paulo: Saraiva, 2011.
BROCKERT, S.; BRAUN, G. Inteligência emocional: teste o seu QE. Rio de Janeiro: Record, 1997.
CABRAL, A.; NICK, E. Dicionário técnico de psicologia. São Paulo: Cultrix, 2006.
CARSON, S. O cérebro criativo: aprenda a aumentar a imaginação, melhorar a produtividade e inovar em sua vida. Tradução de Bruno Casotti. Rio de Janeiro: Best Seller, 2012.
CASTILHO, W. Mentira: um rosto de muitas faces. São Paulo: Matrix, 2011.

CHANGING MINDS. Mehrabian's Communication Study. Disponível em: <http://changingminds.org/explanations/behaviors/body_language/mehrabian.htm>. Acesso em: 7 nov. 2013.

CHAUI, M. Convite à filosofia. São Paulo: Ática, 2001.

CHIAVENATO, I. Recursos humanos: o capital humano nas organizações. São Paulo: Atlas, 2004.

CHUNG, T. A qualidade começa em mim: manual neurolinguístico de liderança e comunicação. Osasco: Novo Século, 2002.

CONSULTÓRIO ETIMOLÓGICO. Etimologia da palavra confiança. Disponível em: <http://origemdapalavra.com.br/pergunta/etimologia-da-palavra-confianca/>. Acesso em: 7 nov. 2013.

COOPERRIDER, D.; WHITNEY, D.; STRAVOS, J. Manual da investigação apreciativa. Rio de Janeiro: Qualitymark, 2008.

_____. Uma abordagem positiva para a gestão de mudanças. Rio de Janeiro: Qualitymark, 2006.

COTRIM, G. Fundamentos da filosofia. São Paulo: Saraiva, 2006.

COVEY, S. R. O poder da confiança: o elemento que faz toda a diferença. São Paulo: Elsevier Brasil, 2008.

_____. Os sete hábitos das pessoas altamente eficazes. São Paulo: Best Seller, 2003.

CRANE, T. G. Transformational Coaching Workshop: Workbook. London: HRD Press, 2000.

CRANWELL-WARD, J.; BOSSONS, P.; GOVER, S. Mentoring: a Henley Review of Best Practice. London: Palgrave Macmillan, 2005.

CSIKSZENTMIHALYI, M. Optimal Experience: Psychological Studies of Flow in Consciousness. Cambridge: Cambridge University Press, 1988.

DAMASCENO, D. Aristóteles e o empirismo. A extensão da sala de aula... 19 out. 2010. Disponível em: <http://falandodaaula.blogspot.com.br/2010/10/aristoteles-e-o-empirismo_19.html>. Acesso em: 21 fev. 2013.

DAVIS, F. A comunicação não verbal. Tradução de Antonio Dimas. São Paulo: Summus: 1979.

DEMBKOWSKI, S.; ELDRIDGE, F. The Achieve Coaching Model®: A Systematic Approach to Greater Effectiveness in Executive Coaching. **Business Coaching Worldwide**, v. 2, n. 1, Spring, 2006. Disponível em: <http://www.wabccoaches.com/bcw/2006_v2_i1/feature.html>. Acesso em: 11 nov. 2013.

DI STÉFANO, R. **O líder coach**: líderes criando líderes. São Paulo: Qualitymark, 2005.

DILTS, R. **Crenças**: caminhos para a saúde e o bem-estar. São Paulo: Summus, 1983.

DOMINGUES, M. A. **Desenvolvimento e aprendizagem**: o que o seu cérebro tem a ver com isso. Canoas: Ulbra, 2007.

DOWNEY, M. **Coaching eficaz**. Tradução da 3ª Edição Norte-americana Cengage Learning. São Paulo, 2010.

DUTRA, E. **Coaching**: o que você precisa saber. Mauad X. Rio de Janeiro, 2010.

_____. Manual para escapar dos falastrões do coaching. **Você S/A**, n. 159, set. 2011. Disponível em: <http://exame.abril.com.br/revista-voce-sa/edicoes/159/noticias/manual-para-entender-o-coaching>. Acesso em: 06 dez. 2013.

ECOLOGIA. In: **Dicionário do Aurélio**. Disponível em: <http://www.dicionariodoaurelio.com/Ecologia.html>. Acesso em: 11 set. 2013.

EKMAN, P. **A linguagem das emoções**. São Paulo: Lua de Papel, 2011.

FACES DA MENTIRA. **As expressões faciais são universais?** Disponível em: <http://facesdamentira.wordpress.com/2011/12/21/as-expressoes-faciais-sao-universais>. Acesso em: 7 nov. 2013.

FIORELLI, J. O. **Psicologia para administradores**: integrando teoria e prática. São Paulo: Atlas, 2000.

FRIEDMAN, R.; ELLIOT, A. J. The Effect of Arm Crossing on Persistence and Performance. **European Journal of Social Psychology**, v. 38, p. 449-461, 2008.

GALLWEY, T. W. O jogo interior de tênis. São Paulo: Artmed, 1996.

_____. **The Inner Game of Work**. New York: Random House, 2000.

GOLEMAN, D. **Inteligência emocional**. Rio de Janeiro: Objetiva, 1995.

GOMAN, C. K. A vantagem do não verbal: segredos e ciência da linguagem corporal no trabalho. Rio de Janeiro: Vozes, 2010.

GOMES FILHO, J. Gestalt do objeto: sistema de leitura visual da forma. 6 ed. São Paulo: Escrituras. 2004.

GRAMMS, L. C.; LOTZ, E. G. Aprendizagem organizacional. Curitiba: IFPR, 2013.

GUGLIELMI, A. A linguagem secreta do corpo: a comunicação não verbal. Petrópolis: Vozes, 2011.

GUIA 2013 Você S/A – As melhores empresas para você trabalhar. Exame. São Paulo: Editora Abril. Set. 2013.

HARGROVE, R. Masterful Coaching. San Francisco: Jossey- Bass Pfeiffer, 1995.

HERCULANO-HOUZEL, S. Pílulas da neurociência para uma vida melhor. Rio de Janeiro: Sextante, 2009.

HUDSON, F. M. The Handbook of Coaching. San Francisco: Jossey-Basss, 1999.

INTERNATIONAL COACHING FEDERATION. International Executive Coaching Summit: a Collaborative Effort to Distinguish the Profession. Disponível em: <http://www.innovativeleader.com/articles/exec-coaching-summit.htm>. Acesso em: 6 dez. 2013.

JORNAL DA CIÊNCIA. Os neurônios que podem ler mentes. 30 jan. 2006. Disponível em: <http://www.jornaldaciencia.org.br/Detalhe.jsp?id=34918>. Acesso em: 7 nov. 2013.

JURAN, J. M. A qualidade desde o projeto: novos passos para o planejamento da qualidade. São Paulo: Pioneira, 1992.

KRAUSZ, R. Coaching executivo: a conquista da liderança. São Paulo: Nobel, 2007.

KURY, A. da G. Minidicionário da língua portuguesa. São Paulo: FTD, 2002.

LACOMBE, F. Dicionário de administração. São Paulo: Saraiva, 2004.

LAGES, A.; O'CONNOR, J. Coaching com PNL. Rio de Janeiro: Qualitymark. 2004.

LALANDE, A. Vocabulário técnico e crítico da filosofia. 3. ed. Tradução de Fátima Sá Correia. São Paulo: M. Fontes, 1999.

LOTZ, E. G. Coaching e mentoring. Disponível em: <http://ava.grupouninter.com.br/claroline176/claroline/document/goto/index.php?url=%2FAula_06_-_Coaching_e_Mentoring.pdf&cidReq=U7318D22726>. Acesso em: 11 set. 2013.
LOTZ, E. G.; GRAMMS, L. C. Gestão de talentos. Curitiba: Intersaberes, 2012.
LUZ, M. da. Onde a religião termina? Foz do Iguaçu: Associação Internacional Editares, 2011.
LYUBOMIRSKY, S. The How of Happiness. New York: Penguin Press Lyubomirsky, 2007.
MACHIAVELLI, N. A arte da guerra. São Paulo: Evora, 2011.
MAGALHÃES, F. L. Modelos teóricos e de intervenção em psicologia. Disponível em: <http://www.fernandomagalhaes.pt/modelospsicologia.html>. Acesso em: 7 nov. 2013.
MAHER, S.; POMERANTZ, S. The Future of Executive Coaching: Analysis from a Market Life Cycle Approach. International Journal of Coaching in Organizations. v. 1, n. 2, p. 3-11, 2003.
MARÇAL, V. Maiêutica. Disponível em: < http://www.vicentemarcal.unir.br/maieutica>. Acesso em: 6 dez. 2013.
MAR PURO. Comportamentos e crenças. 17 mar. 2005. Disponível em: <http://www.marpuranima.blogspot.com.br/2005/03/comportamentos-e-crenas.html>. Acesso em: 7 nov. 2013.
MARQUES, R. A felicidade em Aristóteles. Disponível em: <http://www.ese.ipsantarem.pt/usr/ramiro/docs/etica_pedagogia/A%20FELICIDADE%20EMARIST%C3%93TELES%5B1%5D.pdf>. Acesso em: 11 set. 2013.
MEGGINSON, D. et al. Mentoring in Action: a Practical Guide. Great Britain: Kogan Page Limited, 2006.
MEHRABIAN, A. Nonverbal Communication. San Francisco: Transaction Publishers, 1972.
_____. Silent Messages. Wadsworth, California: Belmont, 1971.
MEHRABIAN, A.; FERRIS, S. R. Inference of Attitudes from Nonverbal Communication in Two Channels. Journal of Consulting Psychology, Washington, v. 31, n. 3, p. 48-258, 1967.

MEHRABIAN, A.; WIENER, M. Decoding of Inconsistent Communications. Journal of Personality and Social Psychology, Washington, v. 6, n. 1, p. 109-114, 1967.

MEHRABIAN'S Communication Study. Disponível em: <http://changingminds.org/explanations/behaviors/body_language/mehrabian.htm>. Traduzido pelas autoras. Acesso em: 4 dez. 2013.

MICHAELIS: Dicionário de português on line. Disponível em: <http://michaelis.uol.com.br/moderno/portugues>. Acesso em: 11 nov. 2013.

MINTZBERG, H.; AHLSTRAND, B.; LAMPEL, J. Safári de estratégia: um roteiro pela selva do planejamento estratégico. Campinas: Artmed, 2009.

MOSCOVICI, F. Relacionamento interpessoal. Rio de Janeiro: J. Olympio, 1998.

O MAGNATTA. Os 5 empreendedores brasileiros mais inspiradores segundo O Magnatta. 16 abr. 2013. Disponível em: <http://www.omagnatta.com/os-5-empreendedores-brasileiros-mais-inspiradores-segundo-o-magnatta>. Acesso em: 7 nov. 2013.

O'CONNOR, J. Manual de programação neurolinguística – PNL: um guia prático para alcançar os resultados que você quer. Rio de Janeiro: Qualitymark, 2007.

_____. Manual de programação neurolinguística: um guia prático para alcançar os resultados que você quer. Rio de Janeiro: Qualitymark, 2003.

O'CONNOR, J.; SEYMOUR, J. Introdução à programação neurolinguística. São Paulo: Summus, 1995.

OLIVEIRA, D. P. R. Coaching, mentoring e counseling: um modelo integrado de orientação profissional com sustentação da universidade corporativa. São Paulo: Atlas, 2012.

OLIVEIRA, E. O califado corporativo. São Paulo: Baraúna, 2011.

ORÁCULO de Delfos. Disponível em: <http://www.suapesquisa.com/o_que_e/oraculo_delfos.htm>. Acesso em: 6 dez. 2013.

ORIGEM DA PALAVRA. Consultório etimológico: etimologia da palavra confiança. Disponível em: <http://origemdapalavra.com.br/pergunta/etimologia-da-palavra-confianca>. Acesso em: 11 nov. 2013a.

ORIGEM DA PALAVRA. Lista de palavras: consultas e artigos com a palavra "processo". Disponível em: <http://origemdapalavra.com.br/palavras/processo>. Acesso em: 11 nov. 2013b.

PAHL, N.; RICHTER, A. Swot Analysis-Idea, Methodology and a Practical Approach. Norderstedt Germany: Books On Demand GmbH, 2007.

PEASE, A.; PEASE, B. Desvendando os segredos da linguagem corporal. Rio de Janeiro: Sextante, 2005.

PENSADOR. INFO. Aristóteles. Disponível em: <http://pensador.uol.com.br/aristoteles_frases>. Acesso em: 7 nov. 2013a.

_____. Frases de Cora Coralina. Disponível em: <http:www.pensador.uol.com.br/cora_coralina_frases>. Acesso em: 7 nov. 2013b.

_____. Não há vento favorável. Disponível em: <http://pensador.uol.com.br/nao_ha_vento_favoravel>. Acesso em: 7 nov. 2013c.

_____. Platão. Disponível em: <http://pensador.uol.com.br/frase/MTQ5Ng>. Acesso em: 7 nov. 2013d.

_____. Sócrates. Disponível em: <http://pensador.uol.com.br/socrates/2>. Acesso em: 7 nov. 2013e.

PETERSON, C. A Primer in Positive Psychology. New York: Oxford University Press, 2006.

PORTAL DA PSIQUE. Mecanismo de defesa. Dicionário de Psicologia. Disponível em: <http://www.portaldpsique.com.br/Dicionario/M.htm>. Acesso em: 7 nov. 2013.

PORTAL SÃO FRANCISCO. Linguagem verbal e não verbal. Disponível em: <http://www.portalsaofrancisco.com.br/alfa/redacao/linguagem-verbal-e-nao-verbal.php>. Acesso em: 7 nov. 2013.

QUALIDADE RS. **Programa Gaúcho da Qualidade e Produtividade (PGQP)**. Porto Alegre, ano 3, n. 183, 29 out. 2007. Disponível em: <http://www.mbc.org.br/mbc/uploads/biblioteca/1193666170.0233A.pdf>. Acesso em: 13 nov. 2013.

QUEM DISSE. **Provérbio árabe**. Disponível em: <http://www.quemdisse.com.br/frase.asp?frase=9855>. Acesso em: 13 nov. 2013.

RANGÉ, B. (Org.). **Terapia comportamental e cognitiva de transtornos psiquiátricos**. Campinas: Psy, 1995.

RANGEL, A. **O que podemos aprender com os gansos**: lições de cooperação, liderança e motivação para melhorar a qualidade de vida, o ambiente de trabalho e a produtividade da empresa. São Paulo: Original, 2003.

READY, R.; BURTON, K. **Programação neolinguística para leigos**. Rio de Janeiro: Alta Books, 2009.

ROBBINS, S. P. **Comportamento organizacional**. Tradução de Reinaldo Cavaleiro Marcondes. São Paulo: Prentice Hall, 2002.

ROGERS, C. R. **On Becoming a Person**: a Therapist's View of Psychotherapy. New York: Houghton Mifflin Company, 1995.

SANTOS, N. M. B. F. Programas de mentoring: aprendendo com a realidade canadense. **Revista Becan**, Interfaces Brasil/Canadá. Rio Grande, n. 7, 2007.

SANTOS, R. O que é a janela de Johari? **Cyber Carreira**. Disponível em: <http://www2.uol.com.br/vyaestelar/janela_de_johari.htm>. Acesso em: 7 jun. 2012.

SCRIPILLITI, T. **Cuida-te Cuidador!** 1º mar. 2012. Disponível em: <www.taniascripilliti.com.br/tag/neuronios-espelho>. Acesso em: 11 set. 2013.

SEBRAE – Serviço Brasileiro de Apoio às Micro e Pequenas Empresas. **Manual de ferramentas de Qualidade**. 2005. Disponível em: <http://www.dequi.eel.usp.br/~barcza/FerramentasDaQualidadeSEBRAE.pdf>. Acesso em: 28 jul. 2013.

SEJA MUITO MAIS! O poder das perguntas. 8 mar. 2011.
Disponível em: <http://sejamuitomais.blogspot.com.br/2011/03/o-poder-das-perguntas.html>. Acesso em: 7 nov. 2013.

SELIGMAN, M. Felicidade autêntica. São Paulo: Objetiva, 2009.

_____. Florescer. São Paulo: Objetiva, 2011.

SELIGMAN, M.; RASHID, T.; PARKS, A. Positive Psychotherapy. American Psychologist, Washington, v. 61, n. 8, p. 774-788, Nov. 2006.

SELIGMAN, M. et al. Positive Psychology Progress, American Psychologist, Washington, v. 60, n. 5, p. 410-421, 2005.

SHELDON, K. M.; KING, L. Why Positive Psychology is Necessary. American Psychologist, Washington, v. 56, n. 3, p. 216-217, 2001.

SILVA, M. A. D. Quem ama não adoece. 42ª Edição. Rio de Janeiro: Bestseller, 2012.

SOLANO, A. Ensayo: Psicología positiva – ¿Una nueva forma de hacer psicología? Revista de Psicología, v. 6, n. 11, p. 113-131, 2010. Disponível em: <http://bibliotecadigital.uca.edu.ar/D5FE0085-5630-413D-BD28-FCA2978802F8/FinalDownload/DownloadId-1403A2CBC08D566A9D90809C74B51551/D5FE0085-5630-413D-BD28-FCA2978802F8/repositorio/revistas/ensayo-psicologia-positiva-nueva-forma.pdf>. Acesso em: 11 nov. 2013.

SOTO, E. Comportamento organizacional: o impacto das emoções. São Paulo: Pioneira Thomson Learning, 2002.

SPERLING, A. P.; MARTIN, K. M. Introdução à psicologia. Tradução de Esméria Rovai. São Paulo: Pioneira Thomson Learning, 2003.

SZENÉSZI. G. V. Curso Practitioner de Programação Neurolinguística. Metaprocessos Avançados. 2007, p. 1-10 (Apostila do curso).

THE LAW of Requisite Variety. Disponível em: <http://www.wyrdology.com/mind/creativity/ variety.html>. Acesso em: 24 out. 2013.

TZU, S. A arte da guerra: os documentos perdidos. Adaptado por Thomas Cleary. Rio de Janeiro: Record, 2004.

VANIQUE, G. **Gasto do INSS com aposentadoria e doenças ultrapassa R$ 4 bi em 2012**: Transtornos psiquiátricos são a segunda principal causa de afastamento. Depressão e ansiedade só perdem para lesões por esforço repetitivo. 16 jan. 2013. Disponível em: <http://g1.globo.com/jornal-hoje/noticia/2013/01/gasto-do-inss-com-aposentadoria-e-doecas-ultrapassa-r-4-bi-em-2012.html>. Acesso em: 4 dez. 2013.

VASCONCELLOS, C. S. **Avaliação**: concepção dialética do processo de avaliação escolar. São Paulo: Libertad, 1995.

VIEIRA, F. B. O líder coach e sua importância corporativa. **VocêRH**, 24 set. 2012. Disponível em: <revistavocerh.abril.com.br/matéria/o-lider-coach-e-sua-importancia-corporativa>. Acesso em: 11 nov. 2013.

VIVAS, P. L. S. A metodologia da investigação apreciativa e as semanas nacionais de conciliação: case do Poder Judiciário do Estado da Bahia. **Revista Entre Aspas**, Porto Alegre, p. 31-49, 2011. Disponível em: <http://www5.tjba.jus.br/conciliacao/images/stories/Pedro.pdf>. Acesso em: 11 nov. 2013.

WAREING, I. **Formal × Informal Mentoring**: Whats the Difference. Australian Institute of Building Surveyors, 2011. Disponível em: <http://aibs.businesscatalyst.com/announcements/formal-v-informal-mentoring-whats-the-difference>. Acesso em: 31 jul. 2013.

WIND, Y.; CROOK, C.; GUNTHER, R. **A força dos modelos mentais**: transforme o negócio da sua vida e a vida do seu negócio. Porto Alegre: Bookman, 2006.

Respostas

Capítulo 1

Questões para revisão
1. A alternativa correta é "b".
   A afirmação II está incorreta porque o coaching promove o desenvolvimento e o aprendizado tanto pessoal quanto profissional, atuando em todas as esferas da vida do indivíduo. A afirmação V está incorreta porque o coach jamais diz ao coachee o que fazer, nunca oferece respostas, e sim estimula que o profissional encontre suas próprias respostas e decida como se comportar.
2. A alternativa correta é "a".
   A afirmativa IV está incorreta porque a Teoria da Gestalt estabelece que é fundamental o exercício de olhar para o "objeto" ou situação sob diferentes pontos de vista. Ao mudar o ponto de vista, mudam-se a interpretação e os efeitos de tal situação no comportamento. A afirmativa V está incorreta porque a psicologia positiva evidencia a importância das imagens mentais positivas e das ações positivas.
3. A sequência correta é "3, 4, 2, 1".
4. Os pressupostos do coaching são: as pessoas sabem mais do que elas acham que sabem; as pessoas possuem todos os recursos de que necessitam para operar as mudanças; perguntas adequadas, úteis e estimulantes produzem mais resultados do que ordens e comandos; toda "falha" representa uma oportunidade de aprendizagem; metas desafiadoras fazem emergir o que as pessoas têm de melhor; toda aprendizagem é precedida, de alguma forma, de experimentação; querer é o primeiro passo para fazer. Os pressupostos atuam como filtros que fundamentam toda a filosofia que norteará o coaching.
5. Esse princípio enfatiza que a conversa se dá por meio de diálogo e de perguntas e que o coach jamais determina ou impõe uma linha de ação ou solução específica. O coach não pode influenciar o coachee com suas próprias

respostas ou com pressuposições em suas perguntas.

Questões para reflexão

1. Procurando buscar sempre o que um evento ou episódio pode contribuir para a aprendizagem, evidenciando sempre a lição aprendida. Estabelecer constantemente objetivos e metas e utilizá-los para desafiar, motivar e impulsionar a equipe. Duvidar das crenças enfraquecedoras e cultivar as crenças fortalecedoras, criando estados internos positivos, o que contribui para um ambiente de trabalho harmonioso e positivo. Engajar-se e estimular sua equipe em atividades filantrópicas e sociais, colocando seu conhecimento em favor de outras pessoas ou outros grupos.
2. Sem a ética, a relação de confiança fica comprometida, pois a ética é fundamental para a construção da confiança, que é a base das relações. A ética oferece o alicerce para os valores e sustenta a tomada de decisão, uma vez que assegura o que é importante para cada indivíduo. Um profissional que não tem ética, além de ter sua imagem comprometida, pode até obter resultados favoráveis a curto prazo, entretanto danosos a médio e longo prazos.
3. Exercitar o *feedback*, possibilitando que aquilo que foi aprendido possa ser replicado em outras situações e contextos, perpetuando assim os aprendizados. Proporcionar momentos de reflexão com a equipe, podendo utilizar, por exemplo, temas para discussão – artigos, filmes, casos –, estimulando a troca de experiências e a disseminação de conhecimentos.
4. Tal exercício possibilita tomar consciência da realidade e, assim, estabelecer o caminho para o estado desejado, ou seja, aquilo que o indivíduo deseja para seu futuro, o que ele quer buscar. A aceitação do estado atual é a única maneira de lidar com a realidade, aprendendo com ela e, assim, empreender ações conscientes para obter resultados diferentes.

Capítulo 2

Questões para revisão

1. A alternativa correta é "a". A meta de Rosimeri, além de não estar centrada em suas mãos, ou seja, estar apontando para um terceiro (o chefe), também carece ser reformulada em termos positivos. Rosimeri sabe exatamente o que não quer, ao passo que uma meta bem formulada remete ao que se quer.
2. A alternativa correta é "b". O coaching de negócios é voltado a coachees que são profissionais liberais, empreendedores, palestrantes, vendedores, entre outros, e tem por objetivo desenvolver competências pessoais e profissionais, tendo em vista estratégias diferenciadas e criativas especificamente voltadas ao mercado de trabalho.
3. A alternativa correta é "c". Esses são os postulados do modelo do jogo interior (*the inner game*), desenvolvido por Timoty Gallway no início da década de 1970, quando atuava como técnico de tênis. O termo *interior* é utilizado por Gallway ao se referir ao adversário dentro da cabeça do próprio indivíduo.
4. As etapas são: identificação dos problemas/desafios/objetivos, priorização, identificação de causas e efeitos, identificação das possibilidades, elaboração de plano de ação, a ação e o acompanhamento.
5. Entre os tipos de coaching, podemos citar: a) **Coaching empresarial executivo**: Esta modalidade de coaching se ocupa do desenvolvimento profissional de um executivo em uma organização específica; b) **Coaching de carreira**: Aborda as possibilidades e oportunidades de evolução na carreira do cliente, seja na organização da qual faz parte, seja em outras organizações que o cliente possa almejar; c) **Coaching de vida**: Enfoca as dimensões pessoais e profissionais do cliente, bem como saúde e relacionamentos; d) **Coaching esportivo**: Tem por objetivo apoiar e contribuir para que o atleta identifique comportamentos para potencializar sua disciplina, *performance* física, técnica e emocional; e) **Coaching de saúde**:

Envolve aspectos voltados à alimentação, aos exercícios físicos e aos padrões de comportamentos que podem ser alterados em benefício da saúde do cliente; f) **Coaching financeiro**: Tem por objetivo criar no indivíduo consciência sobre os hábitos de consumo e seus impactos, bem como a reflexão e a decisão sobre investimentos e identificar novos comportamentos em relação ao uso de recursos; g) **Coaching de negócios**: É voltado para profissionais liberais, empreendedores, palestrantes, vendedores, com o objetivo de desenvolver competências pessoais e profissionais, tendo em vista estratégias diferenciadas e criativas especificamente voltadas ao mercado de trabalho do cliente; h) **Coaching de equipe**: Direcionado para o desenvolvimento de um conjunto de indivíduos, dentro de determinado contexto organizacional, com o propósito de otimizar sua capacidade de gerar resultados; i) **Coaching educacional**: Se propõe a desenvolver docentes para potencializar a *performance* do aluno.

Questões para reflexão

1. É o real querer que irá propiciar a motivação que impulsiona para a ação. Se o coachee não estiver determinado, não quiser verdadeiramente, ele não terá forças suficientes para transformar as decisões em ações. Daí a importância do coach trabalhar a definição do objetivo e a firmeza de propósito do coachee.

2. Porque é essa aceitação que fará com que o coachee olhe para o resultado que ele deseja. A partir do momento em que o indivíduo tem a percepção clara e aceita sua condição, ele pode desenhar o caminho que o levará ao que quer alcançar.

3. Primeiramente, deve verificar se o profissional está devidamente habilitado, se possui formação em coaching. Também é importante investigar a experiência e os resultados já alcançados pelo profissional. Outro ponto a se atentar refere-se à promessas de resultados mirabolantes, pois, no coaching, não existem

fórmulas mágicas, mas a aplicação de métodos conhecidos por profissionais habilitados que conduzem a resultados alcançados com o trabalho e com a parceria, baseados no respeito e na ética.
4. Na perspectiva do coaching, não existe fracasso. O que existe são resultados. Ainda que o coachee não alcance sua meta, não significa que ele fracassou, pois deve-se considerar todo o aprendizado adquirido ao longo da jornada.

Capítulo 3

Questões para revisão
1. A alternativa correta é "d". Esse diálogo mostra que o chefe está se comunicando no sistema representacional visual e o colaborador no sistema representacional cinestésico. A comunicação é eficaz e fluida quando os interlocutores compartilham do mesmo sistema representacional quando em diálogo.
2. A alternativa correta é "e". Existem duas linguagens fundamentais que permitem a relação entre as pessoas. A linguagem verbal, constituída por palavras e que transmite informações e dados; e, simultaneamente, a linguagem não verbal, que dá vida às palavras e exprime as emoções mais profundas e verdadeiras, transmitidas por meio de gestos, posturas e silêncio.
3. A sequência correta é 2, 4, 5, 1, 3.
4. O indivíduo, para captar o mundo a sua volta e registrar as experiências no cérebro, utiliza os sensores neuronais, ou os sentidos: visão, olfato, audição, paladar e tato. Embora todos os sensores neuronais, sejam utilizados, cada pessoa tende a utilizar um destes canais preferencialmente. Os diferentes canais por meio dos quais o indivíduo representa as informações internamente são chamados de *sistemas representacionais*. Os sistemas representacionais são os sentidos: visual (visão); auditivo (audição); cinestésico (sensação corporal); olfativo (olfato) e gustativo (gosto). Os sistemas representacionais influenciam também a aprendizagem e a comunicação.
5. É a relação mútua de confiança e compreensão

entre duas ou mais pessoas. Pode também ser compreendido como "empatia". *Rapport* é a arte de construir pontes que promovem a identificação, o sentimento de confiança e o respeito entre as pessoas.

Questões para reflexão

1. Uma boa estratégia é por meio das palavras processuais, que são aquelas que as pessoas escolhem para expressar suas experiências e que denunciam o sistema representacional utilizado preferencialmente pelo indivíduo.
2. A linguagem não verbal explicita as emoções. Por isso, identificar as emoções do coachee é fundamental para que o coach possa ajudá-lo a avançar no processo. Nem sempre o que o coachee traduz em palavras expressa verdadeiramente seus sentimentos – daí a importância de fazer a leitura não verbal.

Capítulo 4

Questões para revisão

1. A alternativa correta é "a". Aprendemos que as crenças são fruto de aprendizados e experiências e podem ter origem consciente ou não consciente, ou seja, aquelas que conhecemos e aquelas de que não nos damos conta. As crenças também podem ser impulsionadoras (contribuem para o alcance do objetivo) ou limitantes (restringem e limitam a ação), voltadas para identidade (aquilo que o indivíduo pensa sobre si mesmo), capacidade (aquilo que o indivíduo acredita ser capaz de fazer) e merecimento (aquilo que o indivíduo acredita merecer). Acreditar que é possível mobiliza a ação, e o contrário também é verdadeiro. Portanto, uma crença contribui para que uma mudança ocorra ou não.
2. A alternativa correta é "e". Essa resposta fundamenta-se nos conceitos de deleção, distorção e generalização, a saber: **Deleções**: São as omissões acerca de determinados aspectos da experiência. As deleções são análogas aos pontos cegos da experiência. **Distorções**: São as alterações do significado da experiência em virtude do modelo mental do indivíduo, o que favorece determinados aspectos da experiência em detrimento de outros. **Generalizações**:

Se dão quando se toma um exemplo ou uma situação como representativa de toda uma classe de experiências.
3. A alternativa correta é "b".
Perguntas impulsionadoras são direcionadas ao futuro, focadas no objetivo e na ação e promovem reflexões; portanto, são afirmações verdadeiras. Perguntas que abrem para justificativas estão focadas no problema e as que contêm pressuposições e induções não pertencem à categoria de perguntas impulsionadoras; portanto, são afirmações falsas.
4. As perguntas são fundamentais para a compreensão do modelo mental e para o estímulo do coachee a encontrar alternativas e estratégias para a tomada de decisão. Elas atuam com o propósito de identificar estados emocionais, extrair informações, oferecer ou eliminar escolhas, modelar estratégias, listar recursos, desafiar suposições e crenças, orientar no tempo, criar cenários de resultados, construir ou quebrar *rapport*, listar valores e resumir ações.
5. O metamodelo é composto de perguntas que desafiam os padrões de distorção, deleção e generalização e tem o propósito de restabelecer a conexão entre a linguagem e a experiência. São perguntas que funcionam como em uma engenharia reversa da linguagem, porque desafiam a estrutura de superfície da linguagem e promovem *insights* sobre a estrutura profunda. No metamodelo, as perguntas coletam informações, esclarecem o significado, identificam os limites na percepção do coachee e oferecem escolhas de comportamento.

Questões para reflexão
1. As crenças são verdades que o indivíduo assume, fruto de suas experiências. Elas representam uma das estruturas mais importantes do comportamento, uma vez que, quando realmente acreditamos em algo, nos comportamos de maneira congruente com essa crença. Significa dizer que, se acreditamos que podemos realizar algo, teremos um comportamento que nos impulsionará, e se acreditamos que não somos capazes, o

comportamento também irá nessa mesma direção.

2. O coach que se mantém alerta em relação à presença das crenças e dos valores atuantes no modelo mental do coachee consegue identificar uma limitação ou um potencial, uma vez que é o modelo mental que determina o comportamento do indivíduo. E é dessa forma que o coach pode desafiar as crenças do coachee.

Capítulo 5

Questões para revisão
1. A alternativa correta é "d". Ambas as afirmações são verdadeiras e complementares.
2. A alternativa correta é "c". As reações de desperdício apenas promovem impactos disfuncionais nas relações, pois são compreendidas por uma explosão emocional devastadora que não promove benefício algum, nem para a pessoa nem para o grupo. Para estabelecer limites entre líder e colaboradores, ou entre pares, técnicas são recomendadas, a exemplo de *feedback*.
3. A alternativa correta é "a". O modelo adotado por Paulo é o modelo tradicional, estabelecendo sua liderança no modelo militar, que conta com uma hierarquia rígida e burocrática, na qual o superior hierárquico dá as ordens e o subordinado obedece, muitas vezes sem abertura para questionamentos. Nesse modelo, os colaboradores experimentam o medo de errar por causa das punições a que estão sujeitos. É o chamado *modelo de comando e controle*. O modelo adotado por Ervin está fundamentado no modelo de aprendizagem, em que o líder tem as perguntas e mobiliza e envolve a equipe na busca das respostas; utiliza o capital intelectual da equipe para obter resultados; gerencia pessoas e promove *feedback* constante.
4. O líder coach desenvolve outros líderes, tem as perguntas e mobiliza e envolve a equipe na busca das respostas; utiliza o capital intelectual da equipe para obter resultados; desenvolve e gerencia pessoas; promove *feedback* constante, lidera por investigação colaborativa e atua como facilitador para o

alcance do objetivo. As principais habilidades do líder coach são: saber ouvir e saber dar e receber *feedback*.

5. O modelo denominado *janela de Johari* foi desenvolvido por Josef Luft e Harry Ingham, em 1961. O conceito traz a representação de áreas da personalidade, chamadas de *janelas*, que revelam o grau de lucidez nas relações interpessoais, relativamente a dado ego. Cada uma das quatro janelas representa uma área da personalidade do indivíduo, classificando os elementos que as dominam num gráfico de duas entradas: busca de *feedback versus* solicitação de *feedback*, subdividido em quatro áreas: a janela aberta, a janela secreta, a janela cega e a janela desconhecida.

Questões para reflexão

1. O líder coach deve desenvolver a habilidade de fazer perguntas poderosas, que desloquem o núcleo da ação para o indivíduo, proporcionando a reflexão sobre quem é o responsável efetivo pelos resultados e abrindo para a identificação de possibilidades de ação.

2. A metodologia da investigação apreciativa desloca o foco negativo do problema para uma posição afirmativa positiva, partindo do que deu certo. A investigação apreciativa rompe com a cultura baseada no déficit, a cultura reativa, e posiciona o foco no futuro e nas possibilidades. A forma de olhar é baseada nos ganho e cria imagens impulsionadoras. Todo o resultado é utilizado para a aprendizagem.

Capítulo 6

Questões para revisão

1. A alternativa correta é "c". As afirmações III e IV são falsas, respectivamente, porque é imprescindível que o mentor entenda da área de atuação do seu mentorado para que possa atuar como um guia para seu desenvolvimento na organização. A relação entre mentor e mentorado não deriva da autoridade do mentor, e sim de sua competência, seu conhecimento e sabedoria.

2. A alternativa correta é "d".
A afirmativa IV é falsa porque, na organização, o programa de mentoring é um processo com etapas especificadas e objetivos definidos. Embora o mentor seja um papel, e não uma função, entre mentor e mentorado há que se estabelecer uma relação de confiança e de comprometimento de ambas as partes, com o envolvimento da organização.

3. A alternativa correta é "a".
As afirmações II e V são falsas, pois, respectivamente, nada assegura ao mentorado que ele será o próximo na linha de promoção. Uma promoção envolve muitos fatores, desde a abertura da vaga até a demonstração de resultados vistos no dia a dia da organização. De nada adianta passar por um programa de mentoring e acomodar-se. Com relação à tomada de decisão, ela deve partir do mentorado, que pode consultar previamente o mentor – mas quem decide no fim é o mentorado.

4. As etapas são:
   1) sensibilizar a organização para a implantação do programa de mentoring;
   2) estabelecer os critérios de funcionamento do programa;
   3) mapear os possíveis mentores;
   4) mapear os possíveis mentorados;
   5) Treinar os mentores na condução do processo;
   6) Orientar os mentorados;
   7) Avaliar, promover o *feedback* e realizar ajustes.

5. O mentoring preserva o conhecimento acumulado da organização; promove a integração dos novos talentos e a retenção dos talentos antigos na organização; dissemina crenças e valores organizacionais; valoriza e reconhece os colaboradores que se destacam em seu âmbito de atuação na empresa; estimula o desenvolvimento dos colaboradores para potencializar seus resultados na organização e promove o desenvolvimento e a satisfação do mentor e do mentorado, resultando em ganhos para a organização.

Questões para reflexão
1. Para começar, é importante que a alta direção da organização esteja comprometida e passe tal orientação para todos os níveis dela. Além

disso, é fundamental esclarecer o papel e o propósito do mentoring, construir com os colaboradores a visão da importância do aprendizado e a responsabilidade de cada um para a potencialização dos resultados organizacionais, criando a visão compartilhada; desenvolver a habilidade de dar e receber *feedback*, utilizar os erros como oportunidade de aprendizagem, estar preparado para a mudança em favor de melhores resultados e comunicar amplamente e de diversas formas a importância do programa. Estabelecer indicadores quantitativos e qualitativos nas diversas etapas do programa, que permitam o acompanhamento e os registros dos resultados obtidos. Também contribui para a criação da cultura do mentoring definir e relacionar os indicadores à avaliação de desempenho dos colaboradores, utilizando os resultados para monitorar, ajustar ao programa e dar continuidade a ele, bem como para identificar necessidades de treinamento dos colaboradores.

2. Mesmo em tempos de estabilidade e pujança, é importante dispor de estratégias de gestão de pessoas que garantam que a empresa atraia e consiga reter pessoas talentosas. E isso vale para todos os níveis da organização, desde operadores, técnicos, até gerentes e diretores.
   O mentoring é uma excelente forma de mostrar aos colaboradores que suas contribuições são reconhecidas e valorizadas pela organização. O mentoring também proporciona desafio os mentores, beneficiando todos os envolvidos. O mentoring é visto por muitos candidatos como mais um benefício que a empresa oferece.

Sobre as autoras

Lorena Carmen Gramms é consultora na área de desenvolvimento de pessoas e competências, estratégia, aprendizagem organizacional e coaching. É administradora graduada pela Faculdade de Administração, Economia e Ciências Contábeis Faculdades Professor Plácido e Silva – Fadeps (1992) e mestre em Administração pela Universidade Federal do Paraná – UFPR(1999). Possui formação em *Personal e Professional Coaching* pela Sociedade Brasileira de Coaching (2013). É conselheira e diretora de eventos do Conselho Regional de Administração do Paraná – CRA-PR para o mandato de 2010-2014 e membro das Comissões de Educação e Sustentabilidade dessa mesma organização. Atua na área docente em graduação e pós-graduação desde 1998, especialmente nas áreas de comportamento e desenvolvimento organizacional, gestão de pessoas e processos, desenvolvimento de competências, estratégia e coaching. Atuou como coordenadora de cursos de bacharelado em Administração e Tecnologia em Gestão de Recursos Humanos durante 13 anos. Também trabalhou em empresas multinacionais por 10 anos (área de alimentos e médica) e com exportação de calçados.

Erika Gisele Lotz é graduada em Administração pela Universidade Estadual de Maringá – UEM (1994), especialista em Fundamentos Estéticos para Arte-Educação pela Faculdade de Artes do Paraná – FAP (1998) e mestre em Turismo e Hotelaria pela Universidade do Vale do Itajaí – Univali (2002). Possui formação em *Master Practitioner* em Programação Neurolinguística, certificada por Metaprocessos Avançados (2008); em Coaching pela Coaching Foundation Skills (2009) e em *Personal e Professional Coaching* pela Sociedade Brasileira de Coaching (2013). Atua como coach, ministra programas de desenvolvimento pessoal e interpessoal em organizações por todo o Brasil e também atua como docente em cursos de graduação e MBAs nas áreas de gestão de pessoas e coaching.

Juntas, já publicaram as obras *Administração estratégica e planejamento*, pela Editora Ibpex (2004); *Gestão de talentos*, pela Editora InterSaberes (2012); e *Aprendizagem organizacional*, pela Editora do Instituto Federal do Paraná – IFPR (2013).

FSC
www.fsc.org
MISTO
Papel produzido
a partir de
fontes responsáveis
FSC® C051266

Impressão: Gráfica Exklusiva
Março/2019